国家职业技能标准汽车行业评价规范配套教材

商用车装调工

（初中高级工）

中国人才研究会汽车人才专业委员会　组　编

魏　渊　主　编

张璐嘉　主　审

机械工业出版社
CHINA MACHINE PRESS

本书主要面向商用车整车装调工，旨在规范从业者的从业行为，引导职业教育培训的方向，为职业技能鉴定提供出题考核依据。本书主要阐述了工艺文件识读、物料清单识读、车型及零部件编码识读、新产品试装等工艺准备，以便新员工快速进入生产状态；介绍了在整车装调过程中需要使用的总装产线及设备设施、常用工具、工装等的安全使用与维护保养；介绍了商用车驾驶室的结构特点、装配线、所用标准件、对应工具以及涉及的装调技术要求；从商用车底盘结构特点、主要总成分装和装配、油液加注、密封结构、管路线束装配以及车辆首次启动等方面介绍底盘装配的技术要点；介绍了常见汽车电器件结构、组成、工作原理以及装配调试方法；讲解了包括发动机、底盘、车身、电气设备、动态性能等的检测调试，及整车质量检验等内容。

本书与行业标准相衔接，具有图文并茂、编排形式创新等特点，注重培养实际操作能力，与汽车生产和社会发展联系紧密，可作为国家职业技能标准汽车行业评价规范的培训教材，也可供职业院校汽车相关专业的师生参考。

图书在版编目（CIP）数据

商用车装调工：初中高级工 / 中国人才研究会汽车人才专业委员会组编；魏渊主编. -- 北京：机械工业出版社，2025.5. -- (国家职业技能标准汽车行业评价规范配套教材). -- ISBN 978-7-111-78244-5

Ⅰ. U469

中国国家版本馆CIP数据核字第2025P5G011号

机械工业出版社（北京市百万庄大街22号　邮政编码100037）

策划编辑：舒　恬		责任编辑：舒　恬	
责任校对：孙明慧　杨　霞　景　飞		封面设计：张　静	
责任印制：刘　媛			

北京富资园科技发展有限公司印刷

2025年7月第1版第1次印刷

184mm × 260mm · 17印张 · 384千字

标准书号：ISBN 978-7-111-78244-5

定价：99.90元

电话服务　　　　　　　　　　网络服务

客服电话：010-88361066　　机 工 官 网：www.cmpbook.com

　　　　　010-88379833　　机 工 官 博：weibo.com/cmp1952

　　　　　010-68326294　　金 书 网：www.golden-book.com

封底无防伪标均为盗版　　机工教育服务网：www.cmpedu.com

编审委员会

主　任：朱明荣

副主任：李喆乐

委　员：黄晓静、桑梦倩

编审人员

主　审：张璐嘉

主　编：魏　渊

参　编：艾建龙、高继奎、刘翠巧、唐　峰、王　莉、
王夕玉、熊　懿、于　勇、张家利

我国汽车产销量连续 16 年蝉联全球第一，国民生活水平日益提高，国内汽车保有量也在急剧增长。商用车装调工是汽车制造业中的重要岗位，负责对汽车整车和部件进行装配、调试、检测和维护等工作，直接影响汽车的质量、性能和安全。目前我国部分商用车装调从业人员存在缺乏专业知识、操作不规范、安全环保意识较弱等问题，因此急需优秀的商用车装调技术技能型人才。

为规范从业者的从业行为，引导职业教育培训的方向，为职业技能鉴定提供依据，依据《中华人民共和国劳动法》，适应经济社会发展和科技进步的客观需要，立足培育工匠精神和精益求精的敬业风气，2020 年 8 月，中国人才研究会汽车人才专业委员会发布了《国家职业技能标准汽车行业评价规范》。基于该规范，中国人才研究会汽车人才专业委员会与上海市嘉定区汽车人才研究会联合组织了行业内多家头部整车企业的专家，共同编撰了这本面向整车企业的商用车装调工教材，旨在全面提升汽车行业商用车装调工的工作水平。

从内容体例上，本书分为工艺准备、设备及工装准备、驾驶室装调、底盘装调、电气系统装调、整车调试、整车质量检验七章，在博采众长的基础上，力求达成以下两个目标。

1. 以行动为导向，体现贴合企业实际产线特色

本书结构采用"以行动为导向、基于产线工作流程开发"进行设计，重构了商用车装调工课程体系。书中每个知识点都与商用车装调工的工作内容密切相关。

2. 以能力为本位，对接职业技能等级考核标准

编者参考了《国家职业技能标准汽车行业评价规范》中商用车装调工模块标准，有针对性地调整了各章内容，读者可根据自己的需要选择学习。书中融入了大量的岗位所需基础知识点（如工艺文件识读、驾驶室装配线介绍等）和技术知识点（如驾驶室主要总成装调、管路线束装配等），各素材来自于现行行业内知名技术领先的各大整车厂，使本书的内容能够充分反映当前商用车装调技术的发展水平。

上海曹杨职校的张璐嘉担任本书的主审，负责全书审核、体例设计与主要内容选定，陕西汽车控股集团有限公司魏渊担任本书的主编，负责总体策划、大纲编写、架构搭建、体例设计、主要内容选定及修改工作。具体编写分工为：第一章第一至三节以及第二章由中国重型汽车集团有限公司张家利和王夕玉编写，第一章第四节由安徽江淮汽车股份有限公司于勇编写，第三章由陕西汽车控股集团有限公司刘翠巧编写，第四章由陕西汽车控股集团有限公司王莉编写，第五章由江铃汽车集团有限公司唐峰和熊懿编写，第六章由北京汽车集团有限公司艾建龙编写，第七章由奇瑞汽车股份有限公司高继奎编写。

在此对本书的出版给予帮助和支持的有关单位和同志表示衷心感谢！另外，本书还参考了很多国内外相关领域的技术资料，在此也对这些文献的作者表示感谢！

　　本书内容全面，通俗易懂，所选择的工作任务与企业岗位需求紧密联系在一起，既能满足企业培训要求，也可以作为高职院校汽车专业理实一体化教学用书。

　　由于编者水平和经验有限，本书难免有不足之处，望各位同行专家和读者朋友们能提出您宝贵的批评和修改建议，以便再版修订时参考。

中国人才研究会汽车人才专业委员会

国家职业技能标准汽车行业
评价规范汽车装调工

目 录

第一章 工艺准备

在新员工上岗或老员工转岗前，各整车厂都要对新员工进行规章制度、专业知识及操作技能等方面的培训，为了让上岗或转岗员工适应新岗位，需要让员工掌握一些必要的专业基础知识。在每天开班前，需要对工艺文件、设备设施、工具工装等准备到位。本章将对整车装调准备的知识进行阐述，以便于员工快速进入生产状态。

第一节　工艺文件识读

一、过程流程图

完整的整车装调过程有很多种方案，在不同的方案中，通过对工效、质量、成本、设备等情况进行分析，根据整车产品的具体结构及零部件、总成的相互连接关系和顺序，对整车产品进行工艺分析，结合装调生产线的实际情况，从而选定某一具体生产条件下最优的工艺方案，将其装调顺序按规定的格式确定下来，形成装调工艺流程图，如图1-1所示。商用车的装配工艺流程图主要包括：总成分装、驾驶室装配、总装线装配、下线调试、检测线检测、整车入库、整车补装及返修。其中，驾驶室装配工艺流程和总装线装配工艺流程如图1-2、图1-3所示。

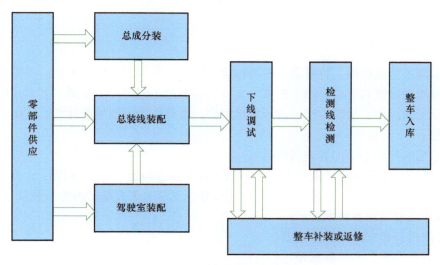

图 1-1　商用车装调工艺流程

1

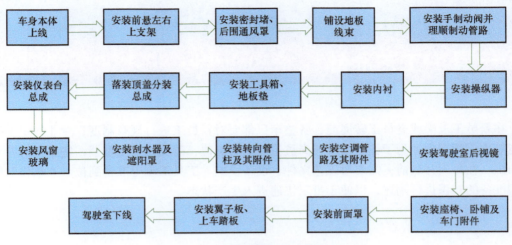

图 1-2 驾驶室装配工艺流程

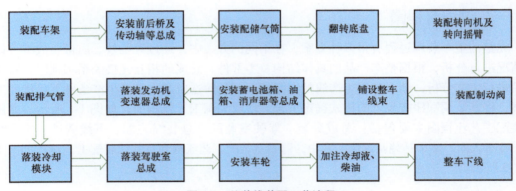

图 1-3 总装线装配工艺流程

二、装调工艺卡片

根据装调工艺流程图，将每道工序的作业内容、质量要求、检测方法、所需的设备、工装、工具等按规定格式形成装调工艺技术文件，即装调工艺卡片。装调工艺卡片用于在生产过程中指导工人操作、组织生产、进行质量检验，也可作为编制生产计划、定岗定员、消耗定额的依据。

装调工艺卡片的主要内容一般包括：

1）工序号、工序名称、工序内容（即该工序的作业内容）、工序附图。

2）所装零部件名称、图号、数量；所用设备、工装、工具等的名称、数量、规格。

3）操作注意事项及技术要求。

4）检测内容和方法、质量要求。

5）工时、辅料、人员定额等。

装调工艺卡片示例及填写说明见表 1-1、表 1-2。

表 1-1　装调工艺卡片

装调工艺卡片				车型 (9)	编制	校对	审核	标准化	会签	批准
车型代码 (1) (2)	工序 (5) (6)	工序名称 (7)	文件编号 (8)		(3)	(3)	(3)	(3)	(3)	(3)
					(4)	(4)	(4)	(4)	(4)	(4)

工序内容 (14)			技术要求/特性等级 (15)	工序附图 (16)				
工具/工装设备	编号名称 (10)	数量 (11)						
	辅料名称 (12)	数量 (13)						

标记	处数	更改通知单	签字	更改日期	标记	处数	更改通知单	签字	更改日期	版本号	第 页
(17)	(18)	(21)	(20)	(19)	(17)	(18)	(21)	(20)	(19)	(22)	共 页

3

表 1-2　装调工艺卡片填写说明

空格号	填写内容
(1)	单位名称、装配车间、产线名称
(2)	车型代码
(3)、(4)	编制、校对、审核、标准化、会签、批准人员签名，签署日期
(5)	工位号
(6)	工序号
(7)	工序名称
(8)	文件编号
(9)	车型名称：车型系列、发动机机型、车辆类别代号、驱动形式、驾驶室特征类型代号
(10)、(11)	工具/工装/设备编号名称、数量
(12)、(13)	辅料名称、数量
(14)	工序的工作内容
(15)	该工序涉及的技术要求，特性名称、具体要求
(16)	填写工序附图，注明工序附图标题
(17)~(22)	工序卡片更改的标记、处数、更改日期、签字、更改通知单号、版本号

三、作业指导书

作业指导书是用来指导装调工人按一定的操作步骤完成装调过程的指导性文件。作业指导书内容包括：单位名称、班组名称、车辆型号、底盘或驾驶室、文件编号、版本号、工序编号、工序名称、按作业顺序放入填写作业图片、部件/部位性能描述、作业顺序、作业名称、特性、作业要领、违规操作潜在失效模式或后果、编制、校对、审核、会签人员签名、发布时间、修订时间。

作业指导书示例及填写说明见表1-3、表1-4。

表 1-3　作业指导书

作业指导书		单位	班组	车辆型号	底盘/驾驶室	文件编号	版本号
		(1)	(2)	(3)	(4)	(5)	(6)
工序编号	(7)	工序名称			(8)		
图示							部件/部位性能描述
(9)							(10)

（续）

作业顺序	作业名称	特性	作业要领	违规操作潜在失效模式或后果	作业顺序	作业名称	特性	作业要领	违规操作潜在失效模式或后果
（11）	（12）	（13）	（14）	（15）	（11）	（12）	（13）	（14）	（15）
编制	（16）	校对	（17）	审核	（18）	会签	（19）	发布时间	（20）	修订时间	（21）	第 页，共 页

特殊特性：Z、G、R；安全关注点：S；质量关注点：R、Z、G。

表 1-4 作业指导书填写说明

空格号	填写内容
（1）	单位名称
（2）	班组名称
（3）	车型代号
（4）	底盘或驾驶室
（5）	文件编号
（6）	版本号
（7）、（8）	工序编号、工序名称
（9）	按作业顺序放入填写作业图片
（10）	部件/部位性能描述
（11）~（15）	作业顺序、作业名称、特性、作业要领、违规操作潜在失效模式或后果
（16）~（19）	编制、校对、审核、会签人员签名
（20）、（21）	发布时间、修订时间

第二节 物料清单识读

一、车辆 BOM

在产品开发的不同阶段，各部门为了不同目的，设计、使用和维护各自相关的 BOM，并从中获取特定数据。设计 BOM（EBOM）、工艺 BOM（PBOM）和制造 BOM（MBOM）是产品开发过程中主要使用的 3 种 BOM。其中，制造 BOM（MBOM）是直接用于指导整车生产装配过程的 BOM 形式。

二、工位明细表

工位明细表（工位物料清单）指整车生产过程中，装配线各工位、每道工序所使用的

BOM 明细，通常包含物料名称、数量、供应商等信息。工位明细表示例见表 1-5。

表 1-5　工位明细表

××单位			工位明细表		
××产线		××工位		文件编号	
序号	零件号	零件名称	适用车型及配置	数量/(件/台)	存放点
1					
2					
3					
4					
5					
6					
7					
8					
9					
10					
11					
12					
⋮					

第三节　车型及零部件编码识读

车型及零部件编号是为了便于技术、制造、管理的需要，以一定编码规则组成的代号。了解车型及零部件编码规则，可以准确判断这个车型或零部件是什么，以及其适用的范围和具有的特征等。

一、车辆识别代号

1. 车辆识别代号（VIN）

车辆识别代号（Vehicle Identification Number，VIN）是一组由 17 个字母和数字组成，用于汽车上的一组独一无二的号码，可以识别汽车的生产商、发动机、底盘序号及其他性能等资料。

车辆识别代号可以直接打刻在车辆上，或通过标签粘贴在车辆上，或通过不可篡改的方式将符合相应标准规定的电子数据存储在电子控制单元存储器内的方式进行标识，部分车型还可通过标牌永久保持地固定在车辆上。

2. 车辆识别代号的构成及含义

车辆识别代号（VIN）由三部分组成（图 1-4）：第一部分是世界制造厂识别代号（WMI）；第二部分是车辆说明部分（VDS）；第三部分是车辆指示部分（VIS）。

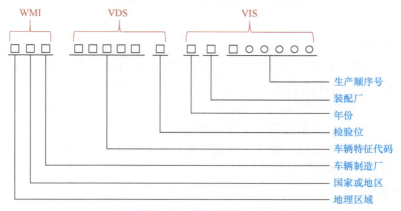

图 1-4　车辆识别代号构成

1）世界制造厂识别代号（WMI）：由车辆制造厂所在国家或地区的授权机构预先分配。

2）车辆说明部分（VDS）：VDS 第 1~5 位应对车辆一般特征进行描述，车辆一般特征包括但不限于车辆类型、车辆结构特征、车辆装置特征、车辆技术特性参数等，其组成代码及排列次序由各主机厂决定；VDS 第 6 位为检验位，按 GB 16735—2019《道路车辆　车辆识别代号（VIN）》规定的方法计算而来。

3）车辆指示部分（VIS）：VIS 第 1 位代表年份，第 2 位代表装配厂，第 3~8 位代表生产顺序号。

二、车型编码

汽车产品型号是为了便于车辆识别而给车辆指定的一组由字母和数字组成的编号，普通汽车产品型号由企业名称代号、车辆类别代号、主参数代号、产品序号、企业自定代号组成，如图 1-5 所示，其中专用汽车还需包含结构特征代号、用途特征代号、配置区分代号，如图 1-6 所示。

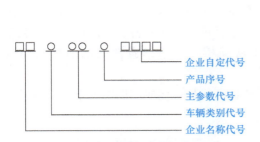

图 1-5　普通汽车产品型号的构成

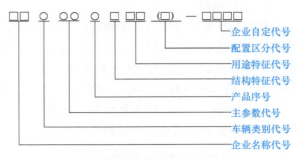

图 1-6　专用汽车产品型号的构成

另外，为便于内部管理，各主机厂通常在以上产品型号末位增加内控代号，用以区分功率区间、驾驶室类型、动力系统品牌等信息，由企业制定内部管理程序。

三、关键总成及零部件编码

汽车关键总成由发动机、变速器、车桥等零部件构成，是决定汽车动力性、经济性、环保性、舒适性的关键组件。这些零部件结构复杂、零件众多，对制造加工精度要求高，是企业核心技术之一。

1. 发动机编码

发动机是汽车的"心脏"，它的工作原理是将燃料（汽油、柴油或其他燃料）燃烧产生的热能转变为机械能，为汽车行驶提供动力。发动机由"两大机构"和"六大系统"组成，"两大机构"是指曲柄连杆机构、配气机构，"六大系统"分别是燃料供给系统、冷却系统、润滑系统、起动系统、点火系统和电子控制系统。

发动机型号一般由气缸数、排量、性能结构、发动机特征代号构成，以 WD 系列发动机为例，发动机型号及构成如图 1-7 所示。

2. 变速器编码

变速器是一套用于协调发动机的转速和车轮的实际行驶速度的变速装置，用于发挥发动机的最佳性能。变速器可以在汽车行驶过程中，在发动机和车轮之间产生不同的变速比，通过换档使发动机工作在其最佳的动力性能状态下。

变速器由壳体、变速传动部分和操纵部分组成，按传动和操作方式可分为机械式手动变速器（MT）、机械式自动变速器（AMT）、无级自动变速器（CVT）、液力机械式自动变速器（AT）等。

变速器型号一般由品牌代号、转矩代号、系列号、前进档数、重要特征代号构成。以中国重汽 HW 系列变速器为例，变速器型号构成及含义如图 1-8 所示。

图 1-7　发动机型号及构成

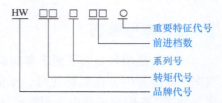

图 1-8　变速器型号构成及含义

3. 车桥编码

汽车车桥通过悬架与车架相连接，其两端安装车轮，车桥的作用是承受汽车的载荷，维持汽车在道路上的正常行驶。根据驱动形式的不同，车桥可分为转向桥、驱动桥、转向驱动桥和支撑桥四类，其中，转向桥和支撑桥都属于从动桥。商用车通常采用前置后驱动（FR），前桥为转向桥，后桥（或中桥）为驱动桥。

车桥型号一般由车桥识别代号、载荷代号、重要特征代号等构成。以中国重汽自制驱动桥为例，车桥型号构成及含义如图 1-9 所示。

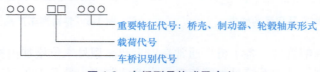

图 1-9　车桥型号构成及含义

4. 车辆零部件编码

汽车零件编号是指为了技术、制造、管理需要而对汽车零部件按一定规则制定的产品编号，目前行业内通常基于中国汽车工业协会起草并制定的 QC/T 265-2023《汽车零部件编号规则》，结合各主机厂实际情况，制定适用于各主机厂的汽车零部件编号规则和方法。

下面以 QC/T 265-2023 为例，介绍汽车零部件编号规则。

完整的汽车零部件编号由企业名称代号、组号、分组号、源码、零部件顺序号和变更代号组成，如图 1-10 所示。

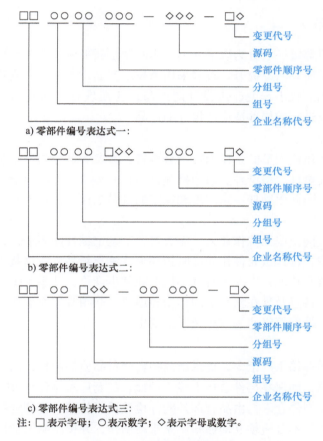

a) 零部件编号表达式一：

b) 零部件编号表达式二：

c) 零部件编号表达式三：
注：□表示字母；○表示数字；◇表示字母或数字。

图 1-10　零部件编号表达式

1）企业名称代号：当汽车零部件图纸使用涉及知识产权或产品研发过程中需要标注企业名称代号时，可在最前面标注经有关部门批准的企业名称代号。一般企业内部使用时，此部分允许省略。

2）组号：表示汽车各功能系统分类代号。

3）分组号：表示各功能系统内分系统的分类顺序代号。

4）源码：用于描述产品系列、车型构成或设计来源的代号，由企业自定。

5）零部件顺序号：表示各功能系统内零部件、分总成和总成等的顺序代号。

6）变更代号：变更代号为 2 位，可由字母、数字组成，由企业自定。

第四节　新产品试装

厂家在车辆正式进入生产线批量装车前，需要在可控范围内进行少量的试验性装车。通过各项静态和动态测试合格，方可安排量产。如果涉及整车性能参数变更，需进行试验场验证。通过试装，可以核实编制的零件装配顺序是否合适，构思所需吊具、装配夹具及工具，确保车辆试装达标，符合产品量产要求。

一、试装准备

新产品试装按照等级一般分为以下几类：①改制全新平台或在现有平台上较大程度改进设计的产品，性能品质有明显提升，较多采用新技术产品；②在现有成熟动力总成适应系列车型的搭载产品基础上较小程度改进设计的产品；③在现有产品基础上（主配置不变化）为满足目标客户需要进行的局部适应性设计的产品。

1. 人员准备

汽车新产品试装作业人员的工作内容十分丰富，涉及大部分的汽车装配作业。其中包括的装配关键项包括安全件、精密件、扭力检测件等岗位作业，作业手段也包括了一些装配、调整及钳工技能等。因此要胜任一定广度和深度的试装工作，作业人员必须具备一定的操作技术水平和素质。

生产线试装作业岗位或工位作业人员需要符合工艺定编技能要求，技能等级达到二级及以上。作业准备工作是设计试装件作业临时指导卡。汽车新品专业试装人员须了解汽车总装配线各工位作业步骤和技能，掌握了解汽车构造和基本理论，熟悉所生产的汽车各系统、各总成的构造、性能、特点及其在汽车上的作用和地位，必须掌握所生产汽车装配工艺技术和相关的标准、法规，技能等级达到三级及以上要求。

2. 物料准备

物料准备由物料部接生产指令，提供新品物料交付品质检测科，品质保证部按图纸或技术协议进行品质检测，确保零部件合格上线。例如，配套厂家接设计 BOM 图纸生产零部件，按时配送到物料部试制件仓库，由品管部外购件检验提货检测，检测合格后在试制件上粘贴合格首件标识，如检测不合格须立即通知厂家重新制作，并按试制供货协议开不合格品稽核单，物料部按生产计划备注要求配送合格试制件到生产线工序或试制车间。

3. 在线准备

试制装配分为两种，按难易程度和复杂性，由试制项目评审确定：第一种为简单试装产品，主要由总装线试制装配，作业人员根据现场工艺员的指导和下发的临时作业指导书作业；第二种是复杂试装，先由装配线完成常规装配，修改件和首装件由试制线或试制车间完成剩余装配，试制较为复杂，需要进行试验校准、实物优化等工作。

（1）操作准备　在线试制属于只能完成简单试装，不影响正常生产线节拍的工作。根据生产线装配工位工艺流程要求，工序作业人员进行简单试装零部件装配，或在现场工艺人员技术支持的指导下，按照新工艺和装置图装配，并且需要对装配过程进行记录和整改反馈。工序作业人员根据试制产品选择设备、工具进行组装，现场工艺员在组装的同时记录设备、工具和操作步骤及方法。

（2）技术准备 工艺部门按生产计划指派试制工艺专人跟踪车辆，依据试制工艺标准和试制图纸，对试装工序操作人员给予作业步骤和装配要求开展指导。在出现异常时，进行测量、核算、校准，并对试制件装配测算工艺工时，便于收集和校准工艺文件数据，保证工艺文件的准确性和符合性，同时为生产组织调整各工序生产节拍给出依据，避免出现工序瓶颈、影响整体生产流畅。线上试装由于设备、工装或部件原因无法组装的，工序人员在车辆装配卡上进行记录，试装件保存好，待车辆转入试制车间后，由物料员负责按清单交接给试制车间。

（3）试制线装配准备

1）节拍：试制线作业在时间、空间、人员上与总装配线存在极大的区别。试制线主要完成设计复杂、试制部位较多，需要反复验证改制产品状态，节拍较慢，这些无法在总装线组织生产。

2）空间：试制线需要有可容纳多辆大型车辆的空间，还要有各类吊装、辅材加注等专用设备和物料存放工装器具，满足可以独立完成多辆车组装工作的要求。

3）交接：由总装车间完成后转移到试制线，同时移交车辆装配卡装配清单以及试装物料。

4）协调：试制车型项目负责人协调设计、工艺、物料、试制人员配置和计划编制，试制作业人员分工开展试制件装配，对试装过程存在的问题与设计、工艺现场给出解决方案，涉及改制和部件修改的要重新下发图纸，涉及配套供应商匹配的，需要技术人员跟车验证。

5）追溯：每完成一项须对照图纸和技术要求复查设计和工艺，确保符合一致性，在试装过程中为避免生产进度滞后，须开展日协调对接，在试制进度表中体现当日情况，确保责任追溯。

车辆装配检查完成后方可进入调试状态。

4. 下线后准备

（1）新产品下线转序准备 转序车辆试装完成后，须经过逐项检查装配完整，再转交试制调试工。对车辆起动前的油、水、电进行检查，无问题后确保车辆无人、车轮有止动垫块后方可起动；起动后检查是否存在漏油、漏水、漏气现象，将气压打至卸荷后熄火，检查气路是否存在漏气，完成所有检查无问题后，转序准备结束。

（2）新产品检测准备 按正常车辆调试和检测线检测，检测线完成后开始动态检测，包括各种路面的行车检测，性能检测主要包括：方向稳定性、换档加速性、急/慢制动偏移、车辆振动性等。完成后停放在试制评审区，由设计、工艺、品质等部门专家组联合评审，对照试制图纸和工艺逐项检查、检测，符合要求后品管出具合格证。

二、试装流程

因各主机厂管理要素不同，职能职责分工存在区别，所以这里只阐述理论流程。①研发设计部门下发产品设计方案和图纸到工艺部门，同时输出设计零部件清单（BOM）和评审报告；②工艺部门负责新产品工艺编制、发放到生产部门，并负责生产线的在线工艺准备和评审以及生产过程中的操作工艺指导工作；③供应商管理部门将新产品外购件、组合件图纸传递到供应商，并确保图纸有效。试装流程图如图 1-11 所示。

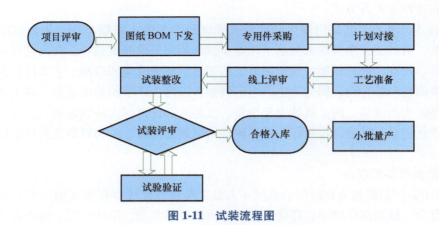

图 1-11　试装流程图

三、工艺调试

一个新产品的投产必须经过多次试装和试制验证，不断从结构上、性能上进行优化和改进完善，才能定型并正式投入量产。工艺调试是决定试制车型能否顺利在生产线量产的关键阶段，所以在这个阶段要充分暴露各种问题，并及时给予解决。

在新产品工艺调试阶段，每个装配工必须按照工位卡规定的零件、工具、设备、操作要求及质量检验方法进行操作，完成所有作业内容、达到质量要求，并考察试制车编制的工艺文件、工位卡及配备的工位器具、工具等是否合适。在此阶段主要有以下内容待确认：

1）装配机具、工具、工位器具、吊具、装配夹具等工艺装备是否适用、方便。

2）原有设备是否满足试制车正常、安全的工艺要求。

3）各种试制零部件在装配过程中是否出现前后工序矛盾问题，在工位安排中是否有遗漏的零部件。

4）新增零部件存放位置是否合适，储存运输零部件总成的架、斗、箱等是否合适。

5）指导各工位的操作工识别所装配的试制零部件和总成的名称、编号、数量，明确在汽车上的装配位置、装配关系，正确使用各种工具、机具，了解所装零件的技术要求和质量指标，并正确使用量检具，做好自查自检工作。

6）发现零件设计、制造中的问题，及时记录并向设计和制造单位反馈以便于及时解决。

7）发现零件在工艺路线安排中的问题，及时记录、反馈和改进工艺路线。

四、工艺验证

1. 验证内容和方法

新产品工艺验证，即为了通过工艺验证，检查工艺流程进行的正式的、文件化的、系统性的评价。其目的是验证试制产品是否满足客户及法规的要求，并且寻求降低成本、优化工艺的机会。该流程同时涵盖了各工序验证确认和设备工艺过程变更的验证。

（1）验证内容　新产品试装验证基本内容包括：新产品验证前需要设计部门提供车型试制件清单，按清单输出各组合件、部件图纸及技术要求等；品管部检验部门提供车型试制件合格记录表；工艺部门按车型提供试制装配工艺或作业标准；品管部车辆检测单位出具试制车型检测方法和检测线过线记录、路试记录；试制装配单位提供试制件装配表。

（2）验证方法 各单位根据车型变动类型开展验证。设计验证主要依据图纸和技术要求开展图纸与实物符合性点检，主要涉及产品形状、位置、间距、尺寸等，要求100%相符。实物验证主要针对编制工艺标准开展，涉及装配方法、步骤、力矩要求、加注量、使用设备标注、部件识别图号标注验证，此工作由专业试制验证人员开展。

2. 验证分类

（1）设计验证 新产品工艺验证职责分工如下：设计人员标注出关键尺寸和特性要求传递到工艺部门，由工艺人员把关键及特殊要求转化为过程控制，并按时组织开展过程验证及工装方面验证；设备管理部门负责生产设备的过程验证；质量部门负责采集数据并进行数据分析；生产部门负责工艺验证生产安排、组织生产。

（2）工艺验证 工艺人员组织新产品的验证活动，验证并确认工艺参数的范围，撰写加工可行性检查分析及工装的验证记录。设备管理部负责设备的验证并填写验证报告单。质量管理部负责产品质量检查、数据的采集，并发布新产品质量缺陷整改优化通知单，对优化和整改后的问题项复检至闭环。生产部负责新产品计划安排和组织生产。

3. 新产品验证注意事项

试制车辆属试验产品，其结构中存在特制或专用部件，因此在常规调试作业中要特别注意。

1）必须由专业试制调试员完成检查，试运行后方可常规调试。

2）如试制车型涉及车辆操作步骤变更，需下发工艺，工人培训合格后才能胜任。

复习题

一、填空题

1. 装调工艺准备的内容主要包括：＿＿＿＿＿＿＿＿、熟知零部件编号、识读装配图、了解汽车构造等。

2. 车辆识别代号（VIN）由三部分组成：第一部分是世界制造厂识别代号（WMI）；第二部分是＿＿＿＿＿＿＿；第三部分是车辆指示部分（VIS）。

3. ＿＿＿＿＿＿＿＿是描述汽车产品组成的技术文件，用于表明组成汽车产品的零部件、分装件、总成件直至整车的结构关系以及所需的数量。

4. 完整的汽车零部件编号由＿＿＿＿＿＿＿、组号、分组号、源码、零部件顺序号和变更代号组成。

5. 发动机型号一般由缸数、排量、＿＿＿＿＿＿＿、发动机特征代号构成。

二、单选题

1. 汽车装调工艺文件不包括（　　）。

A. 工艺流程图　　　　　　　　　B. 装调工艺卡片

C. 作业指导书　　　　　　　　　D. 零部件编号规则

2. 装调工艺卡片的主要内容不包括（　　）。

A. 工序内容　　　　　　　　　　B. 生产节拍

C. 操作注意事项及技术要求　　　D. 检测内容和方法

3. 商用车的装配工艺流程图不包括（　　）。

A. 驾驶室喷涂　　　B. 总装线装配　　　C. 下线调试　　　D. 检测线检测

4. 汽车新品专业试装人员须了解汽车总装配线各工位作业步骤和技能；掌握了解汽车构造和基本理论；熟悉所生产的汽车各系统、各总成的构造、性能、特点及其在汽车上的作用和地位；技能等级达到（　　）及以上要求。

A. 一级　　　　　B. 二级　　　　　C. 三级　　　　　D. 四级

5. 车辆识别代号（Vehicle Identification Number，VIN）是一组由（　　）个字母和数字组成，用于汽车上的一组独一无二的号码。

A. 17　　　　　B. 18　　　　　C. 19　　　　　D. 20

三、简答题

1. 作业指导书的概念是什么？
2. 新产品工艺验证的目的是什么？

第一章复习题
参考答案

第二章 设备及工装准备

操作者在整车装调过程中，经常要用到各种工装、工具、设备等辅助完成相关的装调工作。本节介绍的是一些常用的工具、设备、仪器及工装等的相关知识、结构原理、使用方法、用途以及简单的维修保养等，掌握了这些知识，有利于操作者提高工作效率，对提高装配质量也有非常重要的作用。特别是车间维修人员，在工装、工具及设备维修保养过程中，更应当掌握本节讲解的相关知识。

第一节　总装产线及设备设施

一、总装线

汽车总装线是汽车总装车间的主要设备，装配线是与人与机器的有效组合，它将输送系统、随行夹具和在线专机、检测设备有机地组合在一起，以满足汽车零件的装配要求。汽车装配流水线的传输方式有同步传输（强制式）和非同步传输（柔性式）两类。根据配置的选择，装配线可实现汽车零件手工装配或半自动装配。国内几大主要商用车生产线的装配形式见表 2-1。

表 2-1　国内几大主要商用车生产线装配形式

序号	生产厂	生产车型	装配线形式
1	一汽解放汽车有限公司	J6	地拖链+板式链
2	东风汽车有限公司	天龙	地拖链+板式链
3	中国重汽济南商用车有限公司	汕德卡	地拖链+板式链
4	陕西重型汽车有限公司	德龙 F3000	地拖链+板式链
5	中国重汽济南卡车有限公司	新黄河	板式链+面漆线+AGV

商用车装配线主要由两段或三段组成，第一段为车架反位装配，后一段为底盘正位装配，有的还在两条线中间增加一条底盘面漆线以提高涂装质量。汽车装配厂具体采取哪种形式的装配线，通常要根据车型的品种、结构、生产纲领与投资状况等多方面因素共同决定。

二、空中输送设备

1. 起重设备

汽车装配车间所采用的起重设备主要有电动单梁悬挂起重机、单轨电动葫芦、气动葫芦和立柱式悬臂吊等。装配厂房内的运输通常采用电动叉车、手动托盘搬运车和电动托盘搬运车等。装配厂房外的运输通常采用内燃机叉车，发动机、变速器、车桥等大总成或零部件从发动机厂至装配工位，一般采用积放式悬挂运输和自行葫芦运输。

2. 自行葫芦输送线

自行葫芦输送线的运行速度为 $10\sim60m/min$，自动葫芦输送线也称电动自行小车输送线，是一种新型的全自动输送系统。其优点是可采用集中控制、分散控制或集散控制方式，并实现自动控制。载货小车可以根据工艺需要，按设定的程序，在工位上进行自动停止、自动升降、自动行走等各种前进与后退等动作。在需要装配的工位，工人也可手动控制小车上升、下降、前进或后退等工作。在配备道岔的输送线上，小车能够装成品按工艺要求进行自动分类、积放和储存，从而实现多种车型混流生产。

3. 自动葫芦输送机

自动葫芦输送机是集存储、运输、装卸与操作四大物流环节于一体的柔性生产系统，更适合于有频繁升降要求的工艺操作区域，并且有准确的停止和定位功能。其缺点是造价高，属于间歇流水设备，技术等待时间较长，因此在国内大批量生产轿车的装配线上很少应用。

4. 普通悬挂输送机

普通悬挂输送机的运行速度为 $0.5\sim15m/min$，其优点是结构简单、价格低，可以充分利用空间，易于工艺布置，动力消耗小。但用于内饰装配线时的稳定性较差。其次工件上下需要配置升降设备，不便于多品种空间储存，适合单一品种大量生产，属于刚性生产线，无积放功能。

5. 积放式悬挂输送机

积放式悬挂输送机的运行速度为 $0.5\sim15m/min$，其优点是可利用升降机构，根据工艺需要来实现输送机线路中某一段轨道的上升或下降。利用停止器根据工艺需要来控制载货小车的定点停止，以便在静止状态下进行装配，便于实现装配自动化。载货小车之间具有自动积放功能，便于储存和实现柔性装配。适于高生产率、柔性生产系统的输送设备。该运输机集精良的工艺操作、储存于一体，被广泛应用于轿车生产线中，其缺点是造价高。

三、地面输送设备

1. 地面板式链输送设备

地面板式链输送设备的运行速度为 $10\sim60m/min$，板式链输送机有单板和双板两种，单板一般用于内饰装配线，双板用于总装下线和检查工位，双板之间可根据工艺要求设置地沟，便于车下调整作业。采用板式链输送机的优点是操作性好、结构简单、故障率低、便于维修；缺点是刚性输送、没有柔性，而且造价较高。

2. 滑撬式输送设备

滑撬式输送设备的运行速度为 $10\sim60m/min$，具有自动实现运输储存装配等功能，它是一种机械化程度较高的综合性地面输送系统，其主要优点是工艺性强、灵活性大、柔性好，易于与其他输送装置相连接，适合于多品种、大批量生产；缺点是占地面积大，造价高。

3. 单链牵引地面轨道小车式输送设备

该设备的运行速度为 $0.5\sim15m/min$，其优点是结构简单、建设速度快、造价较低、便于布置、便于改变小车支撑位置、适合于多种生产；其缺点是刚性输送、没有柔性。

四、油液加注设备

1. 油液加注设备种类

汽车油液包括冷却液、机油、齿轮油、燃油、制冷剂和动力转向液等。汽车装备厂加注油液通常采用真空加注设备和定量加注设备，各种油液加注设备有冷却液真空加注机、自动液真空加注机、制冷剂真空加注机、动力转向真空加注机、发动机机油定量加注机、变速器齿轮油定量加注机、洗涤液定量加注机、后桥齿轮油定量加注机、电动计量加注机等。

2. 油液加注设备结构

油液加注设备主要由加注泵、传感器（流量）、流体控制阀、PLC 电气控制系统、加注枪等组成。设备内部管路及部件如图 2-1 所示。

设备在对汽车加注液体的过程中，可对汽车液体管路系统的耐压指标进行同步可靠的实时检测及统计处理加注量、真空、压力等工艺数据参数，为生产管理、工艺性能检测提供可靠的质量保证。

图 2-1　加注机内部管路及部件

3. 真空加注机控制构成

真空加注机由流体控制、气动控制、电气控制三个部分构成。流体控制主要是对制动液加注与系统真空压力的实时检测控制、定量控制等；气动控制部分主要完成各流体阀先导气体的供给，以及加注枪上的卡紧夹具的控制；电气控制部分主要是完成系统的过程控制、检测，过程参数数据的处理、保存，以及系统运行的实时监控、数据显示、故障报警等。

真空加注机抽真空过程包括预抽低真空和抽高真空两阶段；回吸过程包括回吸、通气等两个阶段。真空定量加注机的加注工作过程主要分为准备、抽真空、检漏、二次真空、加注、回吸、完成等。

设备内部管路系统主要由真空管路、加注管路、回吸管路、补液管路组成，如图 2-2 和图 2-3 所示。

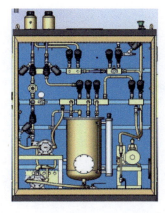

图 2-2　动力转向液真空加注机内部管路图

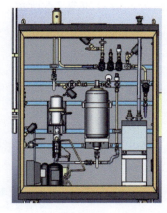

图 2-3　冷媒真空加注机内部管路图

五、直行定位调整设备

1. 直行定位设备结构

直行定位调整设备由控制系统、激光测量系统、定位装置等关键部件组成，如图2-4所示。

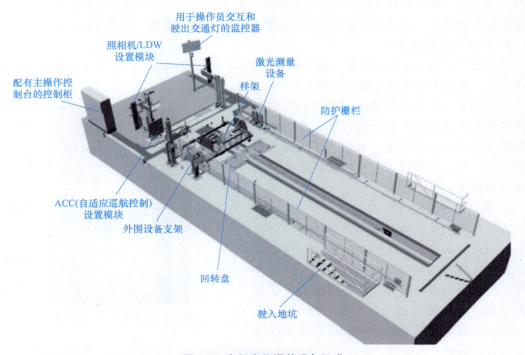

图2-4　直行定位调整设备组成

2. 轨道导向装置

轨道导向装置（每个试验台架一个）具备一个安装在装配轨上的导轨，该装配轨使用螺钉固定在车间地板上。该导轨的特点是具有若干用于容纳可移动组件的导向支架。参考标记位于大厅的地板上，位于每个导轨前置区域内。这一参考标记会指明测量系统的 "0" 位。轨道导向装置如图2-5所示。

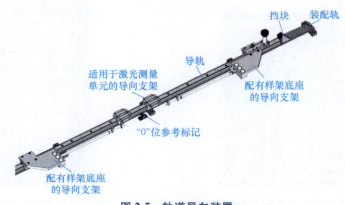

图2-5　轨道导向装置

3. 激光测量装置

每个激光测量设备通常都包括一个底板、一个支架以及一个激光传感器，如图 2-6 所示。在某些设备中会安装一个 LED 灯带，用于车轮罩板边缘的照明。

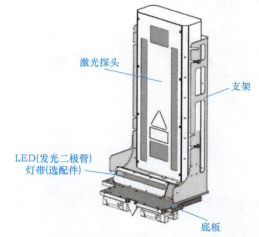

图 2-6　激光测量装置

4. 行走机构

行走机构用于将测量设备移动至所要求的测量点。每个测量单元均配有一个驱动装置，这一驱动装置会与测量单元的底架相连接。这一驱动装置通常包括一个电动机和一个在地板导向装置装配轨上滚动的摩擦轮，该摩擦轮处的一个弹簧机构可以对移动力进行设置（图 2-7）。

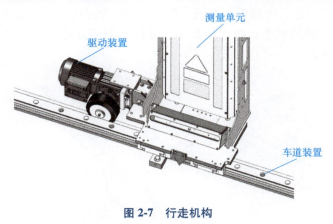

图 2-7　行走机构

第二节　常用工具

一、手动工具

1. 定义

在商用车装调过程中，手动工具主要是借助于手来拧动或使力达到拆卸、安装工作状况

19

的工具。

2. 种类

在商用车装调过程中，常用的手动工具主要有呆扳手、尖嘴钳、内六角扳手、钢卷尺、手动拉铆枪、螺钉旋具等，如图 2-8 所示。

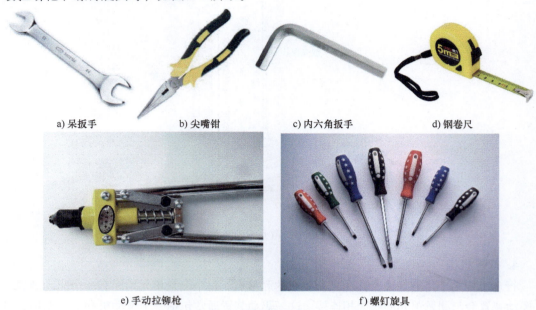

a) 呆扳手　　　　　b) 尖嘴钳　　　　　c) 内六角扳手　　　　　d) 钢卷尺

e) 手动拉铆枪　　　　　　　　　f) 螺钉旋具

图 2-8　常用的手动工具

最常用的手动工具是各种扳手，如图 2-9 所示。因为在汽车装配线上拧紧螺栓所使用的主要工具就是扳手，如呆扳手、内六角扳手、活扳手、梅花扳手、棘轮扳手、定扭力扳手等，扳手规格见表 2-2。

图 2-9　扳手

表 2-2　常用的开口扳手规格

开口扳手规格	对应螺纹规格	开口扳手规格	对应螺纹规格	开口扳手规格	对应螺纹规格
7	M4	17	M10	27	M18
8	M5	19	M12	30	M20
10	M6	22	M14	32	M22
14	M8	24	M16	36	M24

二、气动工具

1. 定义

气动工具主要是利用压缩空气带动气动马达而对外输出动能工作的一种工具，所用到的套筒头规格见表2-3。

表 2-3　气动工具套筒头规格

套筒头规格	对应六角头螺栓螺纹规格	套筒头规格	对应螺纹规格	套筒头规格	对应螺纹规格
7	M4	17	M10	27	M18
8	M5	19	M12	30	M20
10	M6	22	M14	32	M22
13	M8	24	M16	36	M24

2. 种类

常用的气动工具主要有非定值气动拧紧工具（或称冲击式工具，如气动螺丝刀、气动扳手等），离合器式气动定值拧紧工具，液压脉冲式气动定值拧紧工具等，如图2-10所示。

气动冲击扳手可应用于要求工具功率强大且重量轻的工位，如普通装配和修理操作。对于拆卸连接操作来说，它们是最适合的工具。

脉冲工具与气动冲击扳手具有相同的优点，并且拧紧精度更高，适用于普通装配操作和流水线生产。除此之外，该类型的工具拥有优异的人机工程学设计，具备更低的噪声和更小的振动，而且使用寿命更长。

气动螺丝刀　　气动扳手

图 2-10　主要气动工具

液压脉冲拧紧扳手的核心部件是液压脉冲单元，该元件位于气马达和输出轴之间。由于脉冲的作用时间很短，其作用在手柄上的反作用力几乎为零，仅有非常少的一部分马达力矩传递到操作者的手上。脉冲单元能将马达产生的力矩扩大50～100倍。

由于在脉冲工具中并不存在金属对金属的冲击，所以较气动冲击扳手而言，脉冲工具所提供的脉冲更为柔和，易于控制，并且振动和噪声级别都很低。平衡性好而且重量轻，以上优点使得此类工具极为便于操作。

3. 气动离合器式结构

离合器式结构的工具的主要组成包括气源、气针、换向阀、气动马达、齿轮传动组、离合器和输出轴，通过离合器来调节力矩，其正反转、力矩调节都是通过纯机械结构来调整，所以其结构较为复杂。自动断气式系列工具采用的便是此结构，如图2-11所示。此种类型工具的气动马达叶片为易损件。

气动马达　　齿轮传动组　　离合器+输出轴

图 2-11　气动离合器式拧紧工具结构

4. 气动工具保养

离合器式工具的标准保养周期为 15 万次；冲击式工具的标准保养周期为 12 万次；脉冲式工具的保准保养周期为 15 万次。保养间隔还取决于现场使用环境的其他三个因素，它们将延长或缩短实际的保养周期：①年度拧紧数/年（TY）；②力矩使用率（TU）；③拧紧时间（TT）。

下列公式描述了标准间隔与这 3 个因素的关系：

$$实际的服务间隔 = \frac{标准间隔}{TY \times TU \times TT}$$

5. 维护保养

维护保养内容包括：①检查及清洗弯头总成/输出轴组件；②检查及清洗行星齿轮装置；③检查/清洗气马达及进出气部件；④检查离合器或脉冲单元；⑤更换损坏的零件；⑥对锥齿轮、行星齿轮、轴承、O 形密封圈进行润滑。

6. 维护后工具功能测试

维护后工具功能测试项目包括：①空转速度；②高力矩设置；③检漏；④低力矩设置。

三、电动工具

1. 定义

电动工具是以直流或交流电动机为动力的装配工具的总称。

2. 种类

在商用车装调过程中，常用的电动工具主要有电动螺丝刀、电动扳手等，如图 2-12 所示。常见定扭力工具性能参数见表 2-4。

电动螺丝刀　　　　　电动扳手

图 2-12　主要电动工具

表 2-4　常见定扭力工具性能参数

序号	定扭力工具类别	极限偏差	力矩/N·m	参考价格/万元	效率
1	气动液压脉冲式	±15%	50~250	2.0~2.5	1
2	气动离合式	±7.5%	50~300	5.6~8.0	0.8
3	电池离合式	±7.5%	1~50	1.8~3.0	0.8
4	电动定扭力拧紧机（单轴）	±3%/±5%	1~1200	17~24	0.6
5	电动定扭力拧紧机（多轴）	±3%	300~1200	20~26（单轴均值）	0.6

注：1. 定扭力，指工具达到预设力矩后自动停止运行，同时拧紧力矩的极限偏差在±15%以内。
　　2. 特别注意：使用气动液压脉冲式定扭力工具、气动离合式定扭力工具需要满足供方说明书要求的稳定气压。
　　3. 气动离合式定扭力工具、电动定扭力拧紧机（单轴）在使用力矩≥60N·m 时，需要反作用力臂。
　　4. 电动定扭力拧紧机（单轴）如使用电池作为动力来源，其拧紧力矩的极限偏差为±5%。

3. 电动定扭力工具选用规范

（1）电动定扭力工具

1）对于拧紧力矩>300N·m 的位置，推荐使用电动定扭力拧紧机（单轴）；其中固定间距的螺栓组，如车轮螺栓、U形螺栓等，推荐使用电动定扭力拧紧机（多轴）。

2）对于拧紧力矩≤300N·m、且产品文件中规定拧紧力矩极限偏差在±7.5%以内的位置（包括售后易出现故障的位置），推荐使用电动定扭力拧紧机（单轴）。

3）对于拧紧力矩<50N·m、且产品文件中规定拧紧力矩极限偏差在±7.5%以外的位置，推荐使用电池离合式定扭力工具。

（2）气动定扭力工具

1）对于50N·m≤拧紧力矩≤300N·m、且拧紧力矩精度要求为7.5%~15%的位置，推荐使用气动离合式定扭力工具（LTP）。

2）对于50N·m≤拧紧力矩≤200N·m、且拧紧力矩精度要求为7.5%~15%的位置，推荐使用气动液压脉冲式定扭力工具。

4. 安全使用事项

1）连接电动机械及工具的电气回路应单独设开关或插座，并装设漏电电流动作保护器，金属外壳接地。严禁一闸接多台设备。

2）电流型漏电保护器的额定漏电动作电流部的大于30mA，动作时间不得超过0.1s；电压型漏电保护器的额定漏电动作电压不得大于36V。

3）电动工具应使用双重绝缘或者接地保护。

4）手持式电动工具的负荷线必须使用橡胶护套铜芯软电缆（防水电缆），并不得有接头。

5）工具不用时要把插头拔下，但不要猛拽电线。

6）防止工具被意外起动。

7）工作地点应有足够的照明。

四、扭力板手

扭力扳手是一类特殊的检测工具，用于衡量拧紧工具的过程质量。

1. 分类

扭力扳手是在拧转螺栓或螺母时能显示出所施加的力矩，或者当施加的力矩到达规定值后会发出光或声音信号的一种拧紧工具。常见的扭力扳手根据动力源不同可分为气动扭力扳手、电动扭力扳手及手动扭力扳手。

2. 使用方法

（1）电动扭力扳手的使用方法　先将主机的三芯插头插入控制仪相应的插座上，然后将控制仪上的电源线接入电网，绿/黄双色芯线为接地线。工作结束后，以相反方向拆卸。

（2）螺栓的扭紧操作

1）装上反力支架并紧固螺钉，起动主机，使方头销孔与反力支架孔相对应，然后装入扳手套筒，插上销钉，并用橡胶圈固定。

2）将控制仪的力矩旋扭调到所需力矩值，将主机正反开关拨到正转位置，把扳手套筒套在螺纹连接件的六方上。

3）按下电源开关，扳手起动。当反力支架力臂靠牢支点时（支点可以是邻近的一只螺栓或其他可作为支点的位置）螺栓开始拧紧。当螺栓拧紧力矩达到预定值时，扳手自动停止，紧固完成，松开电源开关，进行下一只螺栓的紧固工作。

4）扳手自动停止后，靠反力支架的弹性形变力，使支架力臂自动脱离支点，取下扳手。如果力臂不能脱离支点，可拨动正反开关，点动电源开关，扳手即可取下。

（3）螺栓的拆卸操作　扳手在拆卸螺栓（反转）时，其操作方法与拧紧操作相同，只是将正反开关拨到反转位置，螺栓卸松后防开电源开关。

（4）力矩的选择与调节　用户可在100～3500N·m的范围内任意选择相应规格的电动扳手。控制仪面板上有"力矩调节"旋钮，刻有0～100刻度值，用以调节力矩。

调节方法：产品出厂带有力矩测试数据卡片供用户标定时参考，用户可根据所需力矩选择某一刻度值，按照拧紧螺栓的操作方法拧紧螺栓。用测力扳手或其他测力仪器测出螺栓的实际拧紧力矩值，若力矩值偏高，将旋钮向低刻度调节；若力矩值偏低，则向高刻度值调节，反复几次既可达到所需精确力矩值。

（5）气动扭力扳手的使用方法

1）连接气源动力，将气动扳手气源接口位置的圆环向上拉，连接气源气管。

2）装套筒，根据需要选择对应型号的套筒，将套筒安装至气动扳手方銎上。

3）调节档位及打紧方向，根据需要旋动档位旋钮选择合适的档位，通过调整方向旋钮调整打紧方向。

4）打紧螺栓，将调整完成的扭力扳手套筒对准所需打紧的螺栓，套筒套入螺栓头，按动打紧开关进行打紧。

5）断开气源，将气动扭力扳手档位旋钮调整至最低档位，拉起气源连接位置的圆环后拔出气源连接管路即可。

（6）手动扭力扳手的使用方法及其注意事项　施加力矩时，手握在扭力扳手手柄的中间刻度线位置。方銎与套筒、螺母/螺栓稳固连接（对开口/梅花系列扭力扳手，应将开口/梅花头完全插入/沉入螺母中），只能在扭力扳手标注的方向上施力，同时施力方向应在±15°内（水平方向和垂直方向）。施力时应缓慢和平稳，切忌冲击。当听到"咔嗒"声后立即停止，此时扭力扳手已到达预置扭力值，工件已加力完毕，应及时解除作用力，以免损坏零部件。

在使用手动扭力扳手的过程中，通常需要注意以下事项：

1）不能使用预置式扭力扳手去拆卸螺栓或螺母。

2）严禁在扭力扳手尾端加接套管延长力臂，以防损坏扭力扳手。

3）根据需要调节所需的力矩，并确认调节机构处于锁定状态才可使用。

4）使用扭力扳手时，应平衡缓慢地加载，切不可猛拉猛压，否则可能造成过载，导致输出力矩失准。在达到预置力矩后，应停止加载力量。

5）预置式扭力扳手使用完毕，应将其调至最小力矩，使测力弹簧充分放松，以延长其寿命。

6）应避免水分侵入预置式扭力扳手，以防零件锈蚀。

7）所选用的扭力扳手的开口尺寸必须与螺栓或螺母的尺寸相符合，扳手开口过大易滑脱并损伤螺纹紧固件的六角。各类扳手的选用原则：一般优先选用套筒扳手，其次为梅花扳手，再次为开口扳手，最后选活动扳手。

8）为防止扳手损坏和滑脱，应使拉力作用在开口较厚的一边，这一点对受力较大的活动扳手尤其应该注意，以防开口出现"八"字形，损坏螺母和扳手。

9）扭力扳手是按人手的力量来设计的，遇到较紧的螺纹件时，不能用锤击打扳手；除套筒扳手外，其他扳手都不能套装加力杆，以防损坏扳手或螺纹连接件。

10）扭力扳手使用时，当听到"啪"的一声时，此时是最合适的。

3. 校准与校验

一般来说工具的维护分为两种：一种是预见性的维护，另一种是预测性的维护。日常校准是属于一种预测行维护，是根据公司需要或体系要求等进行的；定期校验是预见性维护，是具有计量检定资格的单位对工具符合要求的一种检定，并会颁发鉴定合格证明。

（1）扭力扳手的校准　日常使用的校准方法为扭力扳手设定值检测法，一般精度控制在力矩设定值的±4%范围内即认为合格。

扭力扳手设定值检测法是指以被检测的扭力扳手设定值为准，在扭力扳手检定仪器上读取测量数值，以多次测量记录的数据，通过规定的偏差要求进行判断的方法。操作步骤如下：

1）设定扭力扳手力矩值。

2）设定扭力扳手检定仪的参数。

3）将扭力扳手按照要求放置在力矩检测仪上，匀速摇动手柄，当检测仪数据稳定不变后记录显示的数据，多次测量记录。

4）按照上述步骤进行反方向测量，并记录数据。

5）判定数据是否合格，合格/不合格的扭力扳手需粘贴对应的合格/不合格标签。

（2）扭力扳手的校验　扭力扳手的校验一般是定期通过专业计量检定机构或单位进行检测校验，并签发盖章证明。详细方法建议参考 JJF 1610—2017《电动、气动扭矩扳子校准规范》及 JJG 707—2014《扭矩扳子检定规程》的要求。

第三节　设备使用与维护

一、定值油液加注设备

企业在进行油液加注时，其操作人员必须要做到熟识加注机、熟读加注机运用手册、掌握简单修理常识、遇到问题临危不乱。企业要定期对操作人员进行培训，并使他们在操作油液加注机时严格遵守各项安全操作规程。

1. 日常保养

1）每日对油液加注设备进行简单的污渍清理，保持设备干净整洁。

2）停机时将加注枪头放置在专门的放置工装上，保持加注枪头清洁，避免进入杂质、灰尘等。

3）理顺加油管路，保证使用和停机时保持加注管路无折扁。

2. 操作规程

1）经培训合格并取得操作证者，方可使用油液加注设备。操作者必须严格遵守有关安全及交接班制度。

2）开机前检查液压管路接头和气路接头有无变形、断裂、变形或泄漏的情况。

3）检查真空泵是否正常运行、无异响。

4）检查储液箱液位及油箱是否渗漏。

5）检查过滤器滤芯是否堵塞。

6）检查三联体油雾器，确保润滑良好、油质合格、油量充足。

7）检查电气接线盘，确保插接端子紧固、触电灵敏并且线路无老化。

8）检查控制面板，确保控制按钮操作灵敏，且无损坏。

9）检查面板指示灯及机顶三色灯等，确保指示正常，且无损坏。

3. 维护保养标准

油液加注机维护保养标准见表2-5。

表 2-5　油液加注机维护保养标准

保养部位		检查/保养项目	检查/保养标准
机身		支撑架	紧固无变形
		机架	可见部分有无裂纹和断裂
		机柜	无凹陷变形
机械系统	液压管路	各管路及接头	紧固无松动，无液体渗漏
	气路	各气管及接头	紧固无松动、没有漏气现象
	真空泵	运行正常	运行平稳、无异响
	加注泵	运行正常	运行平稳、无异响
	储液箱	无泄漏，液位	油箱无渗漏、液位正常
	过滤器	过滤器滤芯	无堵塞
	润滑	三联体油雾器	润滑良好、油质合格、油量充足
	滑轨轨道	由小车驱动的各个动作正常	流畅、灵活
电气系统	电气盘	接线端子、触点、线路	端子紧固、触点灵敏、线路无老化
	控制按钮	面板各按钮	动作灵敏、正常
	指示灯	面板指示灯、机顶三色灯	指示正常、无损坏
	触摸屏	触摸屏	显示正常，无划伤

以上作业规程及维护保养标准适用于桥齿轮油加注设备、变速器齿轮油加注设备、转向助力油加注设备、制冷剂加注设备、风窗洗涤剂加注设备、尿素加注设备、防冻液加注设备、离合液加注设备、柴油加注设备及举升油泵加注设备。

二、分装线设备

在使用分装线设备时，操作人员必须要做到熟识输送机、熟读输送机运用手册、掌握简单修理常识、遇到问题临危不乱。企业要定期对操作人员进行培训，并使他们在操作分装线输送机时严格遵守各项安全操作规程。

1. 设备维护与保养

设备每运行一段时间需定期检查链张紧程序，以确保线体的稳定运行。使用活动扳手或者其他工具，拧动两侧的张紧螺杆进行张紧调节。注意必须将张紧轴和驱动轴调至平行，否则将会出现链板偏移磨损侧边型材等恶性问题；张紧不宜调得过紧，否则将会导致链条断裂等恶性问题。

润滑脂的添加：设备每运行一段时间需定期添加润滑脂，以确保分装线的稳定运行，推荐使用铝基润滑脂。添加润滑脂时打开润滑脂加注口盖，可见驱动轮、输送链条、立式轴承油嘴；电动机传动链条、链轮；张紧轮、输送链条、张紧滑块轴承油嘴；将铝基润滑脂均匀涂抹在牵引链与销轴的结合处；油嘴用黄油枪加轴承座润滑油；复原加注口盖，以免留下安全隐患。

设备各运动部位润滑要求见表2-6。

表2-6 设备各运动部位润滑要求

序号	润滑点	润滑材料	润滑周期	备注
1	电动机	铝基、钠钙油脂	6个月	
2	传动轴承	铝基、钠钙油脂	6个月	
3	减速机齿轮	10号油	3个月	更换
4	减速机轴承	铝基、钠钙油脂	6个月	
5	链条	铝基、钠钙油脂	6个月	

分装线设备的维护与保养见表2-7。

表2-7 分装线设备的维护与保养

项目	保养类别	检查/保养项目及方法
分装线体	初级维护保养	每班上班开机前检查有无物料、工具、杂物堆放在输送线上，有无杂物卡住链条影响正常运行
		观察电气控制部分是否有烧损现象，急停按钮是否在允许开机运行位置
		每班下班停机后，清理输送线各工作区在当班工作时留下的各种废渣，特别注意不要使材料、工具或废渣掉入链条中，以免影响正常运行
	深度保养	对发动机分装线主要传动零部件进行检查，如链轮、张紧装置、链条等是否有松动、移位或脱开，链板是否有弯曲凹陷，如有，应及时给予调整归位紧固
		对发动机分装线驱动减速机箱及各配套专机检查，是否有松动及不正常状况，如发现及时进行处理
		对电控箱内元件、行程开关及工装支架进行检查，是否有松动或偏位，是否有偏歪或损坏，如发现及时纠正
		检查各运动元件动作是否有力、平稳，响应时间是否正常，有无明显噪声、异响及振动，气动元件及管路是否漏气或松动，如发现及时进行修正；检查各运行轨道是否有弯曲变形，各工位支架等构件连接螺钉是否松动，链条是否松弛，如发现问题应及时给予调整
		检查发动机分装线链条张紧度，如太松应调整机尾处链条张紧装置或拆除一节链板，以保证链条张紧度合适

（续）

项目	保养类别	检查/保养项目及方法
链板输送机	日常保养	检查各部螺栓的紧固情况，若有松动应及时拧紧
		查各运转部位的润滑情况，应按设备润滑"五定"标准进行加注润滑油（脂）
		检查内外链板与滚轮轴的连接情况，如有磨损或位置变动应及时处理
		检查各链板的连接螺栓的紧固情况，若有松动应及时拧紧
		检查减速机的润滑情况，润滑油应符合油标尺刻度要求
		每班工作后对输送设备进行全面检查、清理和擦拭，并清理工作场地
	定期保养	发动机分装线输送机在运转每半个月后，应对各内外链板、锁片、滚轮进行检查，磨损严重时应更换
		发动机分装线输送机在运转每满1个月后，应对机头、机尾轴承进行检查，并加注润滑脂及更换密封件
		发动机分装线输送机在运转每满1个月后，应对减速机进行检查，并补充润滑油或更换密封件
		发动机分装线输送机在运转每满1个月后，应对传动部位的零部件进行检查并更换
输送减速机	定期保养	定期检查减速机含油量
		每半年、每两年对减速机进行一次维修。小修包括更换润滑油、检查传动齿轮的状况和密封滚动轴承。除小修外，所有部件均应拆卸，以便检查、修理或更换
		特别是传动齿轮发生下列情况之一时，应报废：①产生裂纹；②齿面点蚀达到啮合面30%，深度达到齿厚的10%；③第一齿轮啮合齿厚可达齿厚的10%，另一齿轮的磨损可达原齿厚的20%
		减速机或齿轮部分在运行500h后更换新润滑油
		减速机连续工作时间长每满3个月必须换一次润滑油，使用中温升超过60℃或油温超过85℃时，必须更换润滑油后方可使用
		减速机内进水和减速机误加柴油或其他液体等有机化合物，会导致减速机的绝缘保护损坏而出现问题，所以这些情况必须杜绝发生

2. 设备常见故障排除

分装线线体起动失败排查方案：确保外部已经供电至控制箱，并且控制箱内断路开关已经合上，可通过控制面板电源指示灯进行判断；确保本设备所有急停按钮已经复位；用手触摸电动机机壳，检查电动机是否发烫或者正常工作；确保变频器设置正确，线体额定工作速度为1~8m/min，过低的工作频率将导致线体处于"假死"状态，从而出现电动机烧坏等一系列恶性问题。

分装线线体爬行排查方案：停下线体，检查牵引链是否过于松弛，如果牵引链过于松弛，则将牵引链张紧到位；确定变频器设置正确，过低的工作频率将有可能导致线体爬行，线体额定工作速度为1~8m/min；检查牵引链滚轮、牵引链轮及张紧链轮等润滑脂是否过剩，过剩的润滑脂将导致设备咬合处打滑，从而出现"爬行"现象。

设备常见故障排除方法见表2-8。

表 2-8　设备常见故障排除方法

序号	故障现象	产生原因	排除方法
1	无电源	插头未插好、空开断线	插好插头或空开打开
		熔断器损坏	更换熔断器
2	减速机频繁停车	电动机轴承损坏	更换电动机轴承
		输送机过载保护	排除造成过载的故障
3	减速机发热	减速机润滑油少	添加润滑油
		润滑油种类不对	按要求加润滑油
4	减速机噪声大、振动	缺润滑油	按要求加润滑油
		轴承缺油或损坏	润滑或更换轴承
		安装螺栓松动	紧固安装螺栓
5	减速机漏油	放油螺塞松动	紧固放油螺塞
		轴承油封损坏	更换油封
6	机身带电	机身安全接地线脱落，电气元件漏电	停机，请电工检修

3. 设备保养作业项目

设备保养作业的方法、工具及注意事项见表 2-9。

表 2-9　设备保养作业的方法、工具及注意事项

步骤	项目	方法	所用机、工具	注意事项
1	设备外观	从上至下、由前至后、由外至内进行擦拭、清洁灰尘	棉纱	清洗时应注意安全保护；清洗底部时应注意人员保护，防止机械碰伤
2	检查、紧固设备的螺钉、螺母、电线接头	目测、检查、紧固	6in 十字螺钉旋具	用力均匀、防止碰手，从内至外、从前至后按顺序紧固
4	检查设备电源是否可靠接地	目测、检查	6in 十字螺钉旋具	注意安全
5	在通电使用时切忌用手触及箱内空间的电气部分或用湿布擦洗、用水冲洗	—	—	注意安全
6	每次使用完毕后，须将设备电源全部切断	目测、检查	—	注意安全

三、起重设备

1. 设备主要特点

（1）轻小型起重设备　轻小型起重设备的特点是轻便、结构紧凑、动作简单，作业范围投影以点、线为主。轻小型起重设备一般只有一个升降机构，它只能使重物作单一的升降运动。属于这一类的有千斤顶、滑车、手（气、电）动葫芦、绞车等。电动葫芦常配有运

行小车与金属构架以扩大作业范围。

（2）桥式起重机 桥式起重机的特点是可以使挂在吊钩或其他取物装置上的重物在空间实现垂直升降或水平运移。桥式起重机包括起升机构和大、小车运行机构。依靠这些机构的配合动作，可使重物在一定的立方形空间内起升和搬运。龙门起重机、装卸桥、冶金桥式起重机、缆索起重机等都属此类。

（3）臂架式起重机 臂架式起重机的特点与桥式起重机基本相同。臂架式起重机包括起升机构、变幅机构、旋转机构。依靠这些机构的配合动作，可使重物在一定的圆柱形空间内起重和搬运。臂架式起重机多装设在车辆上或其他形式的运输（移动）工具上，这样就构成了运行臂架式旋转起重机。汽车式起重机、轮胎式起重机、塔式起重机、门座式起重机、浮式起重机、铁路起重机等都属于臂架式起重机。

（4）升降机 升降机的特点是重物或取物装置只能沿导轨升降。升降机虽只有一个升降机构，但在升降机中，还有许多其他附属装置，所以单独构成一类，它包括电梯、货梯、升船机等。

除此以外，起重机还有多种分类方法。例如，按取物装置和用途分类，有吊钩起重机、抓斗起重机、电磁起重机、冶金起重机、堆垛起重机、集装箱起重机和援救起重机等；按运移方式分类，有固定式起重机、运行式起重机、自行式起重机、缆索起重机、爬升式起重机、便携式起重机、随车起重机等；按驱动方式分类，有支承起重机、悬挂起重机等；按使用场合分类，有车间起重机、机器房起重机、仓库起重机、贮料场起重机、建筑起重机、工程起重机、港口起重机、船厂起重机、坝顶起重机、船上起重机等。

2. 保养与维护

（1）润滑 起重机设备润滑的好坏直接影响各机构的正常运转，对延长起重机寿命和安全生产至关重要。

中小起重量的起重机的润滑多为分别用油枪在润滑点处加油。大吨位起重机多采用集中润滑，通过输油管集中在一处用手动泵或电动泵给各润滑点定期加油。润滑条件与润滑材料见表2-10。

表 2-10 润滑条件与润滑材料

序号	润滑件名称	润滑周期	润滑条件	润滑材料
1	钢丝绳	15～30d	将油脂加热至 80～100℃浸涂达到饱和；加热涂抹	合成石墨钙基润滑脂
2	减速器	开始运转 700h 换油，以后每运转 1000～1200h 换一次	旧油换新油时温度不低于−20℃	通用 N6～N150 号工业齿轮油或防漏润滑脂8400
3	齿轮联轴器及滚动轴承箱	工作级别 A3～A5 每月一次；工作级别 A6～A7 每周一次	工作温度为−20～50℃	锂基润滑脂，冬季为 ZL-1、ZL-2，夏季为 ZL-3、ZL-4
4	电动机	年修或大修	常温用电动机为 H 级绝缘电动机	合成锂基润滑脂 ZL-3 或 ZL-3EH
5	卷筒内齿盘	大修	工作温度为−20～60℃	工业用锂基润滑脂
6	制动器各铰轴	每月一次	工作温度为−20～60℃	工业用锂基润滑脂

（2）检查　桥架及起重机主要结构件至少每年进行一次全面检查；检查所有连接螺栓，特别是对端梁接头，主梁与端梁连接，斜梯，各平台、导电架、电缆滑架等的螺栓，应十分注意，不得有任何松动；检查主要焊缝，应用煤油清洗后再检查，如发现裂纹应铲除干净，用优质焊条焊接；检查主梁上拱度及主要构件的变形。主梁上拱度检查方法如下：在无负荷时，小车开至端部极限位置，用拉钢丝或水平仪测量主梁跨中的下沉值（由原始高度向下产生的永久变形值）F'，当 F' 超过水平线以下，表 2-11 所列下沉值时，建议进行修理，修复后按规定测试，合格后才能使用。各种跨度允许下沉值见表 2-11。

表 2-11　各种跨度允许下沉值

跨度 S/m	10.5	13.5	16.5	19.5	22.5	25.5	28.5	31.5
允许下沉值 F/mm	5	7	8	10	11	13	14	16

起重机轨道和小车钢轨一年应至少检查两次。主要检查钢轨是否紧固，焊主梁是否变形。在修复钢轨时应将主梁从跨中顶起，焊钢轨压板时电源不得触及钢轨，更不得在钢轨上打火；检查金属表面油漆情况，根据实际情况 3～5 年涂油漆一次，重新涂漆的质量应符合有关涂装规定；小车电缆滑架上异型槽钢滑道，应经常检查其接头间隙不应大于 1mm，超差时应及时调整，保证电缆滑车正常运行。检查滑车滚轮有磨损超差或破裂情况及时更换。

四、定值拧紧机

定值拧紧机一般分为单轴拧紧机和多轴拧紧机，如图 2-13 所示。使用适宜环境一般要求温度为 0～40℃，相对湿度 ≤90%；电力一般为三相五线制供电，供电电压为 380×（1±10%）V/220×（1±10%）V，供电频率为（50±0.5）Hz；压缩空气压力为 0.55～0.7MPa。

a) 单轴拧紧机　　　　b) 双轴拧紧机　　　　c) 五轴拧紧机

图 2-13　定值拧紧机

1. 拧紧机结构

传感器式结构的工具的主要构成包括：电源+主板+角度编码器+电动机+力矩传感器+齿轮传动组+输出轴，通过编写拧紧程序来设定力矩，通过力矩传感器来感知力矩。传感器式电动工具的构成如图 2-14 所示。

电动离合器式结构的工具的主要构成包括：电源+主板+电动机+齿轮传动组+离合器+输出轴，通过离合器来调节力矩。离合器式电动工具的构成如图 2-15 所示。

2. 力矩校验管理要求

（1）定期校准　定期通过设备商提供的校准工具进行校准，如不具备条件可送至相应

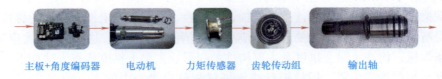

图 2-14 传感器式电动工具的构成

图 2-15 离合器式电动工具的构成

的第三方检测机构进行校准。使用校准工具校准时，校准工具应按照计量器具的管理方式进行定期的维护和校验。

（2）班前校准　生产现场一般配备有扭力扳手校验设备，生产开班前应对相应的设备进行校准；校验设备也需要按照计量器具的管理方式进行定期的维护和校验。

（3）首次、末次件检验　对每个班次生产的首个零件和最后一个零件进行检查，反推设备的状态。如出现问题，需要对产品进行返修。

（4）巡检　根据每个生产基地的要求和售后质量问题的情况，制订相应的巡检计划并按要求实施。

3. 正确使用要求

（1）设备启用前准备工作　使用前先检查相应的承重螺栓是否松动；每次使用前检查设备有无磨损或损伤；在无法确保安全的情况下，不要使用已检测出有磨损及损伤的系统；确认负载和夹具连接良好；设备启用前须打开各个压缩空气管路阀门，检查气源压力是否满足要求，压缩空气中不能含油和水分；检查过滤减压阀的滤杯中是否有超过刻度标记的液体，如果存在应及时排空，以防污染元器件；确认已安装了安全钢丝绳（要求的位置）。

（2）设备正常使用要求　不要提升超出设备额定负载（参见产品铭牌）的重物；不要将手放在设备的活动部位；在操作系统时，时刻注意着所负载的工件；若要移动设备，请先行确认在移动的通道上无人及障碍物；设备工作时，请不要在任何人的上方提升负载；不要使用设备升降人员，不允许任何人悬挂在机械手悬臂上；当工件在机械手上处于悬挂状态时，禁止无人看管；不要摆动设备所悬挂的负载工件；不要对悬挂的负载进行焊接或切割。

（3）设备停机后的要求　设备停止工作后务必将工件卸载，切不可将工件停留在设备上；一个工作班次结束时，请务必将工件卸载、设备回复至原始位，并关闭动力源。

（4）系统使用注意事项　设备应由专人操作，其他人员要操作时需经专业培训；主机的预设平衡已经调节好，如没特殊情况不要随意调节，必要时应请专人调节；移动夹具至放置原位时，按动制动按钮，起动制动装置，锁定臂杆；回转关节，等待下一次的操作；主机停止工作时，应锁死臂杆，防止臂杆漂移；在进行任何维修之前，都必须关闭供气开关并排空各个执行元件的残余气压；避免冲撞系统；仅允许在安全的情况下，培训、调试及操作本设备；一个工作班次结束时，请务必将设备卸载、回复至原始位，并关闭动力源。

4. 安全保护功能

（1）气动式助力设备的保护功能

1）断气保护装置：当主供气源意外断气时，助力机械手臂杆不会突然坠落。

2）安全阀单元：当主供气源工作压力低于设定压力时，系统将被锁定，确保工作过程的安全性。

3）误操作保护功能：只有当工件被有效支撑后才可被卸载，确保工作过程的安全性。

4）制动器单元：在回转关节处配备有关节锁定的制动器单元来实现机械手的锁定，当机械手不工作时可防止机械臂随意转动而碰伤设备。

（2）电动式助力设备的保护功能

1）产品应有可靠地过载保护装置。当实际载荷超过额定载荷的 1.1 倍时，过载保护装置应起作用。

2）垂直行程的上下极限位置，有可靠地限位装置。

3）电气系统应安全可靠，接地装置明显，接地保护接线端子与控制设备任何有关器件及绝缘破损可能带电的元器件之间的电阻不得大于 0.1Ω，电器箱须有闪电标志。控制设备中带电回路与地之间（控制电路不直接接地时）的绝缘电阻不小于 1MΩ。

5. 主机的维护与调整

（1）润滑导向组件　润滑导向组件的方法如图 2-16 所示。对于电动机驱动型的 EEPOS 主机，如需润滑导向组件的轴承，首先要使用内六角扳手逆时针方向旋转拧松 4 个加油口的螺塞；然后使用润滑脂来润滑轴承；润滑结束后重新装好螺塞，以防止滚子轴承落入灰尘。

主机正常工作情况下每月润滑一次即可。

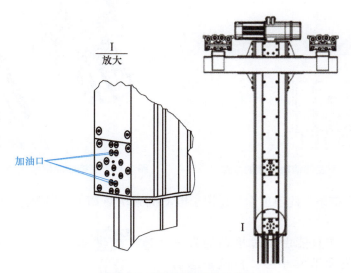

图 2-16　润滑导向组件的方法

（2）更换导向组件　更换导向组件的方法如图 2-17 所示。如需更换导向组件，如图 2-17 所示逆时针旋转松开所有 8 个安装螺钉；然后再松开 6 个固定螺钉，拆下导向组件，装入新的导向组件。注意一次只能移除一个导向组件。

（3）调整伸缩轨间隙　为保证主机上下运行过程中的平稳性，需要定期检查和调整主机本体两轨道之间的间隙，调整方法：使用内六角扳手沿顺时针方向旋转调整螺栓时，导向

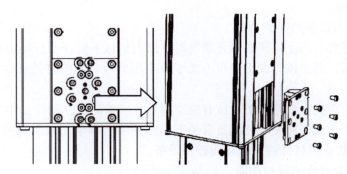

图 2-17　更换导向组件的方法

组件会向中心轴方向压紧，伸缩轨配合间隙变小，沿逆时间方向旋转调整螺栓时，导向组件会向外放松，伸缩轨配合间隙变大，调整伸缩轨间隙的方法如图 2-18 所示。

通过这种方向调节两边的调整螺栓，四边间隙均匀调整为 5mm 最佳。调整完成后试运行主机使其上下动作感受顺滑无阻滞。

（4）更换缓冲橡胶块　缓冲橡胶块安装于移动的内轨道顶部，可起到减振、防撞、保护轨道的作用。如果橡胶块因使用过程中过多的碰撞而失效或损坏，需要立即更换新的橡胶块。更换橡胶块前请先确保已经切断动力源并卸掉夹具。拆下固定轨道的端头盖板，小心降下移动轨露出端头的缓冲橡胶块，换上新的缓冲橡胶块，重新装好端头盖板，复位所有零部件。调整好主机重新装上夹具。更换缓冲橡胶块的方法如图 2-19 所示。

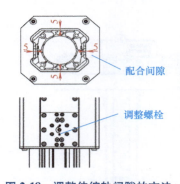

图 2-18　调整伸缩轨间隙的方法

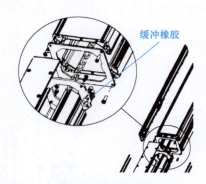

图 2-19　更换缓冲橡胶块的方法

（5）润滑提升链条　此项工作只适用于电动机驱动型 EEPOS 主机，气缸驱动型主机无此项。

链条的维护工作只能由经过培训的人员完成。这项工作需要非常小心！在链条运动期间，请保持双手远离固定轨道！润滑提升链条的方法如图 2-20 所示。首先将提升链条一直移动到固定轨道终点端头盖板处。然后松开外部型材盖板型材上的所有安装螺钉，如图 2-20 所示。卸下盖板型材，完全润滑暴露的链条。提升链条到相应的终端位置，以

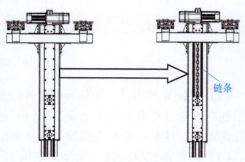

图 2-20　润滑提升链条的方法

便整个链条都能获得润滑，润滑工作每 6 个月 1 次。在所有运动过程中，保持双手远离固定轨道。最后，使用螺钉将盖板型材安装在固定轨道上。

（6）其他定期点检项目　其他定期点检项目见表 2-12。

表 2-12　其他定期点检项目

序号	维护项目	维护或检查方式	点检周期
1	检查铝型材有无变形或损坏	目测	6 个月
2	检查滑轨有无变形或损坏	目测	6 个月
3	滑轨维护润滑	涂抹	1 个月
4	驱动系统是否升降正常	人体感知	6 个月
5	橡胶保险杠	目测	3 个月
6	导向组件防松检查	内六角扳手试拧紧	1 个月

（7）螺栓连接的紧固调整　螺栓作为设备紧固件，一定要连接紧固可靠，设备使用前请先检查相应的螺栓连接是否松动，检查方式为查看防松标记，如图 2-21 所示。

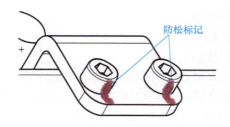

图 2-21　螺栓连接的紧固调整

第四节　电气使用安全

一、电气使用安全措施

1. 安全用电措施

1）不要用铜线、铝线、铁线代替熔丝，空气开关损坏后立即更换，熔丝和空气开关的大小一定要与用电容量相匹配，否则容易造成触电或电气火灾。

2）电缆或电线的破损处要用电工胶布包好，不能用医用胶布代替，更不能用尼龙纸包扎。不要用电线直接插入插座内用电。

3）电器通电后发现冒烟、发出烧焦气味或着火时，应立即切断电源，切不可用水或泡沫灭火器灭火。

4）不要用湿手触摸灯头、开关、插头插座和用电器具。开关、插座或用电器具损坏或外壳破损时应及时修理或更换，未经修复不能使用。

5）厂房内的电线不能乱拉乱接，禁止使用多驳口和残旧的电线，以防触电。

6）发现有人触电，千万不要用手去拉触电者，要尽快切断电源开关或用干燥的木棍、竹竿挑开电线，立即用正确的方法进行现场抢救。

7）电气设备的安装、维修应由持证电工进行。

2. 安全用气措施

发生气源气体泄漏的情况时，现场人员除按规程立即采取紧急措施外，必须立即向当值班长和站长报告，当值班长接到报告后应立即向事故应急总指挥报告，启动气体泄漏事故应急处理响应，调动人力物力，各应急人员迅速到达现场抢险。

（1）切断气源　气体泄漏时，应关闭与泄漏管道有关的全部系统阀门，设法降低管道的压力；如果是压力容器泄漏，应迅速停运供气系统，关闭与之相连的全部系统阀门，迅速将其隔离。

如果是加氢车辆或管束车泄漏，应关闭氢能车辆储氢压力容器罐和管束车上的所有阀门，并及时将车辆安全转移到安全距离外。

（2）现场管制　气体发生泄漏后，班长必须指挥设置断路标志及警戒带，严禁车辆（不包括消防、救护及指挥车辆）及无关人员进入。抢险救灾人员到达现场后，交由现场保卫组指挥控制。除必要的操作人员、抢险救灾人员外，其他无关人员必须立即撤离警戒区。

3. 绝缘措施

发生触电事故时应采取的措施：

1）必须使触电者迅速脱离电源。

2）立即关闭电源开关或拔掉电源插头。

3）若无法及时找到或断开电源，可用干燥的木棒、竹竿等绝缘物挑开电线。

4）脱离电源后，将触电者迅速移到通风干燥的地方仰卧，把他的上衣和裤带放松，观察是否有呼吸；摸一摸脖子上的动脉，看是否有脉搏。

5）实施急救。若触电者呼吸、心跳均停止，应及时进行心肺复苏术，并打电话呼叫救护车。

6）尽快将触电者送往医院，运送途中不可停止施救。

7）切勿用潮湿的工具或金属物去拨电线。

8）触电者未脱离电源前，切勿用手触碰触电者。

9）切勿用潮湿的物件搬动触电者。

二、电容放电和高压标志

1. 电容放电

电容是存储电荷的一种电子元器件，如对电容充电后再将电容从充电电路中断开，由于没有放电回路，电容上的电荷能保存很长时间，特别是对于高电压、大容量的电容，如铝电解电容器等。

如果人体不小心碰到带高电压的电容器，会引起人身安全问题，所以需要特别小心。特别是那些已充电，但没有放电电路或者放电时间很长又没有安全指示灯之类的电容，接触前最好用电压表测量一下电容两端的电压是否在安全范围内。

2. 常见的高压标识

为保证用电安全，标识牌可通过颜色和图形标志来体现。标识牌的颜色常用来区分各种不同的性质、不同用途的导线，也可代表某处的安全等级。图形标志一般用来表示一些有危险的场所，用来区分禁止、提示、警告等作用。为了保证用电安全，安全标识牌必须严格按照国家规定的颜色标准和图形标志来制作。安全标识牌常用的颜色有红、黄、蓝、绿色，常见高压标识如图 2-22 所示。

图 2-22 常见高压标识

红色用来表示禁止、停止，如机器上的红色按钮、信号灯、信号旗等都用红色来传达禁止的指令。黄色代表注意危险，起警告作用，如"注意安全""当心触电""当心超压""当心静电"等。蓝色是起到强制命令的作用，如"必须穿防护服""必须佩戴安全帽""必须持证上岗"等。绿色表示的是安全的信息，如"安全出口""已到达地面"。

严格按照国家标准和规定使用安全标识牌，在保证人身安全的前提下进行操作是整车制造过程中的首要任务。

复习题

一、填空题

1. 商用车装配线主要由两段或三段组成，第一段为车架_____，后一段为底盘正位装配，有的还在两条线中间增加一条底盘面漆线，以提高涂装质量。

2. 汽车生产中常用的工具主要是用来进行装配操作的工具，根据动力源的不同可以分为手动工具、_____、电动工具等。

3. 真空加注机由流体控制、_____、电气控制三个部分构成。

4. 扭力扳手是一类特殊的_____工具，用于衡量拧紧工具的过程质量。

5. 安全标识牌常用的颜色有____、____、____、____四种颜色。

二、单选题

1. 在商用车装调过程中，常用的手动工具不包括（　　）。

A. 呆板手　　　　　　B. 气动拉铆枪　　　　C. 螺钉旋具　　　　D. 尖嘴钳

2. 气动工具主要是利用（　　）带动气动马达而对外输出动能工作的一种工具。

A. 压缩空气　　　　　B. 空气　　　　　　　C. 电源　　　　　　D. 液压油

3. 汽车装配车间所采用的起重设备不包括（　　）。

A. 电动单梁悬挂起重机　　　　　　　　B. 单轨电动葫芦

C. 电动叉车　　　　　　　　　　　　　D. 立柱式悬臂吊

4. 扭力扳手的校验一般是定期通过（　　）进行检测校验，并签发盖章证明。

A. 专业计量检定机构或单位　　　　　　B. 使用人员

C. 扭力扳手管理人员　　　　　　　　D. 扭力扳手销售人员

5. 电缆或电线的破损处要用（　　　）包好。

A. 医用胶布　　　　B. 尼龙纸　　　　C. 电工胶布　　　　D. 纸胶布

三、简答题

1. 定值拧紧机力矩校验有哪些要求？

2. 安全标识牌常用的颜色有哪些，分别是什么含义？

第二章复习题
参考答案

第三章　驾驶室装调

本章主要对商用车驾驶室的结构特点、装配线体进行简单的介绍，并对驾驶室各系统的装调以及装调过程中所用标准件和对应工具、所涉及的装调技术要求、整个驾驶室的密封要求等进行讲解。

第一节　驾驶室装配线介绍

驾驶室装配流水线线体一般呈"C"形或者"U"形布置，根据驾驶室部分装配内容及工艺特点分为：驾驶室底部装配、驾驶室内部装配、驾驶室外部装配和分装，根据以上4类装配内容，线体设置有高架工位、滑板支撑工位、底装工位（部分重卡总装配厂无此工序）和分装工位。

一、内饰线体工艺布局

以某重型货车公司内饰线体为例，内饰线线体工位包括5个高架工位（G1～G5）、58个滑板支撑工位（1～58）、3个底装工位（D1～D5）和8个分装工位（F1～F8）。具体装配内容流程设置以装配搭接结构相关性、装配人员操作空间、操作人员作业人机性、所需大型设备和工装设置内容等为考量。图3-1所示为某公司驾驶室装配线工艺布局。

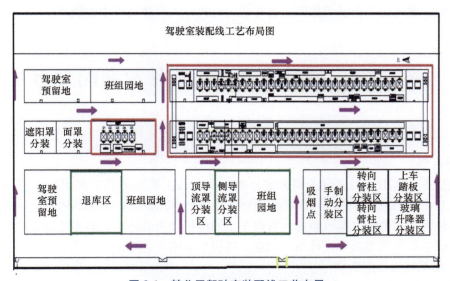

图3-1　某公司驾驶室装配线工艺布局

二、内饰线体工位设置

1. 高架工位

5 个高架工位（G1~G5）的装配内容主要包括：前悬支架、后悬支架、底部隔声板、底部线束、前围线束、上车踏板支架、右下工具箱支架、挡泥板上支架、气喇叭支架、底部堵塞、车型字母、部分前围和底部小支架等，需要提前装配或者人员站立作业舒适性、人机性较好的装配内容。

2. 滑板支撑工位

58 个滑板支撑工位（1~58）的装配内容主要包括：衬层、地板垫、A 柱护板、B 柱护板、仪表台、高架箱、座椅、卧铺等驾驶室部内部零部件，遮阳罩、面罩、导流罩、翼子板等驾驶室外部零部件，驾驶室制动管路、空调管路、顶棚线束、地板线束、变速器操纵、转向管柱、驻车制动等各功能件及电器件。

3. 底装工位

3 个底装工位（D1~D3）的装配内容主要包括：上车踏板、左右侧隔声板、挡泥板、车门下护板等，这部分内容大多因为装配顺序靠后、先装会影响流水线驾驶室离地高度、装配点离地高度太低装配空间不够，在内饰线无法装配或者装配工艺性、人机性较差等原因，放在底装工位进行装配。

4. 分装工位

8 个分装工位（F1~F8）装配内容主要包括：高架箱分装、导流罩分装、面罩分装、遮阳罩分装、转向管柱分装、组合踏板分装、驻车制动分装、上车踏板分装等。分装工位是为了确保流水线的走线节拍而设置，各工位均为独立单元，互不影响，减少了流水线作业量，可缩短走线节拍。分装工位零部件分装完成后，由专人转运至装配主线对应的总成装配工位，为了保证流水线的走线节拍，同一辆车分装工位装配内容相对于流水线对应装配内容来说可以提前开始，具体提前多长时间，可以根据产线特点及对应的线体节拍进行核算。设置分装工位时，要考虑工位就近原则，确保转运时操作人员移动最小的距离。

第二节　驾驶室主要装饰件及装配介绍

一、主要内饰件

1. 地板垫

地板垫主要作用是用来覆盖驾驶室地板钣金，其主要性能要求是耐用、美观、脚感舒适，它也是主要的声学零件，可以起到隔声、吸声的作用。有些车型的地板垫为整体式，即一块地板垫将本体地板全部覆盖住；有些车型的地板垫为分体式，即多块地板垫将本体地板全部覆盖住。根据车型具体设计结构确定。地板垫如图 3-2 所示。

（1）装配过程注意事项

1）装配前检查零部件是否有缺损等情况。

2）确保地板处干净、无多余零部件及装配垃圾。

3）根据地板垫成型型面及座椅过孔等特殊孔位进行定位。

4）按技术文件要求处理好地板垫与周边零部件之间的搭接关系，如仪表台、卧铺、座椅等。

（2）装配后自检

1）检查确保地板垫铺设平整、无卷边、无翘边。

2）检查确保地板垫与周边件的搭接关系正确且过渡平整。

3）确保地板垫干净、整洁。

图 3-2　地板垫

2. 仪表台总成

仪表台总成主要包括主仪表台总成、仪表台管梁总成、副仪表台总成，上面集成安装有驾驶室仪表、控制开关、空调系统、影音系统、储物盒、线束、防火墙等，目前大多可以提前分装成总成，然后总成装配至驾驶室。仪表台装配如图 3-3 所示。

图 3-3　仪表台装配

（1）装配过程注意事项

1）装配前检查仪表台总成与技术要求是否相一致，所有电检项目是否完成且合格；若电检项目已全部合格，直接装配；若有未完成项或者未合格项，向技术确认是否可执行装配。

2）装配时确保仪表台总成上自带的线束、管子等需要理顺继续敷设的件，已经按照技术文件从对应位置顺出，不会对后续装配造成影响。

3）根据技术文件要求的顺序进行紧固。

（2）装配后自检

1）检查确保仪表台总成自带线束、管路已经按要求敷设。

2）检查确保所有固定点已经完全紧固。

3）检查所有搭铁点已经搭铁。

3. 驾驶室内部装饰板及护板

驾驶室内部装饰板及护板包括 A 柱上饰板、A 柱下饰板、B 柱下饰板、门槛压条、门框上饰板等，具体是否包含全部以上部件，根据车型会有所不同，装配时大多为卡接结构，也有使用标准件紧固的方式，根据具体的设计结构而定。

（1）装配过程注意事项

1）装配前检查零部件表面是否有划伤，若自带卡扣，检查卡扣是否完好，卡扣数量是否有缺失。

2）装配时确保护板与周边件的搭接关系正确。

3）若上面分装有电器件，饰板下面敷设有线束，按技术要求完成分装，插接器插接牢靠后，理顺线束再拍装、固定。

4）对正卡扣与固定孔后再拍装、固定。

（2）装配后自检

1）检查护板装卡后与周边零部件，确保间隙面差均匀、无外翘现象。

2）确保护板装卡牢靠。

3）确保护板无划伤、损坏。具体如图 3-4～图 3-6 所示。

图 3-4　A柱上饰板　　　图 3-5　A柱下饰板　　　图 3-6　B柱下饰板

4. 车门护板

车门护板主要包括车门内护板、车门下护板、车门框饰板，根据具体设计结构而定，主要功能是提供优美外观，并满足人机工程、舒适性、功能性和方便性，大多为卡接固定结构，如图 3-7 所示。

图 3-7　车门护板

（1）装配过程注意事项

1）装配前检查零部件表面是否有划伤，若自带卡扣，检查卡扣是否完好，数量是否有缺失。

2）装配时确保护板与周边件的搭接关系正确。

3）装配车门内护板时先连接好车门内扣手拉线，然后再装配护板。

按照技术要求的顺序，对正卡扣与各固定孔后拍装、固定。

（2）装配后自检

1）检查护板装卡后与车门内板钣金贴实、无翘角。

2）检查护板装卡牢靠。

3）检查护板与周边搭接件连接牢靠。

4）检查护板，确保无划伤、损坏。

5. 衬层

衬层主要包括顶衬（根据具体设计结构可分为前中后顶衬）、后衬、侧围衬层等，装配时有先后搭接顺序，一般采用卡扣、子母扣等进行固定，如图 3-8 所示。

（1）装配过程注意事项

1）装配前检查零部件表面是否有划伤，脏污。

2）装配时确保衬层与周边件的搭接关系正确。

图 3-8　衬层

3）按照技术文件要求的顺序进行固定。

（2）装配后自检

1）目视衬层与衬层之间间隙、面差符合要求，美观。

2）检查确保衬层干净。

3）检查确保衬层固定牢靠。

二、主要外饰件

1. 遮阳罩

遮阳罩分为整体式和分体式两种，如图 3-9 和图 3-10 所示。一般包括遮阳罩本体（分体式为上下部件）、遮阳罩支架，遮阳罩上根据具体配置会分装示廓灯、示高灯，装在驾驶室前风窗玻璃上部用于遮挡阳光和起装饰的作用。若支架与本体固定点为孔，通常会在支架与本体之间增加橡胶垫来确保固定点处的密封性；遮阳罩本体固定孔中一般需要装卡橡胶圈，可以起到缓冲作用。

（1）装配过程注意事项

1）装配前检查零部件表面是否有划伤，破损。

2）装配时放至专用分装台进行分装，避免造成二次划伤。

3）装配时确保支架与本体之间橡胶垫完好无损、无缺失，一般支架会自带橡胶垫。

4）按照技术文件要求的顺序进行连接固定。

图 3-9　整体式遮阳罩

图 3-10　分体式遮阳罩

5）确保遮阳罩固定孔处得橡胶垫装卡平整，不允许出现歪斜或者漏装现象。

（2）装配后自检

1）若遮阳罩固定点处，确保有堵盖，检查堵盖装卡后与遮阳罩面差符合要求。

2）检查遮阳罩表面，确保无划伤。

3）检查遮阳罩，确保固定牢靠。

4）检查遮阳罩线束（灯具用线）本体，确保过孔处的密封堵装卡到位。

5）装配示高灯、示廓灯时确保线束理顺，且按技术要求固定牢靠。

2. 导流罩

导流罩的外观如图 3-11 所示。导流罩一般包括顶导流罩和侧导流罩，高顶牵引车通常会选配顶侧导，低顶驾驶室通常只选配顶导流罩，根据具体车型选择配置。若导流罩顶盖处支架与本体固定点为孔，通常会在支架与本体之间增加橡胶垫，来确保固定点处的密封性。导流罩主要功能为提升整车外流场，优化整车风阻，降低油耗，一般使用在牵引车上，部分载货车也有使用。

顶导流罩

导流罩支架

图 3-11　导流罩外观

（1）装配过程注意事项

1）装配前检查零部件表面是否有划伤，破损。

2）装配时确保支架与本体支架使用橡胶垫，一般支架自带橡胶垫。

3）装配时放至专用分装台进行分装，避免造成二次划伤。

4）按照技术文件要求的顺序、方向装配紧固件。

（2）装配后自检

1）若导流罩为可调的，装配完成后根据技术要求将导流罩调整至出厂位置。

2）检查遮阳罩表面，确保无划伤。

3）检查遮阳罩固定牢靠。

3. 前面罩

前面罩外观如图 3-12 所示。一般包括格栅、logo 标牌、铰链、气弹簧、面罩锁，大多分装成总成后再进行装配。由于驾驶室前围上布置着各种电器元件及制动管路，前面罩可以对相关元件起到防护作用。

图 3-12　前面罩外观

（1）装配过程注意事项

1）装配前检查零部件表面是否有磕碰、划伤，破损。

2）装配时放至专用分装台进行分装，避免造成二次划伤。

3）按照技术文件要求的顺序、方向进行分装。

（2）装配后自检

1）检查面罩是否开启、关闭灵活。

2）检查面罩与周边零部件间隙、面差是否符合技术要求。

3）检查漆面，确保无磕碰、划伤。

4. 扰流板

扰流板外观如图 3-13 所示。扰流板与导流罩皆可起到优化整车风阻的作用，扰流板通常装配在车门与面罩之间，部分结构扰流板可分装至面罩总成上，进行整体装配。

图 3-13　扰流板外观

（1）装配过程注意事项

1）装配前检查零部件表面是否有划伤，破损。

2）装配时放至专用分装台进行分装，避免造成二次划伤。

3）按照技术文件要求的顺序、方向进行装配。

（2）装配后自检

1）检查车门开启关闭与扰流板无干涉。

2）检查扰流板与周边零部件间隙、面差符合技术要求。

3）检查漆面，确保无磕碰、划伤。

第三节　驾驶室装配常用紧固件的装调要求

一、常用紧固件类型识别

紧固件是指被用作紧固连接，且应用极为广泛的一类机械零件。紧固件使用行业非常广泛，包括能源、电子、电器、机械、化工、冶金、模具、液压等等行业，日常生活中在各种机械、设备、车辆、船舶、铁路、桥梁、建筑、结构、工具、仪器、化工、仪表和用品等上面，都可以看到各式各样的紧固件，是应用最广泛的机械基础件。它的特点是品种规格繁多且性能用途各异，并且标准化、系列化、通用化的程度也极高。

紧固件一般分为广义和狭义的概念：广义概念包括标准化的紧固件、连接件、传动件、密封件、液压元件、气动元件、轴承、弹簧等机械零件；狭义概念仅包括标准化紧固件。国内俗称的标准件即是标准紧固件的简称，是狭义概念，但不能排除广义概念的存在，此外，行业标准件（如汽车标准件、模具标准件等）也属于广义标准件。

1. 驾驶室装配常用标准件

标准件是指其结构、尺寸、标记等方面已经完全标准化，并由专业的生产工厂生产的常用的零/部件，如螺纹件、键、销、滚动轴承等。

紧固件实际是连接件的一种，但因为种类繁多、应用广泛，所以实际使用中单算一类，它通常包括以下 12 类零件：螺栓、螺钉、螺母、自攻螺钉、木螺钉、垫圈、挡圈、销、螺柱、铆钉、焊钉、组件和连接副。汽车标准件编号的组成如图 3-14 所示。

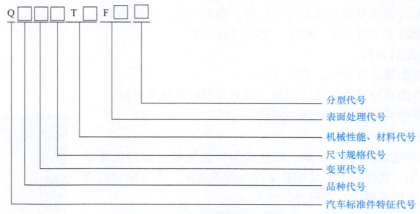

图 3-14　汽车标准件编号的组成

（1）汽车标准件特征代号　以"汽"字的汉语拼音第一位的大写字母"Q"表示；

（2）品种代号　由三位数字表示，或由数字、字母组合表示。代号的第 1 位代表汽车标准件产品类别，由数字表示；第 2 位为该产品类别的品种分组号，由数字或者字母表示，当该类别的品种组数大于十时，可使用字母表示，从"A"开始依顺序使用（字母"Q"除外）；第 3 位为品种的组内序号，由数字或这字母表示，当该类别的品种组数大于十时，同样使用字母表示，从"A"开始顺序使用（字母"Q"除外）。

一般结构或者功能相近的品种会尽可能的编入同一分组。

以螺纹为主要功能特征的同一产品的粗牙螺纹系列和细牙螺纹系列视为不同品种，通常情况下粗牙螺纹产品序号为偶数，细牙螺纹产品序号为奇数。

十年内不允许将淘汰产品的品种代号重新分配给其他产品。

常用汽车标准件产品类别代号和分组代号见表 3-1。

（3）变更代号　由一位字母表示，是由于产品的标准修订，产品的尺寸、精度、性能或材料等内容变更，以致影响产品的互换性时而给出的代号。

表 3-1 常用汽车标准件产品类别代号和分组代号

品种		类别代号								
		1	2	3	4	5	6	7	8	9
		螺栓/螺柱	螺钉	螺母	垫圈/挡圈/铆钉	销/键	螺塞/箍/管接头/夹/卡扣	润滑件/密封件/连接件	管接件	通气塞/保险阀/铅封
分组代号	0		自钻自攻螺钉		平垫圈			滑脂嘴	管接件	通气阀/保险阀
	1	焊接螺柱	普通螺钉		锁紧垫圈/弹性垫圈		螺塞		管接件	铅封
	2	双头螺柱	螺钉组合件	法兰面螺母/锁紧螺母	组合件用垫圈	销	螺塞	密封件		
	3		螺钉组合件	锁紧螺母	挡圈					
	4	螺栓组合件	螺钉组合件	普通螺母	抽芯铆钉	钉	管夹	连接件		
	5	六角头螺栓	普通螺钉	普通螺母	铆钉	键	管接件			
	6		自挤螺钉	普通螺母/焊接螺母	铆钉		管接件			
	7	六角头螺栓	自攻螺钉	焊接螺母/塑料螺母	铆钉		环箍			
	8	法兰面螺栓	紧定螺钉	开槽螺母			夹片			
	9	异型螺栓/焊接螺栓	木螺钉	异形螺母/盖形螺母			卡扣			
	A		塑料用螺钉							

注：空白部分为未明确分组的品种或无品种

变更代号从大写字母"B"开始依顺序使用（字母"Q"除外）。产品首次纳入或者从未发生影响互换的变更时，变更代号则默认省略。

（4）尺寸规格代号 表示产品的主要尺寸参数。

（5）机械性能、材料代号 机械性能或者材料代号由字母或字母与数字的组合进行表示。一个品种仅有一种代号时，默认省略该代号；若有两个或两个以上的代号时，则省略推荐采用的基本代号，其他代号应在编号中注明。

汽车行业现行的机械性能代号、材料代号、采用标准及适用品种见表 3-2。

表 3-2 机械性能代号、材料代号、采用标准及适用品种

代号	机械性能或材料牌号	采用标准	适用品种
T	钢 10.9 级	GB/T 3098.1—2010	螺栓、螺柱、螺钉
T1	钢 8.8 级	GB/T 3098.1—2010	螺栓、螺柱、螺钉
T2	钢 8 级	GB/T 3098.2—2015、GB/T 3098.9—2020	螺母
T3	钢 9 级	GB/T 3098.2—2015、GB/T 3098.9—2020	螺母

（续）

代号	机械性能或材料牌号	采用标准	适用品种
T4	黄铜 H62	GB/T 5231—2022	铆钉、管接头、垫圈
T5	纯铜 T3	GB/T 5231—2022	铆钉、垫圈
T6	2A01	GB/T 3195—2016	铆钉
T7	1035	GB/T 3195—2016	铆钉
T9	钢 22H	GB/T 3098.3—2016	紧定螺钉
T10	钢 33H	GB/T 3098.3—2016	紧定螺钉
T11	钢 5 级	GB/T 3098.2—2015、GB/T 3098.9—2020	螺母
T12	钢 6 级	GB/T 3098.2—2015、GB/T 3098.9—2020	螺母
T13	钢 10 级	GB/T 3098.2—2015、GB/T 3098.9—2020	螺母
T14	钢 12 级	GB/T 3098.2—2015、GB/T 3098.9—2020	螺母
T15	钢 05	GB/T 3098.2—2015	螺母
T16	钢 200HV	GB/T 97.1—2002、GB/T 848—2002、GB/T 97.4—2002	平垫圈
T17	钢 10、15、ML10A1、ML15A1	GB/T 699—2015、GB/T 6478—2015	铆钉
T18	11	GB/T 3098.19—2014	抽芯铆钉
T19	30	GB/T 3098.19—2014	抽芯铆钉
T21	钢 5.6 级	GB/T 3098.1—2010	螺栓、螺柱、螺钉
T22	钢 5.8 级	GB/T 3098.1—2010	螺栓、螺柱、螺钉
T23	钢 4.8 级，含碳量≤0.25%	GB/T 3098.1—2010	焊接螺钉/螺栓/螺柱
T24	钢 5.8 级，含碳量≤0.25%	GB/T 3098.1—2010	焊接螺钉/螺栓/螺柱
T25	钢 8.8 级，含碳量≤0.25%	GB/T 3098.1—2010	焊接螺钉/螺栓/螺柱
T26	钢 04	GB/T 3098.2—2015	薄螺母
T28	钢 300HV	GB/T 97.1—2002、GB/T 848—2002、GB/T 97.4—2002	平垫圈
T29	10	GB/T 3098.19—2014	抽芯铆钉
T30	不锈钢 A2-70	GB/T 3098.6—2023、GB/T 3098.15—2023	螺母、螺栓、螺柱、螺钉
T31	不锈钢 A2-50	GB/T 3098.6—2023、GB/T 3098.15—2023	螺母、螺栓、螺柱、螺钉
T32	钢 12.9 级	GB/T 3098.1—2010	螺栓、螺柱、螺钉
T33	钢 45H	GB/T 3098.3—2016	紧定螺钉
T60	软聚氯乙烯	GB/T 8815—2008	卡扣
T61	硫化橡胶	HG/T 2196—2004	卡扣、管夹

（6）表面处理代号　表面处理代号由字母或字母与数字的组合进行表示。一个品种仅有一种代号时，默认省略该代号；若有两个或两个以上的代号时，则省略推荐采用的基本代号，其他代号应在编号中注明。

汽车行业现行的表面处理代号、表面处理种类、适用产品材质类型及参考标准见表 3-3。

表 3-3　表面处理代号、表面处理种类、适用产品材质类型及参考标准

代号	表面处理	适用材质	参考标准
F	不处理，钢质件涂油防锈。	全部	—
F10	镀锡	非螺纹件	
F13	镀铬	车轮螺母、非螺纹件	
F19	镀铜	全部	
F2	防蚀磷化		
F3	镀锌 彩虹色钝化		
F30	镀锌 橄榄绿色钝化		
F31	镀锌 黑色钝化		
F32	镀锌 漂白钝化		
F33	镀锌 高耐蚀性钝化	钢制件	QC/T 625—2013
F35	镀锌 非光亮钝化（锌原色）		
F36	镀锌 彩虹色钝化（三价铬钝化）		
F37	镀锌 橄榄绿色钝化（三价铬钝化）		
F38	镀锌 黑色钝化（三价铬钝化）		
F39	镀锌 漂白钝化（三价铬钝化）		
F4	涂塑	非螺纹件	—
F40	涂硫化橡胶		
F5	防护氧化	铝质件	
F6	锌铝铬涂层 银灰色		
F60	锌铝铬涂层黑色		
F61	锌铝涂层 银灰色		
F62	锌铝涂层 黑色	钢质件	QC/T 625—2013
F70	锌-镍合金电镀层 无色		
F71	锌-镍合金电镀层 黑色		
F75	锌-铁合金电镀层		
F9	氧化		

（7）分型代号　表示结构形式和功能要求。以一种结构形式为基础，通过改变局部结构形式、尺寸或增加新的技术内容所派生出的具有新增或不同功能的品种，其品种代号应与基本品种一致，每种分别给出分型代号。

允许制成全螺纹的品种视为一种分型，全螺纹代号为"Q"。采用预涂胶的产品，其涂胶分类代号可作为分型代号。如：S 级锁固胶分型代号为"S"，M 级密封胶分型代号为

"M"。左旋螺纹产品视为一种分型，分型代号为"Z"。需要控制螺纹摩擦系数的产品，视为一种分型，分型代号为"K"。

2. 驾驶室装配现场常用标准件

驾驶室装配现场常用标准件一般有螺栓/螺钉、铆钉、螺母、铆接螺母、销轴、开口销、平垫圈、弹簧垫圈/锯齿垫圈等。

（1）螺栓/螺钉　螺栓/螺钉由头部和螺杆（带螺纹的圆柱体）组成，需与螺母配合，用于紧固两个通孔的零件。

1）六角头螺栓：150B-粗牙、151B/151C-细牙。

举例说明：Q150B0830、Q150B1675，如图 3-15 所示。

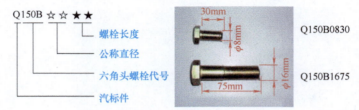

图 3-15　六角头螺栓

2）六角法兰面承面带齿螺栓：180-粗牙、181-细牙。

举例说明：Q1800865、Q1800850，如图 3-16 所示。

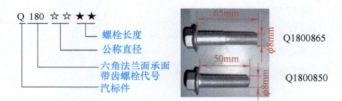

图 3-16　六角法兰面承面带齿螺栓

常用的法兰螺栓还有六角法兰螺栓 Q184 和六角法兰螺栓-加大系列 Q186。

3）十字槽盘头螺钉：Q214。

举例说明：Q2140625，如图 3-17 所示。

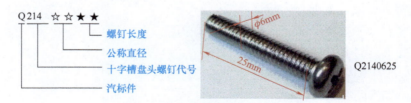

图 3-17　十字槽盘头螺钉

4）十字槽沉头螺钉：Q254。

举例说明：Q2540612，如图 3-18 所示。

5）内六角圆柱头螺钉：Q218B。

举例说明：Q218B0616、Q218B0625，如图 3-19 所示。

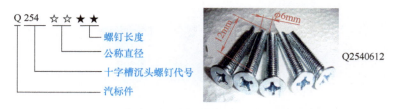

图 3-18　十字槽沉头螺钉

图 3-19　内六角圆柱头螺钉

6）内六角花型盘头螺钉：Q215B。

举例说明：Q215B0620，如图 3-20 所示。

图 3-20　内六角花型盘头螺钉

7）十字槽盘头自攻螺钉：Q271。

举例说明：Q2714816、Q2714219，如图 3-21 所示。

图 3-21　十字槽盘头自攻螺钉

8）十字槽半沉头自攻螺钉：Q276。

举例说明：Q2763522，如图 3-22 所示。

9）六角头自攻锁紧螺钉：Q261。

举例说明：Q2610625，如图 3-23 所示。

10）内六角花型盘头自攻螺钉：Q27A。

举例说明：Q27A4216，如图 3-24 所示。

图 3-22　十字槽半沉头自攻螺钉

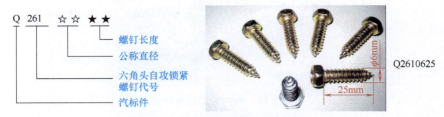

图 3-23　六角头自攻锁紧螺钉

图 3-24　内六角花型盘头自攻螺钉

11）十字槽盘头自攻螺钉和平垫圈组合件：Q220。

举例说明：Q2204825、Q2204232，如图 3-25 所示。

图 3-25　十字槽盘头自攻螺钉和平垫圈组合件

（2）铆钉　铆钉是用于连接两个带通孔，一端有帽的零件（或构件）的钉形物件。在铆接中，利用自身形变或过盈连接被铆接的零件。

开口型扁圆头抽芯铆钉：Q440。

举例说明：Q4400513、Q4400418，如图 3-26 所示。

（3）螺母　螺母带有内螺纹孔，一般为扁六角柱形，也有扁方柱形或者扁圆柱形，配合螺栓、螺柱或者螺钉，用于紧固连接两个零件，使之成为一件整体。

图 3-26　开口型扁圆头抽芯铆钉

1）1 型六角螺母：Q340B-粗牙、Q341B/Q341C-细牙。
举例说明：Q340B08、Q340B06，如图 3-27 所示。

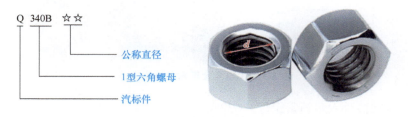

图 3-27　1 型六角螺母

2）六角法兰面螺母：Q320。
举例说明：Q32008，如图 3-28 所示。

图 3-28　六角法兰面螺母

3）全金属六角法兰面锁紧螺母：Q330。
举例说明：Q33006，如图 3-29 所示。

图 3-29　全金属六角法兰面锁紧螺母

4）六角法兰面自排屑螺母：Q321。
举例说明：Q32108，如图 3-30 所示。

5）1 型全金属六角锁紧螺母：Q334。

图 3-30　六角法兰面自排屑螺母

举例说明：Q33408，如图 3-31 所示。

图 3-31　1 型全金属六角锁紧螺母

6）1 型非金属嵌件六角锁紧螺母：Q328。

举例说明：Q32806，如图 3-32 所示。

图 3-32　1 型非金属嵌件六角锁紧螺母

（4）铆接螺母　铆接螺母又称拉铆螺母，一般在无法焊接螺母、无法攻内螺纹时使用在非结构承力的螺栓连接中，种类一般有平头、六角，有通孔、盲孔等等。

平头铆接螺母：Q372。

举例说明：Q3720613、Q3720815，如图 3-33 所示。

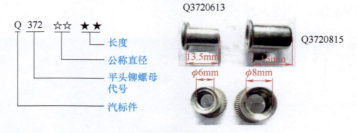

图 3-33　平头铆接螺母

（5）销轴　销轴是一类标准化的紧固件，既可静态固定连接，亦可与被连接件做相对运动，主要用于两零件的铰接处，构成铰链连接。销轴通常用开口销、锁销锁定，工作可靠、拆卸方便。

销轴：Q510。

举例说明：Q5101075、Q5101890，如图 3-34 所示。

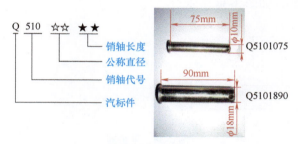

图 3-34　销轴

（6）开口销　开口销是一种机械零件，用于锁定销轴或者螺纹连接防松。

1）开口销：Q500。

举例说明：Q5001050，如图 3-35 所示。

图 3-35　开口销

2）锁销：Q501。

举例说明：Q50110，如图 3-36 所示。

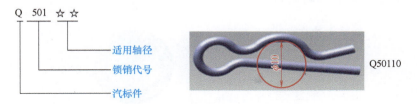

图 3-36　锁销

（7）平垫圈　平垫圈指垫在被连接件与螺母/螺栓之间的零件。一般为扁平的金属环，用来保护被连接件的表面不受螺母擦伤，分散螺母对被连接件的压力。

1）小垫圈：Q400。

举例说明：Q40004，如图 3-37 所示。

图 3-37　小垫圈

2）平垫圈：Q401。

举例说明：Q40106，如图3-38所示。

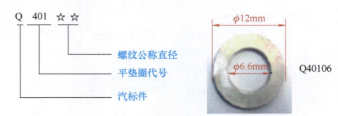

图3-38　平垫圈

3）大垫圈：Q402。

举例说明：Q40208，如图3-39所示。

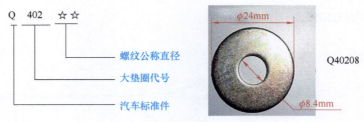

图3-39　大垫圈

（8）弹簧垫圈/锯齿垫圈　弹簧垫圈/锯齿垫圈指垫在被连接件与螺母/螺栓之间的零件。可以起到防松、加大预紧力的作用。

1）弹簧垫圈：Q403。

举例说明：Q40308，如图3-40所示。

图3-40　弹簧垫圈

2）外锯齿锁紧垫圈：Q412。

举例说明：Q41206，如图3-41所示。

图3-41　外锯齿锁紧垫圈

二、螺栓连接

1. 螺纹连接的主要类型及技术要求

（1）螺栓+平垫+弹垫+螺母

1）该连接如图 3-42 所示，装调过程注意事项如下：①按照技术文件要求选用合适的标准件。②检查螺母、螺栓螺纹副无杂质、异物，螺纹未损坏。③螺母或螺栓用手预拧 2~3 扣，然后用合适的工具拧紧，必要时按技术文件要求用力矩扳手复紧。④若在拧紧过程中螺母或螺栓未贴合连接件时发现阻力较大，则应停止拧紧，更换螺栓或螺母（螺纹副损坏或者有杂质）。

2）装配后自检：①被连接件始终与平垫接触（防止连接件划伤）。②螺栓拧紧后弹垫被压平整，无翘起现象。③拧紧后，原则上螺栓/螺柱应伸出螺母 2~3 扣。

3）注意：①根据具体使用位置情况，可去掉平垫、弹簧垫圈。②根据具体使用连接件情况，若连接件上有备母，可去掉螺母；若连接件上有螺柱，可去掉螺栓。③根据具体设计要求，可使用锯齿垫圈替换弹簧垫圈。④工具使用需符合"工具使用维护守则"。

图 3-42　螺栓+平垫+弹垫+螺母

（2）自攻螺钉+平垫+连接件

1）该连接如图 3-43 所示，装调过程注意事项：①按照技术文件要求选用合适的标准件。②确保螺纹副无杂质、异物，螺纹未损坏。③用合适的工具拧紧。④若在拧紧后螺钉贴合连接件时发现固定点松动，则应更换螺钉或簧片螺母、塑料螺母（螺纹副损坏或者有杂质）。

2）装配后自检：①被连接件始终与平垫接触（防止连接件划伤）。②连接件固定点紧固可靠。

3）注意：①根据具体使用位置情况，可去掉平垫、弹垫。②根据具体使用连接件情况，若连接件上孔位较大，需搭配簧片螺母或塑料螺母使用。③根据具体设计要求，可使用锯齿垫圈替换弹簧垫圈。④工具使用需符合"工具使用维护守则"。

2. 螺纹连接件紧固顺序

螺纹连接时拧紧力矩和紧固顺序相当重要，如果拧紧力矩与紧固顺序未按要求执行，表面看起来螺纹都已紧固

图 3-43　自攻螺钉+平垫+连接件

完成，但实质上螺纹在经过振动、冲击和交变运动后，可能很快就会出现松动。所以在驾驶室装调过程中，紧固螺栓、螺钉、螺母时，一定要按照技术文件要求的、正确的紧固顺序，进行拧紧。

图 3-44~图 3-46 所示为几种常见的零部件紧固顺序。

（1）长条形零件　从中间开始向两边紧固，防止零件变形，如图 3-44 所示。

（2）对称零件　从对角开始紧固，如方形、圆形件，如图 3-45 所示。

（3）多孔零件　一般得具体问题具体分析，但大方向的拧紧顺序是一样的，如图 3-46 所示。

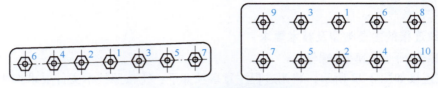

图 3-44　长条形零件紧固顺序

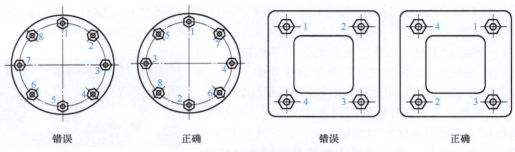

图 3-45　对称零件的紧固顺序

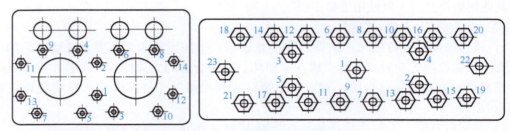

图 3-46　多孔零件的紧固顺序

3. 拧紧原理

在驾驶室总成装调过程中，装配工的主要任务是将驾驶室总成各组成部分的零部件组装成为整体，螺纹连接是装配过程中的主要连接方式，可以起到固定、连接、定位、密封和调整等作用，是标准化程度最高的装配零部件。

（1）拧紧相关简介　螺栓插入/穿过需要被连接的部件，利用螺母或内螺纹拧紧，使螺栓拉伸变形，这种弹性变形产生了轴向的拉力，将被夹零件（需要被连接部件）挤压在了一起，称为预紧力。

理论上，只要产生了足够的夹紧力，便可以保证被夹零件（需要被连接部件）在振动、高/低温等恶劣环境下安全工作，而不必使用涂胶等辅助工艺方法。衡量预紧力有两个指标：力矩和夹紧力。

力矩（T）：所施加的拧紧动力矩，单位：牛·米（N·m）。

夹紧力（F）：连接体间的实际轴向夹（压）紧力大小，单位：牛（N）。

目前还没有可靠的手段控制装配中的夹紧力，因此在装调过程中，我们一般使用另外一种测量方式：力矩。

使用力矩装配时，当达到规定的力矩就停止拧紧，只对一个确定的紧固力矩进行控制。这样操作简单，力矩容易测量和控制，力矩事后也容易复检，同时设备费用低。所以，需要进行特殊力矩控制时，装配时需要采用力矩装配方式，具体如图 3-47 所示。

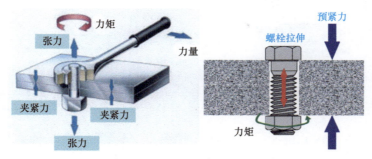

图 3-47　力矩装配

（2）力矩和连接属性　螺纹力矩控制问题一直是汽车装配制造的核心问题之一，包括动态实施力矩及静态检测力矩，将两者合并运用于实际生产过程中，可以更好地控制整车的装配质量，提高整车的可靠性。

1）动态力矩：在拧紧螺栓的同时用在线式力矩传感器测量；

2）静态力矩：对已处于拧紧状态的螺纹紧固件继续拧紧且螺纹旋合面之间刚刚产生运动瞬间的摩擦力矩，即安装后用定扭力扳手测量。

硬连接：到达贴合点后，旋转 30°以内达到目标力矩。常见于金属和金属的连接（如导流罩支架）支架直接固定至驾驶室本体上。

软连接：到达贴合点后，旋转 720°以上达到目标力矩。常见于可压缩性材料（如座椅固定座），必须穿过地板垫拧紧。

中性连接：到达贴合点后，旋转 30°以上，720°以内达到目标力矩。中性连接一般不单独存在于拧紧过程。常见的如：外锯齿锁紧垫圈，开始为中度软连接，当垫圈压紧时为硬连接。

4. 常用装配工具简介

（1）气动扳手　气动扳手主要是一种以最小的消耗提供高力矩输出的工具。它通过持续的动力源让一个具有一定质量的物体加速旋转，然后瞬间撞向出力轴，从而可以获得比较大的力矩输出。

广泛应用于现代机械制造、船舶制造、汽车制造等许多领域。特别是在汽车制造业，由于在汽车制造业中，整车装配近 90%的连接形式采用螺纹连接，因此气动拧紧工具在整车装调过程中的应用特别广泛。

气动扳手一般分为两类，一类是比较常用的冲击扳手（通常所说的风扳机大多指这个），另一类是脉冲气动扳手，两者的区别是：前者不能定力矩，而后者可以。

常用气动扳手主要由打击轴、离合器（冲击器）、发动机（气动马达）、扳机、调节器、壳体等组成。

1）打击轴按照形状一般可以分为正方形或者六角形，按照长度一般可以分为标准或者加长。

方头打击轴与套筒一般有三种连接方式：销定位、穿孔式定位和垫圈定位，如图 3-48 所示。

2）调节器包括正转/反转按钮和档位调节旋钮。每个气动扳手都有正转/反转按钮，但是档位调节旋钮视不同厂家型号的气动扳手而定。通过选择正转/反转按钮，可以实现气动

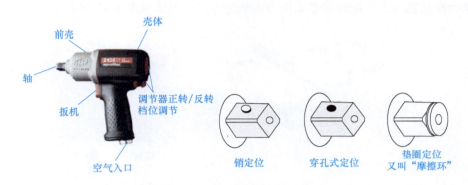

图 3-48　气动扳手及其连接方式

扳手的正转与反转。通过档位调节旋钮可以控制气动扳手的压缩空气进气量，从而得到不同的转速及力矩。

（2）电动工具　电动工具一般有电动螺丝刀等，装有调节和限制力矩的机构，可用于拧紧或旋松螺钉用的电动工具。

电动工具主要适用于螺钉、螺母、螺栓的快速装卸，可以代替手动螺钉旋具，用于松紧螺钉，可减轻装配工人的劳动强度，提高装配效率、生产效率。

电动螺丝刀由枪体、离合器转盘、高低档开关、正反转开关、十字刀头（可更换）、导套、电池和夹盘等组成。

1）离合器转盘：可根据离合器转盘的位置设定来调节旋紧力矩。

2）高低档开关：高低档开关用于改变转速，如果变速开关被设定在"LOW"位置，电动螺丝刀则低速旋转，如果变速开关被设定在"HIGH"位置，电动螺丝刀则高速旋转。

3）正反转开关：正反转开关用于改变旋转方向，按钮处于 R（右）侧，钻头便会顺时针（从后方看时）旋转，按钮处于 L（左）侧，则使钻头逆时针旋转。如图 3-49 所示。

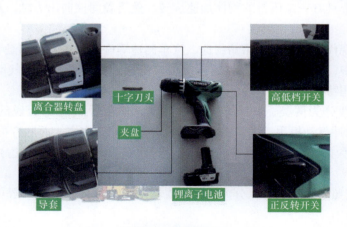

图 3-49　电动螺丝刀

（3）螺栓直径与套筒对边对应关系　用气动工具、电动工具紧固螺栓、螺母、螺钉时，需要装配套筒、螺丝刀头使用，必要时还需要使用接杆、转换接头等，如图 3-50 所示。

图 3-50　螺栓和套筒

通常情况下，螺栓的对边距 S 指的是六角头两个平行对边之间的直线距离，而套筒的对边距 S 指的是内六角孔两个平行对边之间的直线距离。

每一种螺纹都有自己的公称直径，因此公称直径也反映了螺纹的螺纹规格，每一种螺纹规格的对边宽度也是一个定值，据此可以确定在打紧螺栓时，所需的套筒的规格。驾驶室常用六角头螺栓螺纹规格和套筒对边距的对应关系见表 3-4。

表 3-4　驾驶室常用六角头螺栓螺纹规格和套筒对边距的对应关系

螺纹规格	对边距S	螺纹规格	对边距S	螺纹规格	对边距S
M4	7	M8	13	M14	22
M5	8	M10	17	M16	24
M6	10	M12	19		

（4）螺钉直径与螺丝刀头对应关系　安装到电动工具上面拧紧螺钉用的电动螺丝刀头也被称为"批头"，按不同的头型可以分为一字、十字、米字、星形、方头、六角头、Y形头部等等，其中汽车驾驶室部分常用的是十字、米字、星形。

十字形电动螺丝刀头 PH 与驾驶室常用螺钉规格对应关系见表 3-5。

表 3-5　十字形电动螺丝刀头 PH 与驾驶室常用螺钉规格对应关系

螺纹规格	十字形电动螺丝刀头 PH	螺纹规格	十字形电动螺丝刀头 PH	螺纹规格	十字形电动螺丝刀头 PH
M1	0	M3	1	M5	2
M2	0	M3.5	2	M6	3
M2.5	1	M4	2	M8	4

星形电动螺丝刀头 T 与驾驶室常用螺钉规格对应关系见表 3-6。

表 3-6　星形电动螺丝刀头 T 与驾驶室常用螺钉规格对应关系

螺纹规格	星形电动螺丝刀头 T	螺纹规格	星形电动螺丝刀头 T	螺纹规格	星形电动螺丝刀头 T
M2.9	10	M4.8	25	M4	20
M3.5	15	M5.5	25	M6	30
M4.2	20	M6.3	30	M8	40

（5）扭力扳手　扭力扳手也叫扭矩扳手或力矩扳手，力矩就是力和距离的乘积，在紧固螺栓、螺母等螺纹紧固件时需要控制施加的力矩大小，以保证螺纹紧固且不至于因力矩过大破坏螺纹，所以需要用扭力扳手来操作。

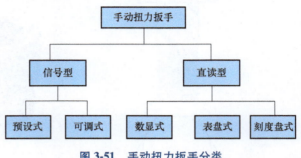

扭力扳手从数值结果的获取方式上可分为信号型和直读型，信号型又分为预设式和可调式；直读型又分为数显式、表盘式和刻度盘式，如图3-51所示。

图3-51　手动扭力扳手分类

常用的扭力扳手分类见表3-7。

表3-7　常用的扭力扳手分类

扳手分类	图示
表盘式	
预设式	
可调式	
数显式	

现在以常见的信号型预设式扭力扳手为例来做简单的介绍，此类扭力扳手具有声响装置，当紧固件的拧紧力矩达到预设数值时，能听到轻微的"咔哒"声，同时伴有明显的振动手感，提示完成力矩检测，解除作用力后，扳手各相关零件能自动复位，如图3-52所示。

扭力扳手可切换二种方向，拨转棘轮转向开关，扳手可反方向加力，一般检测时加力方向为顺时针方向。

使用扭力扳手时，根据技术文件要求，首先在扭力扳手上设定所需力矩值（由弹簧套在顶杆上向力矩释放关节施压），锁定扭力扳手，开始拧紧螺栓。当螺栓达到设定力矩值（当使用扭力大于弹簧的压力）后，会产生瞬间脱节的效应。在产生脱节效应的瞬间，会发出关节敲击，即扳

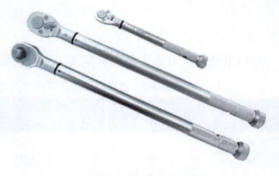

图3-52　预设式扭力扳手

手金属外壳所发出的"咔哒"声。以此来提醒、确认达到力矩值的作用。

在扭力扳手的使用中，首先要根据测量工件的要求，选取合适的扭力扳手，所测力矩值不可小于拧紧力矩在使用中量程的 20%，大量程的扭力扳手不宜用于小力矩部件的加固、测量，小量程的扭力扳手更不可以超量程使用。实际装配中按照技术文件规定选用即可。

测量时，手握住扭力扳手把手的有效范围，沿垂直于扭力扳手壳体方向，慢慢地加力，施力时应缓慢平稳，切忌冲击力，直至听到扭力扳手发出"咔哒"声为止，此时扭力扳手已达到预置扭力值，当听到"咔哒"声后立即停止加力，及时解除作用力，以免损坏零部件，如图 3-53 所示。

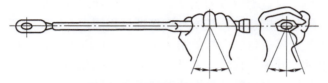

图 3-53　使用扭力扳手进行测量

三、销轴连接

销轴连接既可以选做静态固定连接（例如用于螺母防松），也可与被连接件做相对运动，（例如用于铰链连接），如图 3-54 所示。

图 3-54　销轴连接

1. 装调过程注意事项

1）按照技术文件要求选用合适的标准件。

2）用合适的工具掰开开口销。

2. 装配后自检

开口销从根部掰开，尽量贴近销轴，开口角度>180°。

3. 注意

根据具体设计要求，可使用锁销替换开口销。

四、铆接

1. 铆钉

铆钉连接是一种不可拆卸的连接，是利用铆钉将两个或两个以上的元件（一般为板材或型材）连接在一起的不可拆卸的静连接，简称铆接。铆钉有空心和实心两大类，最常用的铆接是实心铆钉连接。实心铆钉连接多用于受力大的金属零件的连接，空心铆钉连接用于受力较小的薄板或非金属零件的连接。

铆接时，铆钉钉芯由专用铆枪拉动，使铆体膨胀，起到铆接作用。这类铆钉广泛用于建筑、汽车、船舶、飞机、机器、电器、家具等产品上，其中以开口型扁圆头抽芯铆钉应用最广。

驾驶室部分铆钉使用较少，常用的铆钉为开口型扁圆头抽芯铆钉，抽芯铆钉是一类单面铆接用的铆钉，需要使用专用工具——拉铆枪（手动、电动、气动）进行铆接，如图 3-55 所示。

2. 拉铆螺母

拉铆螺母操作的主要工艺过程是：首先根据拉铆螺母直径或者对边距选定铆枪头的接杆尺寸，装好接杆，然后将拉铆螺母套入枪头，将拉铆螺母压入装配孔位，开动铆枪，依靠压缩空气产生的向后拉力，对拉铆螺母形成压力，螺母出现压缩变形，拉铆螺母牢牢固定在对应孔中，铆接完成；铆钉的铆接工艺基本与铆接螺母相同。

拉铆螺母用于各类金属板材、管材等制造工业的紧固领域，目前广泛地使用在汽车、航空、铁道、制冷、电梯、开关、仪器、家具、装饰等机电和轻工产品的装配上。为解决金属薄板、薄管焊接螺母易熔，攻内螺纹易滑牙等缺点而开发，它不需要攻内螺纹，不需要焊接螺母，铆接牢固效率高、使用方便。

拉铆螺母的常用种类有通孔的沉头、小沉头、六角拉铆螺母，有封闭型的平头、六角拉铆螺母，如图 3-56 所示。

图 3-55　铆钉连接

图 3-56　拉铆螺母

3. 铆接技术要求

（1）铆钉

1）装配过程注意事项：①按照技术文件要求选用合适的铆钉。②检查铆钉质量。③手持拉钉枪柄部，以铆接工件平面的垂直方向，将产品送入待铆接的工件孔中，铆钉帽檐贴紧工件孔的端面，不允许倾斜插入，帽檐与工件表面不允许留间隙。

2）装配后自检：①检测铆钉拉铆后是否与工件表面贴平。②检测铆钉拉铆后工件是否铆接可靠。

（2）拉铆螺母

1）装配过程注意事项：①按照技术文件要求选用合适的拉铆螺母。②检查拉铆螺母质量。③铆接时，铆枪必须与工件表面垂直，并且枪头与工件压紧。

2）装配后自检：①检测确保拉铆螺母拉铆后是否与工件表面贴平。②检测拉铆螺母拉铆后是否可靠。

五、卡装

卡接结构用于零件间的连接。卡接的优势在于避免了螺纹连接、夹紧、粘贴等其他相对烦琐的连接方法，卡接结构是采用模具成型的，不需要额外把它们连接起来。卡接结构可以设计成一次性的和多次使用的。一次性的卡接结构一般用在零件安装以后不需要拆卸的结构中；多次使用的卡接结构则多用在可能需要拆卸、便于拆卸的结构中。汽车内饰部分常用的卡扣连接有集成在产品上的卡扣连接方式、装卡在产品上的卡扣连接方式。

1. 集成在产品上的卡扣连接

集成在产品上的卡扣连接如图 3-57 所示。

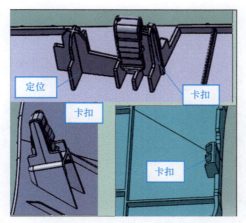

图 3-57　集成在产品上的卡扣连接

2. 装卡在产品上的卡扣连接

装卡在产品上的卡扣连接如图 3-58 所示。

图 3-58　装卡在产品上的卡扣连接

3. 卡扣装配技术要求

（1）装配过程注意事项

1）装配前检查产品上卡扣是否存在丢失、缺陷、断裂等情况。

2）对正卡扣、定位销与固定孔位之后再进行拍装。

3）卡扣较多，且卡扣不在一个位置、方向时注意按照工艺要求顺序及注意事项进行装配。

（2）装配后自检

1）检查产品各卡扣是否完全拍入对应孔位。

2）检查产品是否拍装可靠，是否存在卡扣断裂现象。

3）检查产品拍装后与相邻部件搭接关系是否符合要求。

六、粘接

汽车装饰件等零部件需要永久固定在车体的外部表面，经受阳光、雨水和气候的考验，因此粘接质量要求严格。粘接的主要零件包含驾驶室外观装饰图案、标牌等，如图 3-59 所示。装配需要关注主要有以下 5 点。

图 3-59　装饰图案及标牌粘接

1. 清洁

想要实现与整车同寿命的永久粘接，必须确保基材待粘贴表面足够干净，不能有任何润滑剂、油渍、污渍或者灰尘，有油渍、污渍的部位，应用软布蘸取有机溶剂进行彻底清洁，等待基材表面干燥后才可进行粘接。为了避免基材表面二次污染，粘接与清洁完成的时间间隔不能太长，可以根据具体的装配工序规划确保清洁表干时间，因此装配时需按照工艺要求的工位工序进行粘接，不可超前工位操作。

2. 定位

为了美观性、产品状态一致性，零部件的粘贴位置有一定要求，因此必要时需要使用定位模板，按照技术文件要求固定好专用定位模板后，再按照工艺要求进行粘贴；部分结构零部件的粘贴倒膜自带定位，只需要按照技术文件进行操作即可，不需要另外使用专用模板。

3. 离型纸

采用粘贴固定结构的零部件一般背面会覆有胶型离型纸，粘贴前需要先揭开离型纸，然后进行粘接工作；根据具体的零部件大小、材质软硬程度，可自行决定完全揭开保护纸后进行粘贴，还是一边揭一边粘，目标是方便装配。

4. 粘接温度要求

大部分零部件粘接时，设计对基材表面温度、粘贴环境温度有要求，遇到此类情况，在秋冬季节需要时刻关注环境问题及基材表面温度变化，严格按照技术文件要求进行作业。

5. 粘贴技术要求

（1）装配过程注意事项

1）装配前检查产品是否覆膜完整，无划伤、损伤等情况。

2）需要清洁的待粘贴区域面积须大于粘贴零部件时实际要使用的区域面积。

3）必要时按技术文件要求使用专用粘贴模板，装饰件粘贴位置、方向按技术文件确保正确。

（2）装配后自检

1）检查零部件，确保粘贴平整、与基材完全贴实，无翘角、卷边等现象。

2）检查零部件，确保粘贴后无气泡、鼓包。

3）检查零部件，确保粘贴牢靠。

第四节　驾驶室部件配合及间隙调整

一、配合间隙面差知识

常规部件装配后相互之间存在配合关系，所谓汽车零部件配合间隙的调整，是指把汽车上各总成零件的安装位置以及零件间的配合恢复到最佳的工作状态，也就是达到技术标准要求的状态。

驾驶室部分零部件的间隙、面差对车身外观质量以及客户印象影响较大，一般设计会对整车外表面及内表面的重点间隙和面差进行定义，装配时通过对整车外观间隙、面差的控制，使得整车能够实现预期中的外观要求。

内饰件普遍采用塑料件，其尺寸、形状等受模具、塑料件本身材料特性以及外界气候条件的影响比较大。合理的间隙配合，不仅可以令造型美观，也可以降低制造难度、方便装配。

装配时操作工要注意各个零部件之间的配合关系，例如：在面罩装配时要同时考虑到面罩与刮水器横梁/盖板之间的间隙，面罩与扰流板之间的间隙，扰流板与车门之间的间隙等；装配内饰各衬层时，要关注衬层与衬层之间的间隙，衬层与密封条或者装饰件之间的搭接关系等；装配仪表台总成上各面板时，要关注面板与面板之间的间隙面差等。一般技术文件会给出具体的需要特别关注的间隙、面差位置以及相应的数值，并明确如何调整该间隙、面差，以确保前面罩与刮水器盖板间隙如图 3-60 所示。

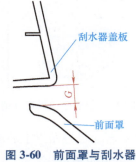

图 3-60　前面罩与刮水器盖板间隙示意图

间隙可调的零部件其对应的固定孔位一般为长圆孔，装配时注意按照技术文件要求的紧固顺序进行调整、固定，调整后的间隙用工艺规定的测量工具/工装进行测量，测量出的间隙值必须在技术要求的范围内，可调部件固定点处一般需要用大垫圈来遮挡孔位，可以起到提升美观性、增加承面等作用。

间隙面差问题是车身装调过程中的一个难点，因为间隙面差是一个综合性问题，影响车身间隙面差的因素有很多，只有把每种因素都考虑到位，找到关键因素才能准确把握，调整出符合要求的间隙面差。

二、间隙面差调整方法

内饰件表面的间隙面差通常主要与以下几个总成相关：仪表台总成、车门内饰件、内饰衬层、前面罩及周边件、车门及周边件。

1. 仪表台总成上各装饰件之间的间隙面差调整方法

仪表台所在区域是驾驶员感官最为直接的一个区域，上面集成的功能比较多，也是驾驶员接触较多的内饰部分。由于仪表台的装饰件比较多而且比较小，因此装配后因为误差累积，容易出现干涉、间隙不均匀、间隙过大或过小、面差不合适等问题。

1）一般仪表台的各护板上都会带有定位销，装配时注意对正定位销与固定孔，然后按照技术文件要求的拍装顺序进行拍装，仪表台护板定位销如图 3-61 所示。

2）仪表台上设计的护板比较多，因此存在一定的搭接顺序，装配时按照工艺规定的工位、工序进行装配即可。

3）牵扯到间隙面差的零部件，一般会有主、副定位孔，紧固各标准件时注意按照工艺要求的顺序进行紧固，仪表台护板主、副定位孔如图 3-62 所示。

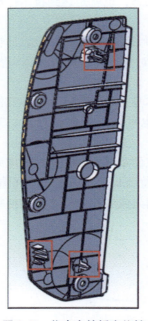

图 3-61　仪表台护板定位销

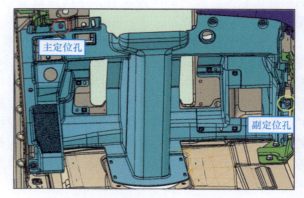

图 3-62　仪表台护板主、副定位孔

4）若通过遵循以上装配方法无法调节到技术文件要求的间隙面差范围，需要联系技术人员现场分析解决。

2. 车门内饰件之间的间隙面差调整方法

车门内饰板大多为总成供货，内饰板上通常装配有车门控制模块、车门外把手、内开拉手，部分车型上端还会装配有门框饰板，装配内容相对比较简单。

1）门框装饰件一般设计有定位销，装配时先对正定位销与本体孔位，然后按照技术文件规定的顺序拍装，固定后确保门框装饰件与本体贴实，不能出现外翘等现象，如图 3-63 所示。

2）装配车门内饰板时注意，若内开拉手为后装，需要先顺出门锁内开拉线，若内开拉手提前分装在车门内饰板上，则需要先连接内开拉线至内拉手上，然后再装配车门内饰板。车门内饰板一般为卡装结构，装卡时注意按照技术文件规定的顺序进行拍装，装配完成后车门内饰板与本体钣金贴实，不能出现外翘等现象，如图 3-64 所示。

图 3-63　门框装饰件装配

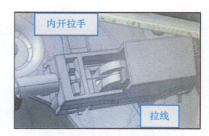

图 3-64　车门内饰板装配

3）装配时注意车门内饰板与车门框装饰板搭接处的结构，按照技术文件要求进行拍装，确保装卡到位后两个装饰件之间的间隙、面差符合要求。

4）若通过以上装配方法无法调节到技术文件要求的间隙面差范围，需要联系技术人员现场分析解决。

3. 内饰衬层之间的间隙面差调整方法

内饰衬层主要包括顶衬（根据具体设计结构可分为前、中、后顶衬）、后衬（后围下衬）、侧围衬层等，装配时有先后搭接顺序，一般均采用卡扣、子母扣等进行固定，衬层上面还会装配其他零部件（如内拉手、窗帘导轨等功能件），如图 3-65 所示。

1）衬层与衬层之间一般有搭接或者插接关系，因此就存在装配的先后顺序，装配时注意按照工艺规定的工位、工序进行装配。

2）部分衬层在装配时需要先固定主、副定位孔，然后再固定其余孔位，否则装配后衬层容易出现间隙不符合要求的问题，因此固定时注意按照技术文件要求进行装配。

图 3-65　内饰衬层

3）部分衬层与相接衬层之间存在插接关系，后装的衬层侧边会带有卡齿，装配时需要先将卡齿插入前一步装配好的衬层上对应的卡槽内，然后进行固定。

4）固定衬层时一般使用塑料卡扣，通常衬层上面装配塑料卡扣的固定孔比较大，装配时应该提前观察该衬层与周边搭接衬层之间的间隙是否均匀，若不均匀，可以使用专用工装进行微调，然后再装配塑料卡扣。

5）若通过以上调整方法无法调节到技术文件要求的间隙面差范围，需要联系技术人员现场分析解决。

4. 前面罩及周边件之间的间隙面差调整方法

汽车的前面罩对整车的外观影响较大，属于汽车的"面子工程"，因此控制好前面罩与周边零部件之间的间隙、面差就显得尤为重要。前面罩装配后通常需要确保其与刮水器盖板、左/右扰流板（铰链盖板）之间的间隙符合要求，均匀、美观，如图3-66所示。

1）装配前面罩时，若面罩铰链处固定孔位为可调节孔位，一般在分装或装配时先松装铰链至面罩上，等装配完前面罩总成后，可通过调节铰链位置来改变前面罩与刮水器盖板或扰流板之间的间隙。

图3-66 前面罩装配

2）若面罩锁/锁环处固定孔为可调节孔位，一般在分装或装配时先松装面罩锁/锁环至面罩/本体上，等装配完前面罩总成后，可通过调节面罩锁、锁环的位置来调节确保面罩锁开启、关闭灵活，同时也可以调整前面罩与左/右扰流板之间间隙、面差符合要求，均匀、美观。

3）在确保面罩锁功能正常的前提下，若按照步骤2）调整后仍然解决不了前面罩与扰流板之间的面差问题，可通过调整面罩缓冲块的高度来调整前面罩与扰流板之间的面差。

4）在确保面罩锁功能正常的前提下，若按照步骤2）调整后仍然解决不了前面罩与扰流板之间的间隙问题，可通过调整扰流板来调整面罩与扰流板之间的间隙，但是同时也必须确保调整后扰流板与车门之间的间隙符合技术文件要求。

5）若通过以上调整方法无法调节到技术文件要求的间隙面差范围，需要联系技术人员现场分析解决。

5. 车门及周边件之间的间隙面差调整方法

车门是驾驶室部分比较重要的一个运动件，同时它对驾驶室的外观和密封性影响也很大，整个车门与周边的间隙均匀一致，才能保证车门在运动过程中与周边件互不干涉，开启和关闭自如，进一步起到确保车门整体密封性的作用。在装配驾驶室本体总成时，需要控制、确保车门部分的间隙、面差符合技术文件要求，一般情况下这部分工作都是在装焊车间进行的，驾驶室本体到达内饰车间后，在内饰线装配时需要保证的是车门与左/右扰流板、工具箱盖板等一些后装零部件之间的间隙。

图3-67 扰流板与车门之间的间隙

1）扰流板的固定孔一般为可调节孔位，在装配时调整确保扰流板与车门之间的间隙符合技术文件要求的同时要兼顾扰流板与前面罩之间的间隙，不能顾此失彼，工艺文件一般会根据具体结构确定优先级和先后顺序，装配时按照技术文件执行即可，如图3-67所示。

2）若需要装配左/右侧工具箱，装配时需要调整工具箱盖板的位置来确保工具箱盖与车门之间的间隙、面差符合标准，详细内容见下文左/右侧工具箱盖及周边件之间的间隙调整方法。

3）若通过以上调整方法无法调节到技术文件要求的间隙面差范围，需要联系技术人员现场分析解决。

6. 左/右侧工具箱盖及周边件之间的间隙面差调整方法

若需要装配左/右侧工具箱，则在装配时要确保工具箱盖板与本体侧围、工具箱盖板与车门之间的间隙、面差，如图 3-68 所示。

1）一般可通过调整工具箱铰链上固定孔的位置来调整工具箱盖与侧围之间的间隙，但同时必须要兼顾工具箱盖板与车门之间的间隙。

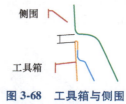

2）工具箱盖板与侧围之间的面差一般由铰链自身的零部件质量来决定，不需要调整，工具箱与车门之间的面差可通过调整工具箱锁和锁舌的位置来调整，前提是必须确保工具箱锁开启、关闭灵活。

图 3-68 工具箱与侧围之间的间隙、面差

3）若通过以上调整方法无法调节到技术文件要求的间隙面差范围，需要联系技术人员现场分析解决。

第五节 驾驶室密封件

一、常见密封件

常见密封件有密封条和密封堵。

密封条主要应用于汽车的门、窗、储物箱盖板等需要密封的间隙部位，除了密封作用外，密封条还可以起到防尘、减振、隔声、隔温、装饰的效果。

常用密封条按照使用部位/位置分类，可分为：车门密封条、风窗密封条、储物箱盖板密封条等，各类密封条的固定/装配形式如下。

1. 车门密封条

车门密封系统主要包含两个区域：

1）门洞区域的密封。它主要是靠安装在侧围门洞止口上的一圈内侧门密封条来密封整个门洞，或者是靠卡装、粘贴在车门内板上的一圈外侧门（二道）密封条来密封整个门洞的；可以只有门框处的一种；也可以是两种密封条都有。不同的车型，根据整车性能需求或成本目标来选取不同的密封结构以及密封策略。车门密封条截面图如图 3-69 所示。

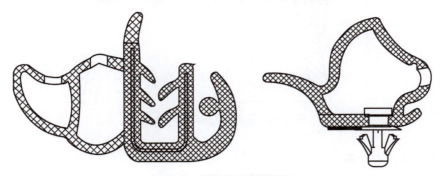

图 3-69 车门密封条截面图

2）门窗区域的密封，它主要是靠安装在车门或侧围窗框的内/外止口上的密封条（也叫内/外水切、车门玻璃密封条或者玻璃导轨密封条）和前后（以驾驶室前进方向论）两根嵌在玻璃导轨内的导轨密封条来实现密封的，它们同时还可起到使门窗玻璃能够平稳地上升和下降的作用，通常玻璃导轨密封条也可以和车门外水切集成为一个零部件。内外水切截面图如图 3-70 所示。

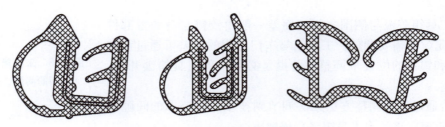

图 3-70　内外水切截面图

2. 风窗密封条

风窗密封系统主要是指两个区域：

1）前风窗玻璃区域的密封，它主要是靠安装在驾驶室本体前风窗止口上的一圈密封条，来固定、密封整个前风窗玻璃；或者在玻璃内侧（以驾驶室前进方向论）边沿指定位置处涂抹单组分/双组分聚氨酯胶，然后将玻璃粘接至前风窗止口上，来固定、密封整个前风窗玻璃。

2）后风窗玻璃区域的密封，它的密封方式与前风窗玻璃相同，既可以选择胶条密封结构，也可以选择胶粘密封结构。一般情况下，前后风窗玻璃设计结构会选择同一类装配工艺。前风窗玻璃装配截面图如图 3-71 所示。

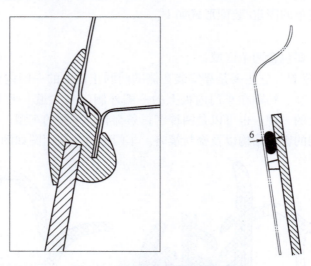

图 3-71　前风窗玻璃装配截面图

3. 储物箱盖板密封条

储物箱盖板的密封性能一般是靠安装在驾驶室本体侧围止口上的一圈密封条来保证的，也可以选择将密封条卡装在储物箱盖板上，来密封整个储物箱盖板，具体结构以设计结构为准。工具箱密封条截面图如图 3-72 所示。

4. 密封堵

密封堵主要应用于汽车本体地板、前围、后围、侧围、顶盖等处，用来封堵需要密封的工艺孔、吊具吊孔或者零件装配时使用的过孔。除了密封作用外，密封堵还能够起到防尘、减振、隔声、隔温、装饰的效果。

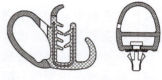

图 3-72　工具箱密封条截面图

二、密封件装调技术要求

1. 车门密封条

车门密封条如图 3-73 所示。

（1）装配过程注意事项

1）装配前检查零部件是否有缺损、断裂、扭曲变形等情况，卡扣是否有缺失、损坏、毛刺等情况。

2）按照技术要求确定好胶条接口位置、起始位置，按要求的顺序进行装配。

3）按技术要求使用相应的榔头、拉钩等工具进行装配。

车门密封条接口位置

图 3-73　车门密封条

4）秋冬季温度较低的季节，必要时根据工艺要求使用烤箱对胶条进行加热。可以通过改善胶条的软硬程度，来降低装配人员的劳动强度。

5）若胶条为成型胶条，需要重点关注成型段的装配位置。

（2）装配后自检

1）检查胶条装配后平顺，无波浪状。

2）检查胶条翻边按要求包住相关部件。

3）检查胶条接口位置是否符合要求。

4）检查胶条成型段装配位置是否符合技术文件规定。

2. 风窗密封条

前风窗密封条如图 3-74 所示。

（1）胶条固定密封结构装配过程注意事项

1）装配前检查零部件是否有缺损、断裂、扭曲变形等情况。

2）按照技术要求确定好胶条的接口位置，按要求的顺序进行装配。

3）按技术要求使用相应的拍子、拉钩、嵌绳等工具进行装配。

前风窗密封条

图 3-74　前风窗密封条

4）秋冬季温度较低的季节，必要时根据工艺要求使用烤箱对胶条进行加热，可以通过改善胶条的软硬程度来降低装配人员的劳动强度。

（2）装配后自检

1）检查胶条装配后平顺，无波浪状。

2）检查胶条翻边，按要求包住相关部件。

3）检查胶条接口位置是否符合要求。

4）检查胶条成型段装配位置是否符合技术文件规定。

（3）粘接固定密封结构，装配过程注意事项

1）装配前检查零部件是否有破损等情况。

2）装配前检查所需清洁剂、底涂剂、胶品等符合技术要求，且均在保质期内。

3）按技术要求使用相应的胶枪、吸盘等进行装配。

4）按技术要求的胶型尺寸、接胶位置、胶型轨迹进行涂胶。

5）装配时多人配合对正玻璃与止口标记，一次粘接到位，粘接后不可随意移动玻璃。

6）粘接后按要求进行按压、固定等工作。

7）按要求完成玻璃上沿补胶工作，确保密封性。

8）若为全自动机器人涂胶、粘接，除了装配前检查工作外，只需要按照技术文件要求起动、监视机器人状态即可。

9）若为机器人涂胶、人工粘接，则除了装配前检查工作及按照技术文件要求要求起动、监视机器人状态之外，还需要完成以上人工装配需要关注的点。

（4）装配后自检

1）检查装配后的玻璃周边是否有溢胶、多余胶体，如果有需要，则使用专用清洁剂、工具、汗布等将胶处理干净，并注意只取出溢胶和多余的胶即可，不能破坏粘接玻璃所需的胶型。

2）检查玻璃装配后是否居中，若超差超出技术文件规定的范围或者玻璃已经与周边零部件发生干涉，则需要及时按照返工工艺进行返工。

3）检查玻璃装配后按压固定是否到位，若未装配到位，则需要及时按照返工工艺进行返工。

3. 储物箱盖板密封条

储物箱盖板密封条如图 3-75 所示。

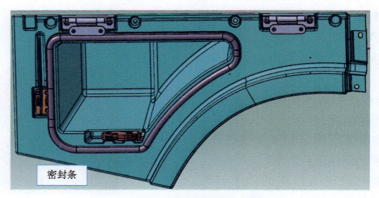

图 3-75　储物箱盖板密封条

（1）装配过程注意事项

1）装配前检查零部件是否有缺损、断裂、扭曲变形等情况；若有卡扣，则检查卡扣是

否有缺失、损坏、毛刺等情况。

2）按照技术要求确定好胶条接口位置。

3）按技术要求使用相应的橡胶榔头等工具进行装配。

（2）装配后自检

1）检查胶条装配后应平顺，无波浪状，无鼓包。

2）检查胶条翻边应按要求包住相关部件。

3）检查胶条接口位置正确，符合技术文件要求。

4. 密封堵

密封堵如图 3-76 所示。

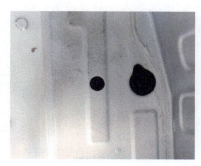

图 3-76　密封堵

（1）装配过程注意事项

1）装配前检查零部件是否有缺损等情况。

2）必要时可借用橡胶榔头、木榔头等工具进行辅助装配。

3）若为堵贴，需要粘贴，则粘贴前需要确保待粘贴部位清洁、干燥。

（2）装配后自检

1）检查堵盖装配数量与技术文件是否相符。

2）检查堵盖装卡是否到位、牢靠。

影响驾驶室密封性的各种线束过孔处的密封堵、零部件自带的过孔处的密封堵装卡时也要确保密封度装卡到位，无歪斜、脱落等现象。

三、有密封要求零部件的装调技术要求

1. 导流罩支架

顶导流罩支架一般直接固定在驾驶室本体顶盖处。驾驶室本体顶盖处的固定结构一般分为两种：一种是顶盖处为焊接螺柱，此类装配结构不需要考虑密封性问题；另一种是顶盖处为螺母孔，该类装配结构需要考虑驾驶室顶盖处的密封性问题，因为如果密封不严就会出现顶盖漏雨的情况。下面简单介绍第二种结构的密封性装配技术要求，如图 3-77 所示。

该类结构在装配时，一般需要在导流罩支架与本体顶盖固定孔之间增加一

图 3-77　导流罩支架

个橡胶密封垫来起到密封作用。通常情况下，可以直接在导流罩支架背面粘接密封垫来提升装配效率。考虑到实际制造能力等因素，可能会将导流罩支架上的固定孔位设计为长圆孔，以防出现装配时导流罩支架孔位与驾驶室本体顶盖处固定孔位无法对正的问题。此时若要进一步加强密封性，则可以在固定螺栓上套装一个橡胶密封垫圈来实现。

因此在装配需要考虑密封性结构的导流罩支架时，注意检查导流罩支架与本体之间的密封垫、螺栓处使用的密封垫圈是否完好无损，以及数量是否正确。

2. 顶盖天线

顶盖天线一般是指装配在驾驶室本体顶盖位置处的 GPS 天线、收音机天线等。该类装配结构的顶盖处一般为螺母孔或者通孔的结构，因此需要考虑驾驶室顶盖处的密封性问题，以防因为密封不严导致驾驶室本体顶盖处漏雨。一般情况下天线自身会带有橡胶密封垫，装配天线时应注意查看密封垫是否完好，若有必要，技术文件会规定天线紧固件的拧紧力矩，这种情况下拧紧标准件后需要使用力矩扳手进行力矩自检，如果装配使用的工具为定扭力工具，那只需要按照技术文件设定好力矩值即可，如图 3-78 所示。

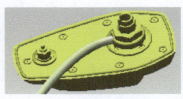

图 3-78　使用定扭力工具

因此在装配顶盖处天线时，注意检查天线自带的密封垫是否完好无损。若技术文件中有力矩要求，则应自检力矩是否达到标准。

3. 侧围装饰件

部分车型在驾驶室顶盖左右两侧流水槽附近会设计有侧围装饰件（图 3-79）。若侧围装饰件的固定点位于流水槽下端，则不需要特别关注密封性；若侧围装饰件的固定点位于流水槽的上端，那么漏雨风险会增大，则需要考虑驾驶室本体顶盖处的密封性。针对此类问题，下面对密封性装配技术要求做一个简介。

对于固定点为通孔且为用螺钉固定的结构，通常情况下会在该孔位处装卡带密封圈的塑料螺母或者拉铆螺母，配合自攻螺钉/螺钉使用。该处选用的塑料螺母或者拉铆螺母一般为封闭式的，装配结构为过盈配合，装配时需要使用到橡胶榔头或者拉铆枪等工具；选用的螺钉长度规格应该以紧固后螺钉不能将塑料螺母打穿为考量或者螺钉长度短于拉铆螺母铆接后的深度。

图 3-79　侧围装饰件

若固定点为通孔且为用卡扣固定的结构，那么通常情况下该处使用的卡扣为带密封圈的卡扣，部分结构还会在孔位处装配密封堵或者拉铆螺母，然后再进行卡装。

因此在装配需要考虑密封性结构的侧围装饰件时，要注意检查卡扣、密封堵、拉铆螺母是否完好无损，数量正确；拍装卡扣时按照技术要求的顺序进行拍装，确保卡扣拍装到位，侧围装饰件装配后无翘起、鼓包等现象。

4. 前围防火墙、组合踏板

目前的重型载货汽车在驾驶室前围处会装配前围防火墙（图 3-80a）。前围防火墙与本体安装孔位接触的一周圈会自带密封条，装配时应注意检查密封条完好无损破损，装配后应注意检查密封条完全与本体压紧，装配平顺，密封条与本体之间无异物，密封条无破损、褶皱等现象。

另外，重型载货汽车在驾驶室本体前围处也会装配有组合踏板总成（图 3-80b）。组合踏板与本体安装孔位接触的一周圈会自带密封条，装配时应注意检查密封条完好无破损，装配后应注意检查密封条完全与本体压紧，密封条平顺，无破损、无褶皱等现象，密封条与本体之间无异物。

a) 前围防火墙　　　　　　　　b) 组合踏板

图 3-80　前围防火墙与组合踏板

5. 遮阳罩支架

遮阳罩支架（图 3-81）一般直接固定在驾驶室本体前顶盖位置处。顶盖处一般有两种结构：一种为焊接螺柱，此类装配结构不需要考虑密封性问题；另一种为螺母孔，该类装配结构需要考虑驾驶室顶盖处的密封性问题，否则就会出现顶盖漏雨的风险。下面简单介绍第二种结构对密封性装配的技术要求。

该类结构在装配时一般需要在遮阳罩支架与本体顶盖固定孔之间增加一个橡胶密封垫来起到密封作用，一般情况下可以直接在遮阳罩支架背面粘接密封垫来提升装配效率。

因此在装配需要考虑密封性结构的遮阳罩支架时，应注意检查遮阳罩支架与本体之间的密封垫是否完好无损，数量是否正确。

图 3-81　遮阳罩支架

第六节　驾驶室主要总成装调

一、卧铺装调

1. 卧铺结构

卧铺是为客户行车或驻车时提供休息区域的一个装置。根据驾驶室长度、高度、宽度不同会配置不同的卧铺：加长高顶驾驶室一般配置上卧铺和下卧铺；加长半高顶驾驶室一般配置下卧铺，根据高度也可选装上卧铺；半加长半高顶驾驶室一般配置下卧铺；部分比较窄小的驾驶室一般可配置简易下卧铺或者无下卧铺配置储物箱。车型不同，所选用的驾驶室的长度不同，或者驾驶室内部的空间布置不同，每款驾驶室的卧铺宽度也略有差异。

2. 上卧铺

上卧铺一般配备有防护网、卧铺支撑、卧铺铰链、卧铺拉带等零部件。装配时一般需要两人协作，所有零部件在装配时注意按照技术文件要求的紧固顺序进行固定，装配完成后注意检查卧铺防护网、卧铺拉带卷收功能完好，卧铺可以自如地实现收起、放下，若为简易卧铺，则不带此类功能略过此内容即可。

3. 下卧铺

下卧铺一般分为整体式和分体式。对于整体式卧铺，揭起卧铺板后下面是分隔开的2~3个储物箱。分体式卧铺一般分为2~3个单独的储物箱体，如果中间储物箱的使用空间足够，也可以更换为抽屉或者冰箱等更高配置的零部件，卧铺箱中根据具体配置也可能会装配有逆变电源、电源插座、重低音音箱、饮水机、千斤顶支架、灭火器支架、除尘装置、独立暖风等附加功能件，部分高端车型储物箱里面会装配有卧铺灯及开关，方便打开卧铺箱盖时给储物箱内提供照明。装配整体式卧铺时一般需要两人协作，装配分体式卧铺一般为单人作业，所有零部件在装配时应注意按照技术文件要求的顺序进行固定，如图 3-82所示。

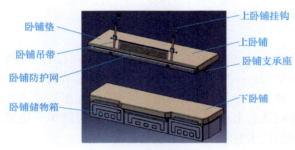

图 3-82　卧铺装配

二、座椅装调

1. 座椅构成

座椅一般包括主座椅、副座椅、第三座椅，按减振形式不同可分为空气悬浮座椅、液压座椅、固定式座椅，如图 3-83 所示。主座椅一般配置为空气悬浮座椅，非公路用车一般配置液压座椅（目前使用较少），副座椅一般为固定式座椅，也可以根据客户需求选装第三座椅。

a) 空气悬浮座椅　　b) 液压座椅　　c) 固定式座椅　　d) 第三座椅

图 3-83　座椅的种类

2. 各类型座椅装配

主座椅一般为可滑动式座椅，在装配时需要根据技术要求的顺序进行紧固，且紧固完成后需要前后滑动座椅，检查座椅是否滑动灵活；若技术文件对座椅紧固件的拧紧力矩有特殊要求，则装配完成后需要使用力矩扳手进行自检。如果装配使用的工具为定扭力工具，那只需要按照技术文件设定好力矩值即可。

若座椅为空气悬浮座椅，那么在装配座椅时需要理顺并插接座椅自带的气管至驾驶室地板处对应的直通接头或者气管接头上，应注意确保气管敷设平顺，不能出现打死折的情况；应确保气管插接到位，不能出现松脱、崩脱的现象。

若座椅自带安全带报警、电动电加热等附加功能，那么装配时需要将座椅自带的插接器与驾驶室本体地板处预留的地板线插接器进行对接，注意确保插接器插接到位，不能出现松接、虚接的情况。

部分车型主座椅上还集成有手制动阀，需要提前进行分装。注意分装、装配过程中确保气管路平顺，不能出现打死折的情况。

整个座椅装配过程不能随意撕毁座椅自带的保护膜，装配完成后按照技术文件要求将座椅调整到最佳出厂位置。

三、前面罩总成装调

1. 前面罩结构及工艺

前面罩一般由面罩本体、格栅、扰流板和 LOGO 标牌等组成，从外观来说属于整车造型的一部分，直接影响着整车的整体形象。一般车型标志牌及部分标识也安装/粘贴在前面罩上，除此之外，面罩铰链、气弹簧、面罩锁、缓冲块等零部件也装配在前面罩上，部分车型扰流板也装配在前面罩上。由于零部件较多，且需要在面罩正反两面进行装配，因此一般设置有面罩总成分装工位。可多人配合进行分装，以此来提升流水线的节拍及装配质量。

2. 前面罩装配要求

前面罩一般为与驾驶室本体同色的漆面件，因此在分装、装配时需要特别注意不要磕碰、划伤漆面。

装配前面罩时一般需要调整固定，来确保面罩锁开启、关闭灵活，不卡滞；同时需要注意面罩与周边零部件的间隙、面差，例如：扰流板（分开装配的结构）、车门、刮水器盖板等，具体详见间隙调整内容，如图 3-84 和图 3-85 所示。

图 3-84　前面罩关闭状态

图 3-85　前面罩开启状态

四、遮阳罩总成装调

1. 遮阳罩结构

遮阳罩是装在驾驶室前风窗玻璃上部，用于遮挡阳光和起装饰作用的装置，其上可装配示高灯、示廓灯、摄像头等零部件。

遮阳罩一般有分体式和整体式两种结构，通过遮阳罩支架连接固定至驾驶室本体前顶盖处。

整体式结构结构简单，可不与本体同色，重量轻，分装简单，如图3-86所示。

图 3-86　整体式遮阳罩

分体式结构分为上部件和下部件（图3-87），一般上部件为与本体同色的漆面件，需要与下部件分装在一起然后进行其余的装配。在分装、装配时需要特别注意不要磕碰、划伤漆面。

图 3-87　分体式遮阳罩

2. 遮阳罩装配要求

遮阳罩上面各固定点位置处一般需要装配橡胶圈减振，注意橡胶圈塞入方向，并确保塞入后橡胶圈牢靠、平整、无歪斜。

遮阳罩支架与本体的连接方式分为两种：一种是顶盖处为焊接螺柱；另一种是顶盖处为螺母孔。若为第二种结构装配，则注意装配前应确保遮阳罩支架背面自带的密封橡胶垫完好无损。

按照技术文件要求敷设、装配遮阳罩线束，并注意确保线束护套完全装卡到位，确保线束插接到位，然后按要求捆扎固定遮阳罩线束。

五、内衬层装调

1. 内衬层的作用及结构

驾驶室内部一般装配有衬层，用来覆盖大面积外漏的驾驶室本体，它除了起装饰作用外，还能够起到隔声、吸声、隔热、保温的作用。

驾驶室衬层一般主要包括顶衬（根据具体设计结构可分为前、中、后顶衬）、后衬、侧围衬层等，装配时需要注意衬层的先后搭接顺序，一般均采用卡扣、子母扣等进行固定，衬层上面还会装配很多其他零部件，如扶手、窗帘导轨等。

2. 内衬层装配要求

为了确保装配后衬层之间的间隙、面差等能达到美观性要求，装配衬层时，一般后装的衬层与先装的衬层之间有搭接或者插接的装配关系，后装衬层的相关边沿处会带有卡齿，需要卡进先装的衬层对应位置处所带的卡槽内，注意调整衬层与衬层之间的间隙均匀之后再用卡扣固定，如图 3-88 所示。

图 3-88　内衬层装配

装配衬层时，注意应按照技术文件规定的顺序进行装配和固定，装配时需佩戴干净手套，确保衬层清洁，注意定期更换，手套也可以防止部分材质的衬层内含有的玻璃纤维扎入装配人员手部皮肤内，造成不适。

六、风窗洗涤装调

1. 风窗洗涤系统结构

风窗洗涤系统主要用于驾驶室风窗玻璃的清洗，可以刮除风窗玻璃表面的雨水、灰尘、污垢等，为驾乘人员提供良好的前方视野；常用的刮水系统因刮水臂数量不同，可分为两片式和三片式，部分特种车辆驾驶室采用一片式刮水器（偏置码头车等）。

2. 风窗洗涤系统装配

为了确保刮水器起动、关闭后能够恢复原位，装配刮水器连杆机构时，注意按技术要求确保曲柄的水平位置（初始位置），确保刮水片拧紧后的水平位置（初始位置）。

注意确保喷淋软管的分装尺寸、位置正确，确保水管固定和插接牢靠，不得有松脱、打折、漏水的情况，确保各喷嘴方向与技术文件一致。

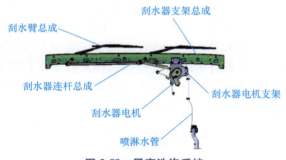

图 3-89　风窗洗涤系统

整个系统装配完毕，开启刮水功能后，刮水器可实现在技术要求规定区域内工作；关闭刮水功能后，刮水片能够停止在原位，如图 3-89 所示。

七、车门玻璃升降器和门锁装调

车门系统功能件主要包括玻璃升降器和门锁两个系统。

1. 玻璃升降器

玻璃升降器是实现玻璃升降功能的系统，按照结构形式，一般分为臂式传动和绳轮式传动（或尼龙带传动）两种结构形式；按照驱动形式，一般可以分为手动和电动两种形式，目前多采用电动式。

玻璃升降器的固定方式一般分为两种：一种是直接将玻璃升降器固定至车门内板处；另外一种是先将玻璃升降器分装至玻璃升降器安装板上（或者玻璃升降器与安装板总成供货），再将玻璃升降器安装板分装总成装配至车门内板处。

装配玻璃升降器之前，一般需要提前将玻璃放至车门钣金腔内（若玻璃为对称件，则需注意确保玻璃正反面与技术要求一致），先将玻璃升降器或者玻璃升降器安装板总成装配至车门内板上（注意按照技术文件要求的顺序进行紧固），然后拉起玻璃，将玻璃连接至玻璃升降器上，连接后注意检查确保玻璃固定牢靠。最后通电，检测玻璃升降顺畅，无卡滞、跳动等现象，且可实现在任意位置停止，如图 3-90 所示。

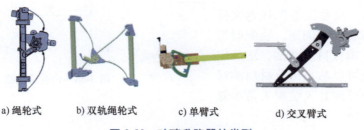

a) 绳轮式　　　b) 双轨绳轮式　　　c) 单臂式　　　d) 交叉臂式

图 3-90　玻璃升降器的类型

2. 门锁

按锁体结构不同，门锁可分为整体式和分体式；按车门外把手开启方式不同，门锁又可分为下拉式和横向开启式，按技术不同分类，可分为机械式门锁和中控门锁。目前大多数车型选用中控门锁，兼有机械门锁结构，且可选配无钥匙进入功能。

装配锁体时，需要注意确保锁体紧固件完全拧紧，根据技术文件规定连接锁体各拉杆、拉线与锁体、车门外把手、内扣手，确保连接到位并锁紧，等车门处所有功能件、装饰件皆装配完成后，再装配车门锁柱，紧固前确保锁柱处于水平位置，且锁柱与锁舌中心对正。

重型载货车车门的关闭状态一般设置有两档，装配完毕后分别关闭车门至一档、二档，检查车门关闭、开启灵活，并关闭至二档后检查确保车门与侧围间隙、面差符合技术文件要求，如图 3-91 所示。

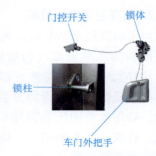

图 3-91　门锁的结构

八、转向操纵装调

转向管柱按照调节方式可分为气动调节、手动调节两种，现在常用的为气动调节管柱，按照设计结构可分为机械转向柱锁和电子转向柱锁。

1. 转向管柱的结构

转向管柱总成主要包括管柱本体、管柱支架、组合开关、时钟弹簧、转向柱锁、转向伸缩轴、管柱线束、转向角传感器、管柱护壳等零部件，如图 3-92 所示。具体结构根据配置不同会有所变化。

2. 转向操纵的装配

根据技术文件规定，将转向伸缩轴装配至管柱上，伸缩轴与管柱的连接螺栓紧固后，检测力矩是否符合要求，并记录。若不符合要求，应及时返工，直至合格为止。

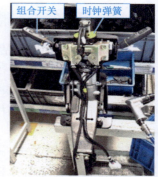

图 3-92　转向管柱实物图

时钟弹簧分装前，需要检查是否带有定位拉带及其是否存在断裂等现象，分装过程及分装完成后，管柱总成转运至流水线工位、管柱总成装配等过程直至装配转向盘前均不可将时钟弹簧的定位拉带拔出。如果时钟弹簧在此过程中不慎断裂或被拉出，则需要重新归零、插入定位拉带，重新插入时需要按照时钟弹簧上自带的操作说明要求恢复时钟弹簧的初始位置，再将完好的时钟弹簧定位拉带插入原定位孔中。

装配组合开关时，需要注意按照技术文件要求处理好防尘罩，不允许防尘罩出现褶皱、脱落等现象；要确保组合开关装配位置和方向正确，组合开关装配完成后确保其处于初始位置。

装配气动调节管柱时，按照技术文件规定敷设、固定气管，气管插接至气动按钮阀时应确保插接牢靠，检查整个气管敷设顺畅，不允许打折扁。

固定管柱防尘罩至驾驶室本体时，注意防尘罩的方向正确，检查防尘罩固定牢靠，确保防尘效果。

九、高架箱总成装调

1. 高架箱结构

高架箱属于内饰的一部分，装配在驾驶室顶盖前端驾驶员头顶位置处，与顶衬搭接，一般自带储物仓、储物箱；上面也可装配行驶记录仪、天行健、翘班开关、顶棚线束、储物箱照明、各类开关、窗帘导轨等部件，根据具体要求进行配置。部分车型前风窗遮阳帘或遮阳板也装配在高架箱上，如图3-93所示。

图3-93　高架箱

2. 高架箱装配

在高架箱上装配零部件比较多的情况下，可以设置分装工位，将所有内容在分装工位完成，以提升流水线的走线节拍。

因为高架箱比较大，装配时需要双人抬取装配。为了降低劳动强度，一般会配备助力机械手来拿取高架箱。进出驾驶室时注意不能对高架箱、各零部件及驾驶室本体造成磕碰、划伤。

高架箱上若有线束，装配时应注意按照技术文件要求提前理顺线束敷设、固定。若高架箱上分装有遮阳帘，装配完成后需要检查遮阳帘拉开、卷收自如，无卡滞，可以在任意位置停留。确保高架箱上各插接器插接到位。

十、仪表台装调

1. 仪表台构成

仪表台（图3-94）是全车控制与显示的集中部位，集安全性、功能性、舒适性和装饰性于一体。仪表台主要包括：仪表台管梁骨架、线束、组合仪表、多媒体屏、收音机、翘板开关、点烟器、车载电源、仪表板装饰件、控制器、空调本体、空调风道、空调出风口、烟灰盒、储物盒、杯托、小桌板等，可根据具体需求进行配置。

图 3-94　仪表台

2. 仪表台装配

仪表台上面装配的零部件比较多，一般会设置分装工位，将所有内容在分装工位完成，以提升流水线走线节拍。

因为仪表台比较重，装配时需要多人配合拿取装配，为了降低劳动强度，一般会配备助力机械手来拿取仪表台。进出驾驶室时，注意不能对仪表台、各零部件及驾驶室本体造成磕碰划伤。在分装、转运时必须使用专用分装台、转运架，以确保仪表台分装总成后管梁承重后不变形，对后续的装配不会造成影响。

装配仪表台时，应按照技术文件规定，敷设、捆扎、防护各线束、管路，确保各插接器插接到位。确保仪表台上各风道对接正确、到位，不会影响空调暖风出风量。确保各控制器、组合开关等按照技术文件规定的位置、方向装配。

仪表台总成部分电器件比较多，装配完成后需要按技术文件规定执行电检、数据刷写等操作，出现不合格项目的必须及时返修，直至合格为止，并在仪表台总成电检清单中进行记录。装配仪表板各装饰板时，按照技术文件要求的顺序、方向进行装配，注意保证各部件间的间隙、面差符合设计要求。

十一、风窗玻璃装调

驾驶室风窗玻璃主要包括前风窗玻璃和后风窗玻璃，装配方式有胶条式和粘接式两种。一般同一款车型前/后风窗玻璃选择同一种装配工艺。

1. 胶条装配方式

胶条装配方式主要是靠安装在前/后风窗止口上的一圈密封条来固定、密封整个前风窗玻璃。

前风窗玻璃比较大，胶条相对应地也比较大，需要人工用手来装卡，比较费力，劳动强度较大，因此工艺要求将胶条放入工业烤箱中进行加热，装配时相对比较省力。季节不同，烤箱设置温度不同，而且为了确保胶条的性能，胶条放入烤箱加热的最长时间也有要求，具体需要根据技术文件要求来执行。

为了确保密封性，分装时胶条上接口位置一般放在玻璃下端长边中间位置处（以驾驶室前进方向论，具体到车型可以根据标识来明确）。

将胶条装卡至玻璃止口后，一般需要在止口对应的胶条槽内嵌入嵌绳，方便后续装配。为了减小阻力，一般工艺会要求提前在胶条凹槽内刷涂洗洁精溶液，嵌绳分装位置从短边中间位置开始，用专用工装沿一个方向顺直嵌入胶条一圈半，拉出嵌条端头。

多人配合，将分装好的玻璃抬至驾驶室风窗止口处，一人在驾驶室内部抓住嵌绳端头，匀速拉出嵌绳，一人在驾驶室外部配合，用橡胶拍子将风窗止口拍入胶条凹槽根部。

装配完成后，两人检查驾驶室内部、外部胶条翻边，用专用工装将胶条翻边勾出，使其平顺地贴在驾驶室本体及相应的内饰件上。胶条装配方式截面如图 3-95 所示。

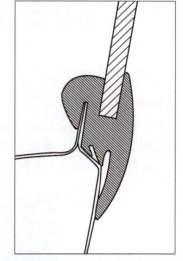

图 3-95　胶条装配方式截面示意图

2. 粘接装配方式（人工粘接）

粘接装配方式是指在玻璃内侧（以驾驶室前进方向论）边沿指定位置处涂抹单组分/双组分聚氨酯胶，然后将玻璃粘接至前风窗止口上，来固定、密封整个前风窗玻璃。

单组分和双组分聚氨酯胶最明显的区别是单组分固化时间长，双组分固化时间短，在粘接力和剪切强度方面双组分也占优势。

可根据具体胶品及粘接质量需求，在粘接之前使用清洁剂、底涂剂。使用顺序为先在风窗止口上、玻璃上对应的待粘接区域刷涂清洁剂，按照技术文件要求晾干足够时间后（一般工艺会转化为工位间隔）刷涂底涂剂，再晾干足够时间后（一般工艺会转化为工位间隔），用胶枪在玻璃上指定位置处涂抹聚氨酯胶，多人配合，按照技术文件要求在规定时间内完成粘接（一般以节拍控制）。

清洁剂、底涂剂的刷涂区域一般应大于工艺规定的胶型宽度尺寸，一般借助专用工装控制。

玻璃粘接必须一次到位，粘接后不允许随意挪动玻璃。

粘接玻璃时，为了确保粘接精度，需要一人指挥进行对中。

粘接后，为了弥补人工粘接的不稳定性，需要在玻璃上边沿与本体之间进行填胶。

粘接完成后，若有胶品溢出，需要及时清除，确保外观美观、清洁。

涂胶时，接胶位置一般要求在玻璃下端长边中间位置处，接胶长度可保证在 5~10mm。

粘接后，按技术要求对玻璃进行按压、固定，并按要求检查确保玻璃按压到位。

涂胶不允许有断点、有气泡，如图 3-96 所示。

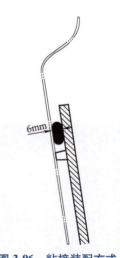

6mm

图 3-96　粘接装配方式截面示意图

第七节　驾驶室关键工序装调工艺

一、制动踏板装调

1. 制动踏板结构

目前一般选用三组合踏板（离合、加速、制动），需要分装行车制动阀、离合器主缸及储液罐总成、制动开关、离合器开关、加速踏板（部分车型不分装此件）等零部件至组合踏板上，如图 3-97 ~ 图 3-101 所示。

图 3-97　制动阀

图 3-98　六角接头座分装

图 3-99　六角接头座装配

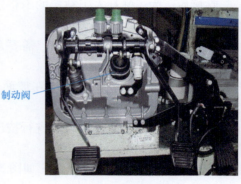

图 3-100　制动阀装配

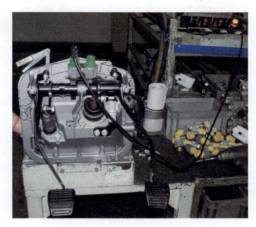

图 3-101 组合踏板调试

2. 制动踏板装配要求

装配行车制动阀前，先检查各接口处的防尘密封堵盖是否完好，确保完好才可使用。

拿取卡环、弹性垫，用专用工装分装至制动阀接口内，确保卡环、弹性垫放置正确、平整、无倾斜，然后使用规定的工具拧紧六角接头座，按照技术文件要求对拧紧力矩进行检测，并对检测结果进行记录，若不符合要求，需要及时返工，直至合格为止。

按照技术文件要求，将分装好的行车制动阀、离合器主缸及储液罐总成、制动开关、离合器开关、加速踏板等零部件装配至组合踏板上。

按照技术文件规定调整离合器踏板、制动踏板自由行程，并用检测装置进行检测、微调，直至调整合格为止。

使用专用转运工装将组合踏板分装总成转运至流水线进行装配，过程中确保不会造成组合踏板行程改变。

二、空调外循环装调

1. 空调外循环构成

驾驶室部分空调管路主要包括暖风铝管、胶管、电动水阀、空调高压管总成、空调低压管总成等，如图 3-102 所示。

2. 空调外循环装配要求

装配时应按照技术文件的规定，将软管、电动水阀（部分车不可分装）提前分装至暖风铝管，软管插接至铝管处的深度、固定胶管的卡箍所处的位置以及卡箍朝向等都需要按照技术文件要求执行，电动水阀两端胶管上若有流向标记，应注意按照技术文件要求装配。

将暖风铝管总成按照技术文件要求装配至空调进出水接口上，软管插接至接口处的深度、固定胶管的卡箍所处的位置以及卡箍朝向等都需要按照技术文件要求执行。

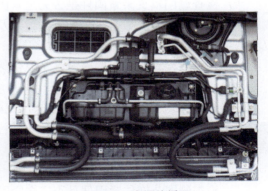

图 3-102 空调外循环

空调的两根高、低压管路装配至空调本体接口前，需要按技术文件要求在管路接头密封圈位置处均匀涂抹一圈冷冻油，紧固后按技术文件要求对标准件紧固力矩进行检测并记录，若不符合要求需要及时返工，直至合格为止。

连接压力开关线束，按照技术文件要求敷设固定线束。

第八节　驾驶室主要缺陷返修

一、漏雨缺陷返修

1. 顶盖上端漏雨

（1）天窗处漏雨

1）查看天窗密封条是否装配到位，若有问题重新调整装配，若胶条破损则更换胶条。

2）查看所有天窗紧固件是否完全紧固，有无漏装。若有松装、漏装，则按技术文件完成紧固。

3）若以上检查均无问题而淋雨实验仍然漏雨，则联系技术人员现场分析解决。

（2）导流罩支架处漏雨

1）检查导流罩支架固定标准件是否完全紧固，若有松装、漏装，则按技术文件完成紧固。

2）拆卸支架，检查是否装配有密封垫及密封垫是否完好，若漏装或者密封垫破损，则及时更换。

3）若以上检查均无问题而淋雨实验仍然漏雨，则联系技术人员现场分析解决。

（3）天线处漏雨

1）检查天线紧固件是否完全紧固，若有松装，则按要求紧固。

2）检查天线是否装配有密封垫及密封垫是否完好，若漏装或者密封垫破损，应及时更换。

3）若以上检查均无问题而淋雨实验仍然漏雨，则联系技术人员现场分析解决。

（4）遮阳罩支架处漏雨

1）检查遮阳罩支架紧固件是否完全紧固，若有松装，则按要求紧固。

2）检查遮阳罩支架是否装配有密封垫及密封垫是否完好，若漏装或者密封垫破损，则及时更换。

3）若以上检查均无问题而淋雨实验仍然漏雨，则联系技术人员现场分析解决。

（5）驾驶室顶盖上端本体漏雨

若排查后，顶盖上端以上位置处未出现漏雨，或者出现漏雨的位置与以上零部件装配位置不符，则需拆下衬层，检查驾驶室本体顶盖焊接质量、密封胶涂抹质量是否有质量问题，若有问题则联系专业人员返工。

2. 顶盖侧端漏雨（有侧围装饰件结构，且在导水槽上端有固定点）

1）检查侧围装饰件紧固件是否完全紧固，若有松装，则按要求紧固。

2）检查侧围装饰件是否装卡到位，有无鼓包、外翘现象。若有，则按技术文件装配，确保卡扣全部拍装到位，无鼓包，无外翘。

3）拆除侧围装饰件，查看密封堵、密封垫、塑料螺母等是否装卡、粘贴到位，是否漏装、破损。若有，则按技术要求重新装配。

4）检查顶盖处工艺堵是否装卡到位，是否有漏装，若有，则按技术文件要求重新装配。

5）若以上检查均无问题而淋雨实验仍然漏雨，则联系技术人员现场分析解决。

3. 前/后风窗处漏雨

（1）胶条固定方式

1）检查胶条翻边是否全部勾出，平顺地贴在本体及内饰件上，若有问题，则用专用工装将胶条勾出，按技术文件装配好。

2）检查胶条是否有变形起皱、破损，若有则更换胶条。

3）检查胶条接口是否按要求装配在玻璃长边下端位置处。

4）若以上检查均无问题而淋雨实验仍然漏雨，则联系技术人员现场分析解决。

（2）胶粘固定方式

1）检查玻璃上边沿和两侧边沿处的胶型是否有断点、气泡，若有，则进行补胶处理，并保证美观性。

2）若未发现明显问题，且已经排除上述顶盖前端检查位置漏雨的可能性，则在玻璃上沿及两侧端进行补胶处理，并保证美观性。

3）检查玻璃粘接后胶型压缩量是否符合技术要求，若不符合要求则进行补胶处理，并保证美观性。

4）若以上检查均无问题而淋雨实验仍然漏雨，则联系技术人员现场分析解决。

4. 前围处漏雨

（1）刮水器盖板未装配到位

1）刮水器盖板变形或者自带密封件缺失、破损，导致前围处进雨量变大甚至超过正常进雨量，则更换刮水器盖板。

2）刮水器盖板固定点未紧固/卡装到位，导致前围处进雨量变大甚至超过正常进雨量，则按要求重新进行紧固。

（2）组合踏板处漏雨

1）组合踏板处紧固件未紧固到位，按要求进行紧固。

2）组合踏板自带密封条未装配到位、有褶皱或者破损、丢失，则更换密封条或者踏板。

（3）防火墙处漏雨

1）防火墙处紧固件未紧固到位，按要求进行紧固。

2）防火墙自带密封条未装配到位、有褶皱或者破损、丢失，则更换密封条或者防火墙。

（4）空调滤网处漏雨

1）空调滤网装配在驾驶室外侧，检查滤网是否完全紧固，若有问题则按要求紧固；如果滤网密封条有破损、丢失、褶皱、接口位置不正确等情况，则应更换滤网。

2）空调滤网为空调自带附件，滤网与本体对应孔位错位，导致密封圈错位、密封不严，应按要求进行装配或者更换。

5．车门处漏雨

（1）车门上沿漏雨

1）检查车门密封条翻边是否全部勾出，平顺地贴在本体及内饰件上，若有问题，则用专用工装将胶条勾出，按技术文件装配好。

2）检查车门密封条是否有变形起皱、破损，若有则更换胶条。

3）检查车门密封条接口是否按要求装配在车门框下端位置处。

4）检查二道密封条是否装卡、粘贴到位，若有问题则按技术要求返工。

5）若以上检查均无问题而淋雨实验仍然漏雨，则联系技术人员现场分析解决。

（2）车门下沿漏雨

1）检查车门玻璃与外水切的间隙是否过大，若是，则修正车门止口，确保外水切与玻璃之间的间隙正常。

2）检查车门防雨帘是否粘贴到位，若有问题，则按技术要求返工。

3）若装配电动、电加热、带摄像头的后视镜，且后视镜线束过孔在车门上，则检查车门处后视镜线束密封胶圈是否装配到位。如果有漏装、松脱的情况，则按照技术要求返工。

4）若以上检查均无问题而淋雨实验仍然漏雨，则联系技术人员现场分析解决。

二、间隙、面差缺陷返修

间隙面差问题不仅是车身装调作业中的难点，也是一个综合性问题。影响车身间隙面差的因素有很多，只有把每种因素都考虑到位，才能准确地调整出符合要求的间隙面差。

驾驶室总成装配完成后，由于更换或者其他原因需要对驾驶室间隙、面差进行调整，也可能因为原有缺陷传递需要进行返修。返修时按照技术文件要求的顺序进行拆卸，以最少拆卸动作为标准；拆卸完成后恢复时首先检查零部件完整性，确保零部件上分装的卡扣数量正确，无缺失，无损坏；零部件自带的卡角、卡子等完好无损、无变形，可满足使用卡接功能要求。

下面以驾驶室部分常见的问题及常见结构为例讲解调整及返修。

1．仪表台总成部分护板间隙、面差返修

1）一般仪表台护板上都会带有定位销，恢复零部件时注意对正定位销与固定孔，然后按照技术文件要求的拍装顺序进行拍装。

2）恢复仪表台护板时，按照工艺规定的零部件装配顺序和紧固顺序、零部件拍装顺序进行装配。

3）涉及间隙面差的零部件一般会有主副定位孔，紧固标准件时注意按照工艺要求的顺序进行紧固。

4）若通过以上调整方法无法调节到技术要求的间隙面差范围，则更换新件。

2．车门内饰件间隙、面差返修

1）门框装饰件一般配备有定位销，先对正定位销与本体孔位，然后按照技术文件规定的顺序拍装，固定后确保门框装饰件与本体贴实，不允许出现外翘现象。

2）装配车门内饰板时注意，若内开拉手为后装，则需要先将门锁内开拉线顺出，等待后续安装。若内开拉手提前分装在车门内饰板上，则需要先连接内开拉线至内拉手上，再装配车门内饰板。车门内饰板一般为卡装结构，装卡时注意按照技术文件规定的顺序进行拍装。装配完成后，车门内饰板与本体钣金贴实，不允许出现外翘现象。

3）装配时，注意按照技术文件要求处理车门内饰板与车门框装饰板搭接位置处的结构，确保装卡到位后两块装饰件之间的间隙、面差符合要求且美观。

4）若通过以上调整方法无法调节到技术要求的间隙面差范围，则更换新件。

3. 前面罩及周边件间隙、面差返修

1）当前面罩与刮水器盖板之间的间隙有问题时，若铰链处孔位为可调节孔位，则一般先松掉铰链固定标准件，微调铰链位置，然后复紧各标准件。

2）当面罩锁开启/关闭卡滞，或者前面罩与左/右扰流板之间的间隙面差不符合要求时，若面罩锁/锁环处固定孔为可调节孔位，则一般先拧松面罩锁/锁环处标准件，调节面罩锁、锁环位置，然后复紧各标准件。

3）确保面罩锁功能的前提下，若采用步骤2）调整后仍然解决不了前面罩与扰流板之间的面差问题，则可通过调整缓冲块高度来调整。

4）确保面罩锁功能的前提下，若采用步骤2）调整后仍然解决不了前面罩与扰流板之间的间隙问题，则可通过调整扰流板来调整面罩与扰流板之间的间隙，但是必须确保调整后扰流板与车门之间的间隙符合技术文件要求。

5）若通过以上调整方法无法调节到技术要求的间隙、面差范围，则更换新件。

4. 车门与扰流板间隙面差返修

扰流板固定孔位一般为可调节孔位，一般先拧松扰流板固定标准件，微调扰流板位置，然后复紧各标准件。

5. 左/右侧工具箱盖及周边件间隙面差返修

1）若工具箱盖与侧围之间的间隙不符合要求，则一般可先拧松工具箱铰链上的固定标准件，调整工具箱铰链位置，然后复紧各标准件。

2）若工具箱盖板与侧围之间的面差不符合要求，则一般直接更换新的工具箱铰链，即可解决问题。

3）若工具箱与车门之间的面差不符合要求，则可拆掉工具箱锁与锁舌的固定标准件，根据具体情况微调工具箱锁和锁舌的位置，然后复紧各标准件，前提是确保工具箱锁开启、关闭灵活。

4）若工具箱与车门之间的间隙不符合要求，且工具箱与侧围间隙符合要求、车门与侧围间隙不符合要求，则一般拧松车门铰链处的固定标准件、微调车门间隙即可。注意：车门铰链不能随意调整，需要联系专业人员进行调整。

以上为常见间隙面差问题的返修示例，只列举了简单的处理方法，间隙、面差调整方法大同小异，可结合具体结构进行具体分析，采取合适的调整方法。

复习题

一、填空题

1. 驾驶室前顶盖处装配的遮阳罩按结构可大致划分为＿＿＿＿和＿＿＿＿两种。

2. 牵引车通常会选配＿＿＿＿导流罩和＿＿＿＿导流罩。

3. 螺母或螺栓用手预拧＿＿＿＿，然后用合适的工具拧紧，必要时按技术文件要求用力矩扳手复紧。

4. 商用车驾驶室部分常用密封条，按照使用部位/位置可分为：＿＿＿＿、＿＿＿＿、

_____、内/外水切密封条（车门玻璃密封条）等。

5. 空调的两根高、低压管路装配至空调本体接口前，需要按技术文件要求在管路接头密封圈位置处均匀涂抹一圈_____。

二、单选题

1. 对于螺栓＋平垫＋弹垫＋螺母的连接类型，若实际连接件上有备母，可以去掉（　　）。

A. 螺栓　　　　　　B. 平垫　　　　　　C. 弹垫　　　　　　D. 螺母

2. 驾驶室常用六角头螺栓螺纹规格 M6，紧固该螺栓所使用的套筒为（　　）。

A. S7　　　　　　B. S8　　　　　　C. S10　　　　　　D. S13

3. （　　）线体工位的设置是为了减小流水线作业量，缩短走线节拍。

A. 高架工位　　　　B. 滑板支撑工位　　C. 底装工位　　　　D. 分装工位

4. 上面集成安装有驾驶室仪表、控制开关、空调系统、影音系统、储物盒、线束等的是（　　）。

A. 前面罩总成　　　B. 仪表台总成　　　C. 转向管柱　　　　D. 高架箱总成

5. 若前风窗玻璃的装配方式为粘接式，则选用单组分聚氨酯胶、双组分聚氨酯胶最明显的区别为（　　）。

A. 单组分固化时间短　　　　　　　　B. 双组分固化时间短

C. 单组分粘接力较好　　　　　　　　D. 双组分粘接力较差

三、简答题

1. 如果出现驾驶室顶盖上端淋雨试验漏雨的情况，则一般分析的漏雨点有哪些？

2. 若面罩锁开启/关闭卡滞，或者前面罩与左/右扰流板之间的间隙不符合要求，应该如何调整返修？

第三章复习题
参考答案

第四章　底盘装调

汽车底盘主要用来支承、安装汽车发动机、车身等各部件、总成，形成汽车的整体造型。商用汽车底盘装配的特点是零件种类多、数量大、作业内容复杂并采用大批量生产方式。在实际生产制造过程中，商用车底盘装配工作的自动化程度不高，很多是由手工完成的，高质量的装配需要丰富的经验和高超的操作技能。在汽车底盘装配过程中，基于的装配线工艺装备和设备设施，装配人员可以进行零部件、组件的分装，大总成的吊装作业，还可以完成柔性制动管和线束的布置和捆扎。经过装配调整，最终制造出合格的汽车产品。

第一节　底盘装配线及关键部件

一、底盘装配线

汽车底盘装配线主要完成汽车底盘零部件的装配，包括动力总成装配、前后桥装配、驾驶室总成装配和整车油液加注以及车辆起动。

底盘装配线一般采用地面支撑输送线+双平板输送线。全线前半段采用车架反装工艺方式，主要完成悬架系统和行走系统的零部件装配，通过车架在线翻转，进入车架正装阶段，主要完成动力总成装配、进排气系统和冷却系统的装配，以及驾驶室总成搭装。整车下线处会降低支撑高度使整车过渡到地面双平板输送线上，也可以采用升高平板线的方式使整车过渡到地面。

目前重型载货汽车行业常用的车架底盘支撑方式有工装随线小车支撑和 AGV 支撑，如图 4-1~图 4-4 所示。

图 4-1　底盘随线小车支撑

图 4-2　AGV 支撑

图4-3　底盘在线翻转示意图

图4-4　地面双平板线

二、底盘关键部件

1. 车架

（1）作用　用以支撑连接汽车的各零部件，并承受来自车内外的各种载荷。

（2）形式　目前汽车车架的结构形式主要有：边梁式、中梁式和综合式三种。商用车使用边梁式车架，如图4-5所示。

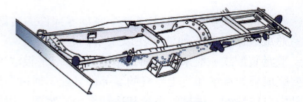

图4-5　边梁式车架

2. 发动机

发动机是汽车最重要的总成之一，是动力的来源，通常被称为汽车的"心脏"。它的工作原理是将燃料（汽油、柴油或其他燃料）燃烧产生的热能转变为机械能，为汽车行驶提供动力。

发动机由两大机构六大系统组成，两大机构是指曲柄连杆机构和配气机构，六大系统分别是燃料供给系统、冷却系、润滑系、起动系、点火系（汽油机）和电子控制系统，如图4-6所示。

图4-6　发动机

3. 变速器

（1）变速器的主要功能　改变传动比，扩大驱动轮的转矩和转速的变化范围，以适应经常变化的行驶条件，降低汽车的燃油消耗；实现倒车；利用空档中断动力的传递。

（2）变速器分类

1）手动变速器（MT）：手动机械换档，是其余两种变速器的基础。

2）机械式自动变速器（AMT）：在手动变速器的基础上加装电控、气控单元，实现自动换档。

3）自动变速器（AT）：加装液力变矩器，实现无冲击、无动力中断换档，采用电子控制系统实现自动换档，如图4-7所示。

4. 车桥

我们把发动机比做汽车的心脏，那么车桥就是汽车的两条腿。车桥通过悬架和车架（或承载式车身）相连，两端安装汽车车轮。其功用是传递车架（或承载式车身）与车轮之间各方向的作用力及其力矩。

图 4-7　自动变速器

根据悬架结构的不同，车桥分为整体式和断开式两种。

根据车桥上车轮的作用不同，车桥也分成转向轴（桥）、驱动桥、转向驱动桥和支持轴（桥）四种。其中转向轴和支持轴都属于从动桥。

（1）转向轴（桥）　整体式转向轴的结构基本相同，由两个转向节和一根横梁（轴）组成，车轮安装在转向节上，中间用轴承分隔开。左、右车轮运动相互影响，通过转向直拉杆和横拉杆起转向作用，故称为整体式转向桥。对应有断开式转向轴，多与独立悬架配合使用，如图4-8所示。

图 4-8　转向轴

（2）驱动桥　驱动桥的功能是将万向传动装置传来的发动机转矩传给驱动车轮，实现降速并增大转矩。同时它又是行驶系的主要组成件之一，和转向轴一起承受汽车质量使左、右驱动车轮的轴向相对位置固定。汽车行驶时，驱动桥承受驱动轮传来的各种反力、作用力和力矩，并通过悬架传给车架，如图4-9所示。

5. 管路、线束

重型载货汽车制动系统采用双回路气制动系统，是目前中、重型汽车较先进的典型结构系统。制动系统包括：双回路制动的主制动系统、弹簧储能放气驻车制动（兼应急制动系

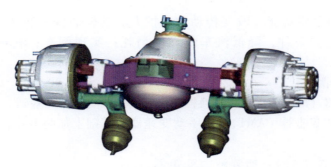

图 4-9　驱动桥

统）以及排气制动辅助制动系统。

所谓"双回路"主制动系统，即是将前桥与中/后桥分成既相关联又相互独立的两个回路，当其中任一回路出现故障时，不影响另一回路的正常工作，以确保制动的可靠。

空气压缩机压缩的空气经过空气干燥器通向四回路保护阀，从而使全车气路分成既相关联又相独立的四个回路。

整车制动管路趋向于模块化，更便于管路装配工序化布置，如图 4-10 所示。

图 4-10　管路示意图

整车线束结构采用大集成、减少附件线束布置，更有利于线束在纵梁内侧的布置，如图 4-11 和图 4-12 所示。

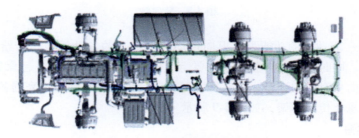

图 4-11　车架线束布置示意图

图 4-12　发动机线束布置示意图

第二节　底盘主要总成分装和装配

一、动力总成分装

1. 动力总成分装线

动力总成分装主要是将发动机、离合器、变速器等动力系统零部件合装为总成部件，以总成模块在流水线装配。动力总成分装可以使用分装台独立分装，也可以采用地面平板输送线，板线上带支撑，采用连续运行的线体方式。大批量流水线装配作业建议采用后者。注意支撑高度需要保证发动机曲轴中心离地高度，如图 4-13 所示。

图 4-13　动力总成分装线示意图

2. 发动机离合器装配工艺

装配要点如下：

1）取下发动机飞轮上的螺栓，给螺栓螺纹部分涂螺纹锁固胶。要点：胶液必须涂抹在螺栓螺纹部分，涂胶后 10min 之内必须安装。

2）清洗发动机飞轮面的油污，将清洗面擦拭干净。

3）将离合器从动盘用工装（心轴）安装在飞轮上。要点：从动盘平面朝向发动机飞轮，凸台朝向压盘。根据从动盘型号，选用合适的工装进行装配。

4）将离合器压盘吊装到从动盘外面，使用涂胶螺栓装配并拧紧，要点：按十字交叉法拧紧压盘安装螺栓，螺栓拧紧力矩按照各企业标准执行，如图 4-14 所示。

3. 变速器装配工艺

装配要点如下：

1）将变速器吊至发动机后端，变速器的花键轴对准发动机的花键轴孔，同时把变速器体对准飞轮壳上的双头螺栓，缓慢推入，使得花键与花键槽啮合。

2）装配飞轮壳螺柱螺母。用十字交叉法拧紧装配螺母，拧紧力矩按照各企业标准执行。

图4-14　离合器装配

二、板簧悬架分装

1. 前轴分装

（1）装板簧　吊取板簧，把前板簧吊放在分装台上，前后两端固定放置。安装要点如下：

1）钢板弹簧不得有裂纹、飞边、断片及对使用有害的其他表面缺陷。

2）板簧各簧片应平齐。

3）钢板弹簧表面喷弧高分组标识"＋""0""－"，装配时同一辆车的同一轴左、右两侧应装配同一厂家、同一弧高分组的板簧。

（2）装前轴　吊取前轴，板簧中心对准前轴左、右安装面，放置平稳。

（3）装配前轴U形螺栓　前簧U形螺栓带板簧压板穿过前板簧，对准前轴U形螺栓座穿入，手动旋入螺母，然后预紧前轴U形螺栓螺母。

安装要点如下：

1）U形螺栓在自然状态下拧紧只是预紧，需装配在车架后进行二次复紧。

2）分装时亦可采用对板簧加载，使板簧达到承载状态后拧紧，加载力根据各车型承载状态确定。

2. 平衡轴分装

（1）分装平衡轴壳　取平衡轴壳，配对轴承内外环，将轴承外环缓缓压装到平衡轴壳内。在压装密封圈和油封时注意：压装时平衡轴壳压装部位应处在液压机正下方，全部处在液压机压装平面内，如图4-15所示。

（2）加热轴承内环和油封盖　用清洗剂清洁轴承油封盖，保证光洁，然后用干净的抹布擦干净。在工频感应加热器上对轴承内环和轴承油封盖加热，加热时间和加热温度根据各设备及产品材料确定。

图4-15　分装轴壳

（3）分装平衡轴

1）把平衡轴吊放到平衡轴分装台，吊放过程注意安全。

2）将平衡轴两端轴头表面油污清洗干净，保证其表面无异物且光洁，密封圈、轴承油封盖（已加热）、球面轴承（已加热）、间隔衬套套入平衡轴轴头，球面轴承球面向外，之后将各件推至轴头根部，装配过程严禁抛掷零件，如图4-16所示。

3）装配调整垫片后将分装好的平衡轴壳套入轴头，有放气螺栓的一端朝向外侧。装配轴壳时，轴壳与轴头的同心度一致时才可装入。球面轴承轴向间隙按照企业标准要求执行。

4）装配轴承压块并拧紧装配螺栓，拧紧力矩按照各企业标准执行。拧紧后锁紧止动垫圈。

5）装配平衡轴壳壳盖。

（4）装配后钢板板弹簧　吊取后钢板弹簧，将板簧定位销对准平衡轴壳装配面的定位孔，落下板簧。钢板弹簧不得有裂纹、飞边、断片及对使用有害的其他表面缺陷；板簧各簧片应平齐；钢板弹簧表面喷弧高分组标识"＋""0""－"，装配时同一辆车的同一轴左、右两侧应装配同一厂家、同一弧高分组的板簧。

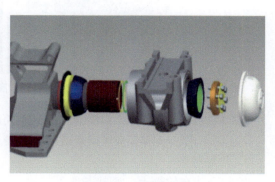

图4-16　分装平衡轴

装配U形螺栓座和U形螺栓、螺母，然后预紧前轴U形螺栓及螺母。U形螺栓在自然状态下拧紧只是预紧，需装配在车架后进行二次拧紧。分装时亦可采用对板簧加载，使板簧达到承载状态后拧紧，加载力需要根据各车型承载状态确定。

三、传动系统装配

1. 传动轴安装

1）传动轴系统应按照由前向后的顺序依次装配。

2）传动轴中间支承应在自然状态下装配，不应扭曲变形，装配后应进行轴向调节，避免其受轴向力。

3）传动轴在装配过程中，必须保证花键轴端为动力输入端。

4）传动轴安装后应保证花键伸缩及十字轴转动灵活，无卡滞现象。

5）向十字轴、花键内加注汽车通用锂基润滑脂。

6）螺栓螺母拧紧力矩按照工艺文件要求控制。

7）传动轴中间吊架的安装在维护中十分重要，如果吊架安装位置不当，会增加传动轴的运转阻力和噪声。

2. 离合器的安装

离合器安装在发动机与变速器之间，盖总成安装在发动机飞轮上，从动盘花键套套在变速器输入花键轴上。

1）装配离合器时，要将发动机飞轮处接合面清洗干净。

2）将离合器从动盘用心轴装到飞轮上，平面朝向飞轮，凸台朝向压盘，将压盘装到从动盘外面。

3）按照工艺要求，采用十字交叉法顺序拧紧装配螺栓。

离合器的装配如图4-17所示。

四、车轮装配与调整

车轮由轮毂、轮辋以及这两元件间的连接部分组成。按照连接部分的不同，车轮分为辐板式和辐条式。

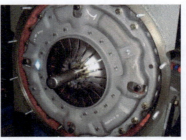

图 4-17　离合器的装配

1）辐板式：连接轮毂和轮辋的是钢质的圆盘，大多是冲压成形。

2）辐条式：辐条有钢丝辐条或和轮毂铸成一体的铸造辐条。

1. 轮胎种类

轮胎安装在轮辋上，直接与路面接触。

（1）轮胎的作用

1）支撑汽车的总质量，承受重力和传递其他方向的力和力矩。

2）缓和汽车所受到的冲击并衰减振动，与汽车悬架共同吸收和缓和汽车行驶时所受到的冲击和振动，以保证汽车具有良好的乘坐舒适性和行驶平顺性。

3）保证车轮与路面的良好附着而不打滑，使汽车行驶平稳。

（2）轮胎的分类

1）汽车轮胎有充气轮胎和实心轮胎，现代汽车大多使用充气轮胎。

2）充气轮胎按组成结构的不同，分有内胎和无内胎两种。

3）按帘线排列方式不同，分普通斜交胎和子午线胎。

4）按胎面花纹分类（轮胎花纹主要影响轮胎的使用性能），分为普通花纹（包括横向花纹和纵向花纹）、混合花纹和越野花纹。

2. 轮胎附件

（1）胎压监测、轮胎防盗、高温报警　通过在每个轮胎内部加入电子发射器，感知轮胎胎压、温度以及相对位置，达到监测胎压、高温报警、轮胎防盗的作用。轮胎监测如图 4-18 所示。

（2）防爆轮胎　轮胎内安装固定圈可以从内侧支撑轮胎，从而使轮胎在爆胎时不会被压坏，同时还能防止轮胎从轮胎垫圈上脱落。防爆轮胎如图 4-19 所示。

图 4-18　轮胎监测

图 4-19　防爆轮胎

（3）自修复轮胎 轮胎在车辆行驶过程中被尖锐物体扎破将会影响车辆货物的运输效率及安全。如果轮胎具有自修复功能，即可解决该问题。自修复轮胎如图 4-20 所示。

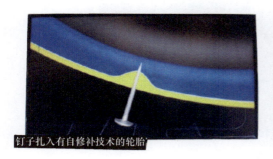
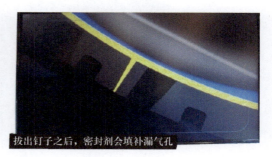

钉子扎入有自修补技术的轮胎　　拔出钉子之后，密封剂会填补漏气孔

图 4-20　自修复轮胎

（4）免充气轮胎 免充气轮胎除了不用充气的优点外，还起到减振的作用。轮胎顶部的张力负责承重，而底部则负责克服石头、路基等障碍。由此车辆还可以简化悬架零部件，不仅节省成本，也减轻了车重。免充气轮胎如图 4-21 所示。

无需维护

图 4-21　免充气轮胎

3. 装配工艺要求

（1）轮胎装配

1）将轮胎装配到前轴以及中、后桥的轮毂上，将轮胎螺母装配到轮毂螺栓上。装配双胎时，轮辐并在一起装配，保证内、外轮胎气门嘴互成 180°。

2）有方向性的轮胎在胎肩上带有箭头，表示轮胎安装后的滚动方向（前进方向）。装配时按照箭头方向装配，避免装错。

3）装配有特殊功能的轮胎，如带爆胎应急装置、胎压监测等功能的轮胎时，注意查看标识，避免错装。轮胎装配如图 4-22 所示。

4）装配带胎压监测的轮胎总成时，注意胎压传感器标识应在外侧能识别，以便胎压标定过程采集信息。

（2）轮胎拧紧 车轮螺母应对称、交叉、均匀地逐个预拧紧，拧紧力矩标准参见各企业标准。采用预置式力矩拧紧机拧紧时，要保证拧紧轴与车辆为垂直状态，并确保所有拧紧轴的螺母拧紧到全部合格（至规定力矩）为止，如图 4-23 所示。

图 4-22　轮胎装配

图 4-23　轮胎拧紧

五、后处理系统装配与调整

1. 后处理系统简介

要实现国四排放法规对 NO_x 和颗粒物（PM）都较低的限值，目前有 SCR 和 EGR+DPF 两条技术路线：

（1）SCR　通过喷射系统优化、喷射定时提前等优化燃烧的方式降低颗粒物（PM），再使用 SCR 技术来降低因燃烧优化而产生的 NO_x 排放。

（2）EGR+DPF　先通过排气再循环（EGR）技术降低排放中的 NO_x 成分，再通过颗粒捕集器（DPF）捕集因 EGR 而略有增加的颗粒物（PM）。

通过上述两种方式，可以使发动机排放同时降低 NO_x 和颗粒物（PM）。

SCR 相比 EGR+DPF 的技术路线，具有动力性好、燃油消耗率较低且对燃油品质不敏感的特点，同时对冷却系统要求低，因此成为国内外很多企业竞相发展的技术。

2. SCR 后处理系统介绍

（1）SCR 基础知识　SCR 是发动机排气后处理的一种方式，是 Selective、Catalytic 和 Reduction 的缩写。

Selective：只处理发动机排气中的特定成分。

Catalytic：需要催化剂参与化学反应。催化剂需要发动机排气的加热。

Reduction：化学反应的结果，减少了发动机排气中的特定成分，使排放达到法规的要求。

（2）SCR 后处理系统原理介绍　尿素喷射到排气管中，在高温条件下分解为氨（NH_3）和二氧化碳（CO_2）：

$$NH_2+CO+NH_2+H_2O \xrightarrow{\text{温度200℃以上}} 2NH_3+CO_2$$

通过 SCR 催化转化器，NH_3 又在催化剂的作用下，与氮氧化合物（NO、NO_2）发生反应，将其还原成氮气和水：

$$NO+NO_2+2NH_3 \rightarrow 2N_2+3H_2O$$
$$4NO+O_2+4NH_3 \rightarrow 4N_2+6H_2O$$
$$2NO_2+O_2+4NH_3 \rightarrow 3N_2+6H_2O$$

（3）SCR 系统部件组成 SCR 系统组成如图 4-24 所示。

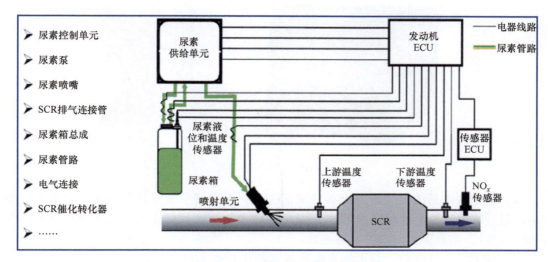

图 4-24 SCR 系统组成

1）尿素泵：尿素系统的控制系统。

2）尿素喷嘴：排气管处的尿素喷射单元，喷射尿素。

3）尿素箱：储存尿素溶液的容器。

4）尾气处理器（EGP）：是 SCR 系统的主要元件，是一个体式的催化还原及消声装置；在 EGP 内有三个串联、独立的单元，分别是氨扩散器、催化器和消声装置。氨扩散器将氨均匀分散在催化器表面上，催化器进行 NO_x 转换的化学过程，消声装置降低排气噪声。为了使尾气能够充分地发生还原反应，在发动机工作时 EGP 内部的温度应保持≥200℃，否则应用保温材料包裹排气管路和后处理器。

5）尿素管路：连接尿素箱、尿素泵、尿素喷嘴等以供尿素在系统内部流动的管路。

6）排气温度传感器：在排气处理器（EGP）上装有排气温度传感器（热敏电阻），用于监测催化器砖进出口温度。

7）氮氧化合物（NO_x）传感器：其作用是测量 NO_x 的排放，一般位于排气系统催化器的出口端。NO_x 传感器体与 NO_x 控制模块连在一起，是一个单独的部件，不可分别更换。

8）尿素溶液：是 SCR 系统进行化学反应的催化剂。尿素溶液只能在发动机停止工作时进行加注，另外考虑到尿素溶液的膨胀性，不能完全加满，必须保留尿素箱有效容积 10% 的空间。

3. 后处理系统装配工艺

（1）装配尾气后处理器　后处理器支架的安装：后处理器安装支架装配到车架纵梁外侧，应注意前后支架间距。前、后连接支架提前分装在后处理器总成上。

后处理器总成采用吊装形式安装，需要专用吊点和吊具。吊装时，吊取后处理器分装总成至安装支架上方超过 20mm，方可垂直落下，待前后连接支架与前后安装支架底部分别接合后，再压装前后压盖，即可完成后处理器总成的安装。注意总成吊装时不得与周围零件相碰（尤其是集成式后板簧支架）。后处理器装配如图 4-25 所示。

图 4-25　后处理器装配

（2）装配尿素系统　尿素箱分装总成的安装：尿素箱分装总成垂直装配在车架外侧，加注口附近应无遮挡，确保尿素加注方便（针对带有侧防护的车型，应先将侧防护旋转，再进行加注）。尿素箱装配如图 4-26 所示。

（3）尿素箱水管安装　与水阀连接的尿素箱水管必须按照电磁水阀上标注的流动方向装配，热水先经过尿素箱，后进入水阀，避免水阀接反造成常温下对尿素箱持续加热。尿素系统所有管路折弯处应圆弧过渡，避免管路折扁造成管路堵塞。

（4）尿素溶液喷射系统　在安装管线前，各连接口处的密封堵盖不允许拆除；喷射系统管路不应与其他零部件干涉，管路走向平顺，不允许打折；各管路接头应接插到位，防止虚接导致漏液；管路的材料应耐尿素腐蚀，可选 ST304、PTFE、PFA、VITON、EPDM；所有管路应按软管连接装配图正确安装；尿素喷射管应在尿素泵喷射口外 200mm 内进行一个节点的捆扎。

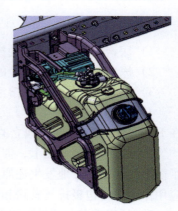

图 4-26　尿素箱装配

（5）尿素溶液加注　尿素箱中只能加注符合 GB 29518 要求的尿素溶液（AUS 32），不允许加注燃油、水或其他混合物。尿素溶液只能在发动机停止工作时进行加注，并且考虑到尿素溶液的膨胀性，加注量不得超过尿素箱的额定容积；手动加注尿素溶液时应避免尿素外溢，尿素溶液如飞溅在零件表面应及时擦拭干净，防止腐蚀。

六、制动系统装配与调整

重型载货汽车制动系统采用双回路气制动系统，是目前中、重型汽车较先进的典型结构系统。制动系统包括：双回路制动的主制动系统、弹簧储能放气驻车制动（兼应急制动系统）以及排气制动辅助制动系统。

1. 制动系统的组成

所谓双回路气制动系统，是指将前桥与中/后桥分成既相互关联又相互独立的两个回路，当其中一个回路出现故障时，不影响另一个回路的正常工作，以确保制动的可靠性。

空气压缩机压缩的空气经过空气干燥器通向四回路保护阀，从而使全车气路分成既相互关联又相互独立的四个回路。

（1）前桥制动回路　通过四回路保护阀向前制动储气筒充气，再由储气筒通向主制动阀口。当踩下制动踏板时，主制动阀打开，空气通向前制动气室。制动中制动气室的气压与主制动阀踏板行程成正比。

（2）中/后桥制动回路　由四回路保护阀向中/后制动储气筒充气，再由储气筒向主制动阀供气，经主制动阀通向主制动继动阀。继动阀由储气筒直接供气，当主制动阀动作时，继动阀打开后分别向中/后桥主制动气室提供与制动踏板行程成比例的制动气压。继动阀的作用是缩短制动反应时间，起"快充"和"快放"的作用。中/后桥制动气室是行车制动与驻车制动为一体的复合式气室。双针气压表连接在前、中/后桥制动储气筒之间，因而它分别指示两个储气筒的气压值。

（3）驻车制动回路　其四回路保护阀一路通向驻车制动储气筒，一路为驻车制动阀和为应急制动继动阀供气。驻车制动阀控制继动阀，在驻车制动时，继动阀的控制气压通过驻车制动阀排空，中/后桥驻车制动气室的空气通过继动阀放空，气室弹簧迫使活塞和顶杆伸出产生制动作用，制动强度的大小取决于储能弹簧的预紧力。当驻车制动阀置于"行驶"位置时，驻车制动阀给双腔继动阀一个控制气压从而打开双腔继动阀，由储气筒直接提供的压缩空气快速进入中/后桥驻车制动气室，压缩空气达到一定压力即可克服弹簧力将活塞连同顶杆完全顶回，从而解除制动。

对于牵引车而言，在主车上还安装有双管路挂车制动控制阀，它们都是由驻车制动储气筒提供充气与制动气压。

（4）辅助用气回路　凡是与制动无关的用气系统均接至辅助用气回路。

1）轮间差速锁电磁阀接通后，中桥和后桥差速工作气缸进行通气动作，差速锁挂档实现闭锁。

2）桥间差速锁电磁阀接通时，桥间差速锁工作气缸进行通气工作，实现桥间差速闭锁。

3）当驾驶员踩下熄火器开关时，熄火工作缸将发动机排气管关闭，断油工作缸将喷油泵断油，从而使行驶的汽车产生排气制动、使停驶的汽车熄火。

4）通过作用气喇叭开关使气喇叭电磁阀工作，实现气喇叭的工作。

5）对于自卸车，其有取力器挂档电磁阀，当其接通之后，工作缸通气，取力器挂档，自卸车动力被接通。

2. 制动系统主要部件结构

（1）空气压缩机　空气压缩机的用途：压缩空气，为整车的气路系统提供工作能量，如图 4-27 所示。

（2）空气干燥罐　空气干燥罐的用途：对来自空气压缩机的压缩空气进行吸附干燥，限制整车回路的最高气压，如图 4-28 所示。

图 4-27　空气压缩机

图 4-28　空气干燥罐

（3）四回路保护阀　四回路保护阀是一种保护装置，其将整车气路分为四个回路，当某一回路失效时，能保证其余回路有一定的安全气压，如图 4-29 所示。

（4）空气处理单元　空气处理单元的用途：将空气干燥器与四回路保护阀集成到一起，具有空气干燥器和四回路保护阀的所有功能，如图 4-30 所示。

图 4-29　四回路保护阀

图 4-30　空气处理单元

（5）制动阀　制动阀的用途：用于双回路制动系统，前后回路独立，是行车制动的控制装置，如图 4-31 所示。

（6）手制动阀　手制动阀的用途：控制主车的驻车制动和挂车的行车制动，是一种应急制动。

（7）独立挂车制动阀　独立挂车制动阀的用途：单独控制挂车的行车制动。

（8）膜片制动气室　膜片制动气室的用途：为行车制动提供制动力，一般用于转向轴（桥），如图 4-32 所示。

（9）复合制动气室　复合制动气室的用途：为车轮提供制动力，用于行车制动、驻车制动和应急制动，如图 4-33 所示。

（10）继动阀　继动阀的用途：快速充气和快速放气，一般用于行车制动和驻车制动，如图 4-34 所示。

（11）差动式继动阀　差动式继动阀的用途与继动阀的功能相似，可以快速充气和快速放气，能够防止驻车制动与行车制动同时起作用，损坏桥上的制动机构，一般用于驻车回路。

图 4-31 制动阀

图 4-32 膜片制动气室

图 4-33 复合制动气室

图 4-34 继动阀

（12）挂车控制阀 挂车控制阀的用途

1）连接在主车的驻车回路系统中，给挂车充气。

2）将主车的制动信号传递给挂车，使挂车与驻车同时制动，或使挂车略早于主车制动。

（13）差速锁工作缸 差速锁工作缸的用途：用来锁止驱动桥的差速器，将来自输入端的动力平均分配到驱动桥左、右两个车轮上，如图 4-35 所示。

（14）限压阀 限压阀的用途：串接在气路系统中，用于限制限压阀下游气路的最高气压，如图 4-36 所示。

（15）ABS 电磁阀 ABS 电磁阀用在行车制动系统中，用于在制动时调节制动气室压力，防止车轮因压力过大而抱死，以优化整车的制动性能，如图 4-37 所示。

（16）离合器助力缸 离合器助力缸是一种液压操纵气压助力的离合器执行机构，用来操纵离合器的接合或分离，如图 4-38 所示。

（17）空档位置气缸 空档位置气缸的用途：给变速器副箱增加一个空档位置，以保证由副箱中间轴取力的取力器具备停车取力功能。

图 4-35　差速锁工作缸

图 4-36　限压阀

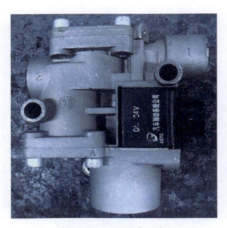

图 4-37　ABS 电磁阀

图 4-38　离合器助力缸

（18）QH50 取力器　QH50 取力器是一个动力输出装置，用于给上部装载装置（货箱）提供一个动力源。

（19）气压开关　气压开关安装在气路系统中，将气压信号转化为电信号，控制对应电器元件产生相应的光电警示信号。

（20）溢流阀　溢流阀可以串接在一个回路中，以保证当溢流阀下游的用气回路失效或用气量过大时，溢流阀上游的用气回路能够保留有足够的安全气压；也可以跨接到两个回路里，在一定条件下由一个回路向另一个回路充气。

（21）单向阀　单向阀一般串接在一个回路中，使回路中的气只能从单向阀上游流向单向阀下游，而下游的气不会回流，以保证下游回路的气压不受上游回路气压的影响。

（22）电磁阀　电磁阀是一种电控气路开关，一般用在辅助气路中，用来控制轴间差速锁工作缸、轮间差速锁工作缸、发动机的排气制动以及取力器操纵等。

七、空气悬架的装配与调整

1. 悬架系统介绍

汽车悬架是车架与车桥之间的一切传力连接装置的总称。

悬架的功用是把路面作用于车轮上的垂直反力、纵向反力（牵引力和制动力）和侧向反力以及这些反力所造成的力矩都传递到车架上，以保证汽车正常行驶。

（1）悬架的组成　悬架主要由弹性元件、减振器和导向机构组成。

（2）悬架的分类　悬架分为非独立悬架和独立悬架。

非独立悬架的特点是两侧车轮安装于整体式车桥上，当一侧车轮受到冲击力时会直接影响到另一侧车轮上，当车轮上下跳动时定位参数变化小。若采用钢板弹簧作为弹性元件，它可兼起导向作用，使结构大为简化，降低成本。目前非独立悬架广泛应用于货车和大客车上，也用于有些轿车后悬架。

根据弹性元件的不同，重型载货汽车常用的悬架系统分为钢板弹簧式非独立悬架和空气弹簧非独立悬架。

1）钢板弹簧式非独立悬架：钢板弹簧被用作非独立悬架的弹性元件，由于它兼起导向机构的作用，使得悬架系统大为简化。钢板弹簧式悬架又分为整体式平衡轴悬架和断开式平衡轴悬架。

① 整体式平衡轴悬架采用贯通式平衡轴，其优点在于承载能力强，适应较多工况，特别是比较恶劣的路况，如工地、矿区等，但自身重量大，减振效果差，一般应用在工程、重载牵引等车型上。

② 断开式平衡轴悬架采用中间断开式平衡轴，其优点在于重量轻，承载能力适中，适用于公路标载运输，但减振效果差，一般应用在公路标载牵引车型上。

2）空气弹簧非独立悬架：路面较好时，可降低车身，提高车速；路面条件不好时，可提高车身，增大通过能力。空气弹簧悬架又分为全气囊空气悬架和复合空气悬架。

① 全气囊空气悬架采用全气囊的结构方式，其优点是减振效果好，自身重量轻，但成本较高，一般应用在高端公路牵引、载货等车型上。

② 复合空气悬架采用板簧加气囊的结构方式，其优点是重量轻，减振效果较好，可选装提升轴，有效地降低整车油耗。该类悬架主要应用在高端公路牵引、载货等车型上。

2. 空气弹簧悬架

空气弹簧悬架系统组成：空气弹簧、气囊托架、减振器、稳定杆、推力杆等。

空气弹簧悬架的特点是使用空气弹簧结构作为弹性元件代替钢板弹簧。空气弹簧只能承受垂直载荷，需要增加推力杆传递纵向力、侧向力及力矩。

结构原理及应用：空气弹簧以空气作为介质，即在一密闭的容器内装入压缩空气（气压为 0.5~1MPa），利用气体的压缩弹性实现弹簧的作用。随着载荷的增加，空气弹簧容器内的压缩空气压力升高，其刚度随之增加；当载荷减少时，其刚度也随空气压力的降低而下降，因而这种弹簧具有较好的变刚度特性。空气弹簧分为囊式和膜式，重型载货汽车多采用膜式空气悬架。空气弹簧可以控制弹簧的伸缩，调节负荷的承载能力，容易实现悬架高度的控制，且偏频小。目前空气悬架以八气囊、四气囊的结构为主，主要用于标载轻量化牵引车、载货车等。

3. 悬架系统工艺方案

（1）整体式平衡轴悬架工艺方案　整体式平衡轴悬架如图 4-39 所示。

1）贯通式平衡轴先进行分装，将钢板弹簧、U 形螺栓、平衡轴壳等组成平衡轴分装总成。

2）将平衡轴分装总成吊装到车架上，与车架进行连接。

3）装配上下推力杆，将上推力杆连接到车架横梁上，下推力杆连接到平衡轴座上。

4）吊装中后桥，将推力杆与桥进行连接，将钢板弹簧装配到位。

注意：推力杆连接部位为整车关键部位，装配螺栓拧紧过程须严格按照工艺要求进行控制。

（2）断开式平衡轴悬架工艺方案　断开式平衡轴悬架如图 4-40 所示。

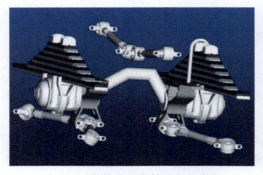
图 4-39　整体式平衡轴悬架示意图

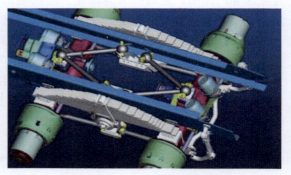
图 4-40　断开式平衡轴悬架示意图

1）将平衡轴座装配到车架上。

2）将板簧吊装到平衡轴座上，用 U 形螺栓固定。

3）装配推力杆，将上推力杆连接到车架横梁上，下推力杆连接到平衡轴座上。

4）吊装中后桥，将推力杆与桥进行连接，将钢板弹簧装配到位。

注意：推力杆连接部位为整车关键部位，装配螺栓拧紧过程须严格按照工艺要求进行控制。

（3）复合空气悬架工艺方案　复合空气悬架如图 4-41 所示。

1）将板簧支架安装到车架上。

2）安装横向推力杆总成。

3）将气囊空气弹簧、板簧与中/后桥分装，形成分装总成。

4）吊装中后桥，连接板簧与支架，连接空气弹簧与车架。

（4）全气囊空气悬架工艺方案　全气囊空气悬架如图 4-42 所示。

图 4-41　复合空气悬架示意图

图 4-42　全气囊空气悬架示意图

1）装配导向臂支架和推力杆支架。

2）装配推力杆总成。

3）装配导向臂总成。

4）将气囊空气弹簧与中/后桥分装，形成分装总成。

5）吊装中后桥，连接空气弹簧与车架。

6）装配高度传感器。

7）ECAS 系统标定。

八、换档操纵系统装配与调整

1. 操纵系统要求

1）变速器各档位应有效，不能出现挂不上档的现象。

2）在行驶中，变速器各档位应工作可靠，操作轻便，并不得出现有异响、脱档、乱档现象。

3）位于空档位置时，变速杆应基本处于中间状态，不应出现前后或左右严重歪斜。换档时过程中，不应出现变速杆与周围零部件干涉现象。

2. 操纵系统结构

商用车常用变速器操纵可分为 AMT 与手动操纵两种，其中手动操纵主要分为刚性杆操纵和软轴操纵两种。刚性杆操纵系统有伸缩拉杆操纵和硬杆操纵。

（1）伸缩拉杆操纵系统　伸缩拉杆操纵系统具有密封性好（操纵器在驾驶室地板换档孔上固定）、换档轻便、可靠性高的优点。伸缩拉杆操纵系统如图 4-43 所示。

（2）硬杆操纵系统　硬杆操纵系统的换档杆支座固定在发动机上，减轻了车架振动对操纵机构的影响，能够显著改善变速器脱档、掉档现象。硬杆操纵系统如图 4-44 所示。

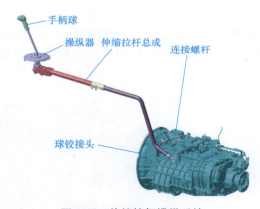

图 4-43　伸缩拉杆操纵系统

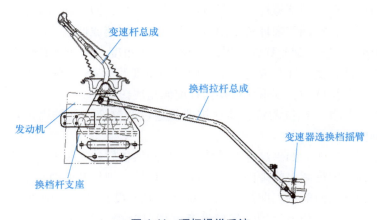

图 4-44　硬杆操纵系统

（3）软轴操纵　软轴操纵机构与刚性杆操纵相比，具有运动环节少、结构简单、操纵灵活等优点。而且由于软轴自身的柔性，在布置中能有效地避免与其他系统干涉。

（4）AMT操纵　AMT操纵系统分为AMT换档器底座和AMT换档器面板两部分，其中AMT换档器底座装配位置与软轴操纵系统操纵器装配位置一致，底座应先于面板装配，换档器底座底部插接件需与整车线束对插。

AMT换档器面板装配时应确保面板上插接器与底座插接器对插可靠，面板卡接到仪表台时需避免用力过大导致卡扣或面板损坏。AMT操纵如图4-45所示。

图 4-45　AMT 操纵

3. 操纵系统调整

（1）硬杆操纵调整

1）档位调整：前后排档位通过调整换档拉杆球铰接头长度，高低档位通过调整横向螺杆长度。

换档拉杆式操作调整方法：如果没有前排档，松开调整螺杆与换档拉杆连接螺母，将换档拉杆球头销长度调长，即可调出前排档；如果没有后排档，松开调整螺杆与换档拉杆连接螺母，将换档拉杆球头销长度调短，即可调出后排档，如图4-46所示。

图 4-46　换档拉杆调整

如果没有高档，松开调整螺杆，将调整螺杆长度调长，即可调出高档；如果没有倒档或低档，松开调整螺杆，将调整螺杆长度调短，即可调出倒档或低档。

2）档位调整完成后，翻起驾驶室观察变速杆前倾角度。为防止翻转驾驶室时驾驶室底板与变速杆总成干涉，变速杆总成与水平方向之间角度约为45°。如不能保证前倾角度，则须拆下换挡拉杆调节拉杆的长度来保证换档杆前倾角度。

（2）软轴操纵调整　档位调整：前后排档位通过调整换档软轴固定长度，高低档位通过调整选挡软轴固定长度。

软轴式操作调整方法：如果没有前排档，则松开换档软轴支架上的两个固定螺栓，将换档软轴支架向后调，即可调出前排档；如果没有后排档，则松开换档软轴支架上的两个固定螺栓，将换档软轴支架向前调，即可调出后排档。如果没有高档，则松开选挡软轴U形卡子，将软轴向后调，即可调出高档；如果没有倒档或低档，则松开选挡软轴U形卡子，将软轴向前调，即可调出倒档或低档，软轴调整如图4-47所示。

图 4-47 软轴调整

九、转向系统装配与调整

1. 重型汽车对动力转向系统的要求

汽车转向系统是用来保持或者改变汽车行驶方向的机构。在汽车转向行驶时，还要保证各转向轮之间有协调的转角关系。驾驶员通过操纵转向系统，使汽车保持在直线或转弯运动状态，或者使上述两种运动状态相互转换。

重型汽车转向阻力较大，因此往往在原有的机械转向系统上加装一套转向助力系统，从而减小驾驶员的转向力矩达到转向灵活轻便的目的。重型汽车的转向助力系统往往借助汽车本身的装置提供动力，因此统称为动力转向系统。重型汽车在加装转向助力系统之后，必须只起助力作用而不改变原转向机构的特性，同时对动力转向系统还有如下要求。

（1）确保转向安全可靠 所谓"安全可靠"，一方面指转向系统工作可靠，汽车行驶安全；另一方面指当转向助力装置突然失效时，转向系统必须仍然保证汽车安全可靠地行驶。

（2）转向灵敏，操作轻便 重型汽车一般要求行驶时转向盘转动速度能达到60r/min，转向盘上的操纵力一般为4.9~19.6N，最大不超过49N。

（3）保持正常直线行驶和转向自动回正 汽车的这一特性是由前轮定位参数决定的（主要是前轮主销内倾和主销后倾），加装转向助力系统后，助力系统不应破坏上述特性。

（4）保持路感 路面阻力的变化以及转向阻力通过转向机构反映给驾驶员称为"路感"。一般机械式的转向系统可将道路情况和转向阻力变化情况直接反映给驾驶员。

（5）随动作用 助力只有在转向操作时起作用，一旦转向操作停止，助力作用就随之停止，这种特性被称为转向系统的随动性。

2. 重型汽车动力转向系统的结构

重型汽车转向系统由两部分组成：转向机械部分和转向助力部分。转向机械部分由转向盘、转向器、转向摇臂、转向横、直拉杆和转向节等组成。转向助力系统由动力源（包括助力油泵、安全阀、流量控制阀）、操纵装置（包括安装在转向机内的方向控制阀、定心装置）、执行机构（转向机内的油缸）和辅助装置（包括储油罐、滤清器和管线）等组成。

（1）转向操纵机构的结构及特点　转向操纵机构包括转向盘、转向管住、转向管柱支架、转向传动轴、万向节等，如图 4-48 所示。转向操纵机构布置在驾驶室内部，与驾驶室仪表板和驾驶室地板固定在一起。

（2）转向传动机构　转向传动机构主要包括转向器、转向器支架、转向摇臂、转向拉杆等，双前轴车还包括二轴助力油缸及中间摇臂、中间拉杆等。转向器是转向系统中最重要的部件，转向器的功用主要是根据转向轴（桥）转向阻力矩的大小，选择转向器的输出力矩等参数。转向传动机构如图 4-49 所示。

（3）转向助力机构　转向助力机构主要包括转向油泵、转向油罐及管路。转向油泵为转向助力提供动力，转向助力机构如图 4-50 所示。

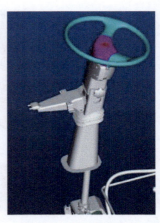

图 4-48　转向操纵机构

图 4-49　转向传动机构

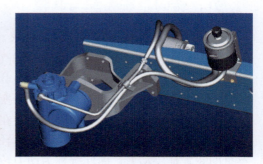

图 4-50　转向助力机构

3. 转向器的分装与装配工艺分析

（1）装配方法（图 4-51）

1）先检查要吊装的转向器总成，确保转向器表面无损伤、磕碰，工艺防尘堵盖完整。检查无误后用吊具将转向器总成吊放到转向器分装台上，然后用夹具将转向器固定牢靠。

2）将转向摇臂轴和转向摇臂花键部分的灰尘、油污清理干净。

3）将转向摇臂放置在转向器的轴头上，使得摇臂和轴头上的刻线对齐。装配螺母并按照规定力矩拧紧。

4）装配螺母锁边。

5）将转向器分装到转向器支架上，按照规定力矩拧紧螺栓。

6）检测拧紧力矩。

（2）转向器分装时注意事项

1）摇臂与转向器输出轴的标记要对齐。

2）按规定力矩拧紧转向摇臂固定螺母。

3）在拧紧螺母的过程中，为了防止摇臂旋转的角度超出转向器转向限位器的初始角

图 4-51　转向器分装

度，摇臂应有限位装置。

4）按照作业指导书所述的方式将螺母锁紧。

5）拆摇臂时，应采用专用工具，不允许用敲打的方法，否则将造成转向器内部的损坏。

4. 转向油加注与检查

（1）检查油罐内液压油面的高度　首先清洁油罐及其周围，以防止污物混入。检查时应注意游标尺上的刻度。发动机未运行时油位须达到油尺的上刻度。发动机工作时，油位应在油尺的上下刻度之间。当发动机停转时，油位会上升1~2cm。如油位上升超过2cm，则转向系统必须排气。

（2）液压油更换　新车在运行一定里程后需要更换液压油，同时清洗油罐中的滤芯，以后每运行规定里程需要更换液压油，同时更换滤芯，放出的油不能再用。

换油时，注意保持清洁，防止脏物和异物进入油路系统。

（3）放油规范

1）顶起前轴，松开转向器上的进油管和回油管。

2）起动发动机短时运转（最多不超过10s），将油从油泵及油罐中吸出。

3）排出的油用容器接好。

4）重新接好回油管和进油管。

5）打开转向器底部的回油口螺栓。

6）反复转动转向盘，直至无油排出。

注意：转向器内仍会有部分残留油液，当由于油品的原因须完全排出转向器内的油时，须将转向器从车上拆下，送服务中心进行分解大修。

（4）保持液压油清洁　每月检查一次油面高度，检查液压油清洁度。

（5）转动部件检查　每次检查时应检查各转动部件的间隙，如转向横、直拉杆接头。如间隙过大，应更换新件。

十、燃油系统装配与调整

1. 燃油系统简介

柴油机燃油系统包括发动机（喷油泵、喷油器、调速器、输油泵和燃油滤清器）、燃油箱（包括油量传感器）、油水分离器（初级滤清器）、低压油管等，其组成如图4-52所示。

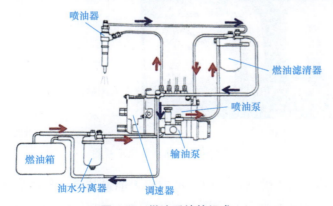

图4-52　燃油系统的组成

汽车燃油系统的功用有：

1）净化燃油，并有规律地将燃油喷入燃烧室（高压部分）。

2）控制喷油系统与气缸工作保持一致（高压部分）。

3）随柴油机的负荷变化自动调节燃油供给量（高压部分）。

4）向发动机输送充足的燃料（低压部分）。

2. 燃油系统部件及原理介绍

（1）燃油箱　固定于车架纵梁上，用于存储燃油的独立箱体总成。燃油箱存储车辆行驶所需的足够油液，散发系统工作时产生的一部分热量，并分离油箱中气体及沉淀物。

目前重型汽车使用的燃油箱，按材质可分为铁质燃油箱和铝合金燃油箱，如图4-53所示。铁质燃油箱的优点：制造工艺简单，材料成本低，强度较高，损坏后易于修复；缺点：表面需做喷涂处理防止表面锈蚀，清洁度较低。铝合金燃油箱：清洁度高，质量轻，强度高，耐腐蚀性好，外表美观，制造环保。

图4-53　不同材料燃油箱

根据车型的不同，油箱的容积也不同，主要有200L、300L、380L、400L、500L、550L、600L、700L等。

为了提高车辆的续驶里程，需要增加整车的储油量，可以配备两个或两个以上的燃油箱组合，按连接形式可分为串联、并联和串并混联，一般以两个燃油箱连接应用较为广泛。串联：两个燃油箱在底部放油口处用油管连接（图4-54a）；并联：常用于可靠性要求较高的车型，每个燃油箱均有可以单独向发动机供油的回路，油路均在油量传感器处连接，到换向阀处汇合后接到发动机进回油口，如图4-54b所示。

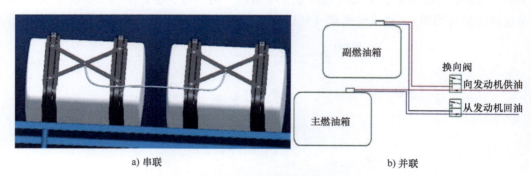

a) 串联　　　　　　　　　　　　　　　　　b) 并联

图4-54　燃油箱连接示意图

（2）油量传感器　装于燃油箱，向油量表输入油量信号，是燃油系统的吸油盘，控制燃油箱的气压平衡。油量传感应器主要包括安装座（包括出油口、呼吸阀通气口和信号线）、吸油管、滤网和线路板等，如图4-55所示。

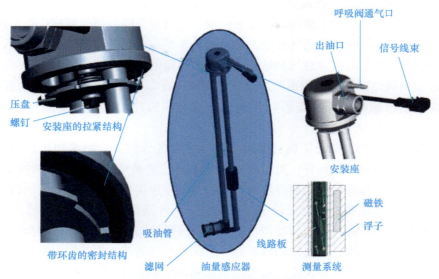

图 4-55　油量传感器结构示意图

（3）初级过滤器　用来滤去柴油中存在的水分和机械杂质等残留物。根据车型及配置的不同，初级过滤器主要有水寒宝、油水分离器和除水放心滤。

1）水寒宝：燃油水寒宝集电动泵油、加热除蜡、除水滤清功能于一体。

2）油水分离器：过滤燃油中的水及较大微粒杂质，手动排气泵油。

3）除水放心滤：过滤燃油中的水及较大微粒杂质，手动排气泵油。

油水分离器和除水放心滤不带电加热功能，不带自动泵油功能。

（4）低压油管　也称燃油管，用于连接燃油箱、初级过滤器和发动机。陕汽重型货车现有燃油管的材质形式有橡胶管和钢管等，根据功能要求的不同，可分为普通橡胶油管和电加热油管。

3. 燃油加热原理介绍

我国幅员辽阔，进入冬季之后，各地气温差别很大。低温环境给柴油发动机的起动造成很大困难，需要对发动机进行预热，对燃油进行加热。发动机预热靠燃油加热器从油箱吸取柴油到燃油加热器燃烧，利用释放的热量加热发动机冷却液，通过冷却液把热量传递到发动机缸套，进而预热柴油发动机燃烧室，保证柴油的顺利压燃。在吸取柴油时，若遇到低温环境中油箱及进油油路中燃油流动性差的情况，则需要对此两处的燃油进行加热。为保证燃油顺利地进入发动机，供油管路需增加电加热油管——用于加热油管中的燃油、电加热油量感应器——用于加热油箱中的燃油、精细滤器加热套——用于加热发动机本体自带的精细滤器处的燃油。

4. 燃油系统装配注意事项

装配燃油系统时，首先需要选取满足设计要求的零部件，按照不同车型燃油系统部件布局及工艺要求正确装配。

（1）燃油箱　选取正确的燃油箱支架、燃油箱、紧固带等相关零部件，根据油箱左置、右置的不同要求，在车架上量取正确的位置尺寸，装配燃油箱支架；调整燃油箱在油箱支架前后的位置，要求紧固带必须盖住油箱上表面的压槽。

（2）装配油量传感器　选取正确的油量传感器，去掉橡胶堵盖，将其插入油箱对应的传感器口，用合适的工具或工装拧紧油量感应器，将密封胶圈装到油量感应器中间孔内，燃油箱通气管插入油量传感器的通气孔中。燃油加热车型、双腔燃油箱及双燃油箱，需装配电加热油量传感器。装配时应注意该油量传感器在燃油箱的装配位置。

（3）装配初级过滤器　选取正确的过滤器支架，在车架量取正确的装配位置予以装配，将过滤器装配于过滤器支架，安装时调整过滤器与周边件的位置，使其不与周边件磨碰干涉。

（4）装配低压油管　选择正确的燃油管路，注意区分是否为燃油加热车型。燃油进回油管一般为普通橡胶软管或钢管，对于燃油加热车型，发动机进油管装配两件电加热油管：一件连接电加热油量传感器与电加热燃油初滤器；一件连接燃油初滤器与发动机进油口。对于双腔燃油箱或双燃油箱，装配三件电加热油管：一件连接电加热油量传感器与燃油换向阀；一件连接燃油换向阀与燃油初滤器；另一件连接燃油初滤器与发动机进油口。燃油管路接头分为快插和螺纹连接，根据发动机及燃油系统零部件的接头连接形式进行选择。燃油管路的铺设及走向按照工艺作业文件，需将燃油管路固定捆扎牢靠，避免与周边件磨碰干涉，应远离热源。

（5）其他零部件的装配

1）燃油换向阀：双腔燃油箱或双燃油箱配置有燃油换向阀，须严格按照工艺文件装配在车架纵梁的正确位置。

2）油管支架：用于固定燃油管路，装配时应根据工艺作业文件，正确选取支架并量取装配位置。铺设燃油管路后，将管路牢靠地捆扎固定在油管支架上。

3）精细滤器加热套：燃油加热车型在发动机本体自带的精细滤器上缠绕装配精细滤器加热套，用于加热该处的燃油。

第三节　油液加注

一、油液加注种类及方法

汽车油液的加注包括防冻液、发动机机油、桥齿轮油、变速器齿轮油、燃油、空调制冷剂、尿素水溶液、离合器制动液和动力转向液等。加注油液通常采用负压真空加注设备或正压加注设备，采用定量加注的方式。目前在汽车总装配单元，常用的油液加注设备有正压加注机：齿轮油加注机用于变速器润滑油、后桥润滑油的加注作业；机油加注机用于发动机机油加注；尿素加注机用于车辆尿素加注；洗涤液加注机用于车辆洗涤液加注；燃油加注机用于车辆燃油加注。负压加注机：制冷剂真空加注机用于车辆制冷剂加注；转向液真空加注机，用于车辆转向液加注；防冻液真空加注机用于车辆防冻液加注。

1. 正压加注机的结构功能及工作原理

将需要加注的油液利用正向压力将其直接加注至承装的罐体内的过程被称为正压加注。

（1）齿轮油加注机加注及控制过程　进入系统设计加注量参数，单击加注按钮，相应的控制阀打开，加注泵通气开始加注作业，当达到设定加注量时，控制阀关闭，加注完成。

加注作业中，如果设备储液箱内的油液温度低于加注机正常作业要求时，可以打开加热功能，以控制油液温度。

（2）尿素加注机加注及控制过程　进入系统设计加注参数，单击面板加注按钮或枪头加注按钮，枪控制阀打开，加注泵通气开始加注，当达到设定加注量时，泵停止工作，控制阀关闭，加注完成。

（3）燃油加注机加注及控制过程　进入系统设计加注参数，提起油枪，加注泵开始作业，将加注枪放置在车辆油箱口，用手按下加油枪，控制阀打开，油液开始加注。当加注完成时，控制阀关闭，挂起油枪，加注泵停止作业。

2. 负压加注机的结构功能及工作原理

先将承装油液的罐体利用真空泵进行抽真空，使罐体变为负压状态，然后再给需要加注的油液一定的正向压力将其直接加注至承装的罐体内的过程被称为负压加注。

（1）制冷剂真空加注机加注及控制过程　进入系统设计加注参数，进入待机加注界面，加注开始，加注机抽真空系统开始工作，达到设定真空度后进入加注作业，加注阀打开，流量计用来检测加注量，当加注量到达设定值时，加注阀与枪加注阀同时关闭，停止加注作业。加注完成。

（2）转向液真空加注机加注及控制过程　进入系统设计加注参数，进入待机加注界面，加注开始，加注机抽真空系统开始工作：首先进行一次抽真空作业，加注机对车辆空调系统进行抽真空，达到设定真空度后进入加注作业，加注阀、加注泵、枪加注阀同时打开，流量计检测加注量达到加注要求时，关闭加注阀、加注泵及枪加注阀。加注完成。

二、油液加注工艺规范

1）加注各种润滑油、液压油、冷却液等液体时，应细心操作，尽量不要外漏，当确实无法避免时，应当用容器接收，以保持作业现场清洁。

2）油液加注后需进行查油作业。液面应符合产品设计要求。如发动机机油液面应位于发动机机油尺上、下刻线之间；转向油液面应位于观察孔或者不超过油尺上刻线；防冻液液面应以不超过膨胀箱上刻线为准；离合器制动液应以不超过储液罐上刻线为准；桥齿轮油液面应以查油口检查结果为准等。避免油液加注过量或不足造成产品损坏。

3）所有油液加注口的堵塞必须按照规定拧紧力矩要求进行控制和检测，确保不渗漏和能够拆卸。

第四节　底盘密封结构装配

一、密封胶种类及使用规范

1. 密封胶的种类

汽车装配过程中常用的密封胶有：厌氧型螺纹锁固密封胶，主要用于汽车螺纹紧固件的密封；厌氧型管螺纹密封胶，用于气动管螺纹的密封；硅酮玻璃密封胶，用于缝隙之间的密封；氯丁橡胶胶粘剂；高强度聚氨酯结构胶；平面密封胶。

2. 密封胶使用规范

（1）表面处理　待装配零部件表面用干净的纤维织物擦拭干净，不允许表面残存有油和异物，纤维织物擦拭物应根据实际情况，按工艺要求定期更换。

（2）注意事项　各种牌号的密封剂、胶粘剂、锁固剂都含有溶剂，易挥发，因此用完后一定要盖严，否则容易变质、失效，影响其性能。

（3）涂敷规范

1）涂螺纹锁固胶时，在距螺栓头部约5mm处将锁固胶均匀涂抹螺栓的螺纹部分，涂抹宽度约为螺纹直径的1.5倍，涂胶面应形成一个封闭的胶圈，再进行装配。螺纹涂胶如图4-56所示。

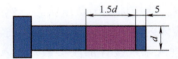 

图 4-56　螺纹涂胶示意图

2）给气管路及油管路接头涂密封剂时，应将胶液涂在密封锥面上，严禁将密封胶涂在连接螺纹或其他不能起到密封作用的部位表面，注意密封胶不得进入管腔，以防止堵塞管路。管接头涂胶如图4-57所示。

图 4-57　管接头涂胶示意图

3）涂平面密封剂时，用手动或气动挤胶枪，把直径为3～5mm的胶条涂抹在接合面上形成一个封闭的胶圈，把需要密封的部位圈起来，10min之内合拢装配，装配时被装配部件接合面不能平行错动。平面密封剂涂胶如图4-58所示。

二、卡箍种类及装配

卡箍是连接带沟槽的管件、阀门以及管路配件的一种连接装置，用在对快接头之间起紧箍作用，一般两个接头带有垫片、橡胶、硅胶和四氟。其性能良好，密封度高，安装简易。

图 4-58　平面密封剂涂胶示意图

1. 卡箍种类

汽车软管采用的卡箍主要有三种结构形式：①弹性卡箍，又称日式卡箍，采用优质锰钢精工制作，使用及拆卸方便简捷，收紧均匀，可反复使用；②单耳无极卡箍，又称单耳卡箍，一般为不锈钢材质，卡箍内圈无任何凸起及缝隙，不可反复使用；③蜗杆卡箍，又称喉箍，材质有铁镀锌和不锈钢两种，扭转力矩均衡，锁紧牢固、严密，调节范围大，可反复使用。常见的卡箍种类见表4-1。

表4-1 常见卡箍的种类

序号	卡箍名称	附图	特点
1	蜗杆传动式软管环箍		很小的自由力矩，高紧固密封效率，通用性高，广泛应用于汽车工业的油水气软管连接
2	带弹簧的T形卡箍		高极限力矩，可调节的紧固范围小，在重型货车的进排气和冷却系统上广泛使用
3	内衬式大美式喉箍	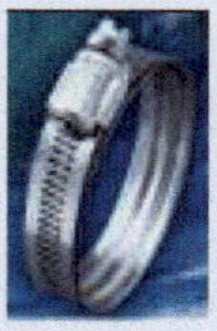	调节范围大，适用于车辆冷却加热系统
4	T形卡箍		箍带拉力强、扭力大，且能提供均匀的密封压力。典型的安装包括货车的进气、汽车冷却、排气系统的胶管等
5	钢带式弹性软管卡箍		采用优质锰钢精工制作，使用及拆卸方便简捷，收紧均匀，可反复使用
6	美式重型卡箍	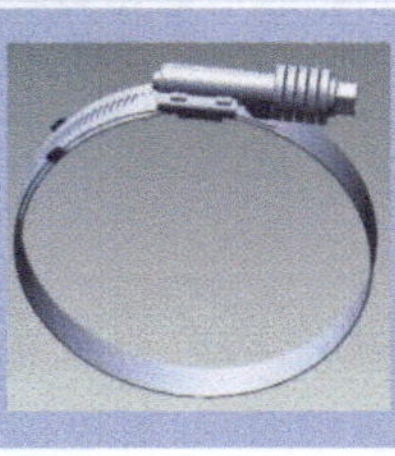	可调节紧固范围大，使用存在振动温度变化，特别是高温环境下的软管连接

2. 胶管卡箍装配要求

1）橡胶软管用卡箍与钢管连接时，卡箍应卡在钢管凸台（滚筋）的内侧，软管边缘距卡箍的距离应不少于 5mm，卡箍连接如图 4-59 所示。

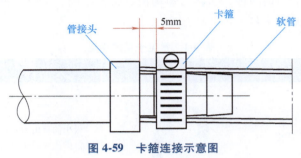

图 4-59　卡箍连接示意图

2）冷却系统的膨胀水箱、水管、暖风水管及各接头密封可靠，无渗漏。

3）中冷器进出气管应连接可靠，密封不漏气，橡胶软管过渡平顺，避免管路折扁现象。

4）装配排气管路时，应连接紧固，不得松动，各管接口不能出现缝隙，不能漏烟，挠性软管不得有扭曲现象。

5）冷却系胶管装配卡箍距胶管边沿 5~10mm。卡箍安装后，所在平面应与安装处的胶管轴线垂直，不能歪斜。

6）卡箍拧紧力矩严格按照要求进行过程控制。

三、水管、油管装配

1. 水管装配工艺要求

1）冷却系统各连接胶管处用卡箍可靠紧固，卡箍不得歪斜，注意卡箍应安装在钢管或中冷器（或散热器）口的直线段圆柱壁面上以保证密封可靠而不漏气，卡箍不允许安装在钢管端口的滚筋部位。冷却系管路如图 4-60 所示。

2）检查有插入深度限位要求的部件是否安装到位，即插入至限位处为止，或者与铝管接口处第二道凸台平齐。

3）除快插接头外，所有胶管卡箍装配应与标线平齐，若无标线，则卡箍安装后边缘距胶管边缘不小于 5mm。

4）卡箍装配后不应与周围零件干涉；卡箍的安装方向及排布应符合安装图纸要求。

5）水管装配后，应检查与发动机相关件无干涉现象，水管无打折现象。

图 4-60　冷却系管路

6）缓速器管路分装：缓速器管路需分装在动力总成上，严格按安装图完成装配。胶管插入深度以钢管上的标记线为准，重点保证钢管与变速器横梁之间的间隙。缓速器管路如图 4-61 所示。

7）冷却系水管、暖风系统水管及接头密封可靠，无渗漏。

8）尿素箱水管及尿素喷射管的安装：与水阀连接的尿素箱水管必须按照电磁水阀上标

注流动方向装配；热水先经过尿素箱，后进入水阀，避免水阀接反造成常温时对尿素箱持续加热；尿素系统所有管路折弯处应圆弧过渡，以避免管路折扁造成管路堵塞；尿素喷射管应在尿素泵喷射口外 200mm 内进行一个节点的捆扎。

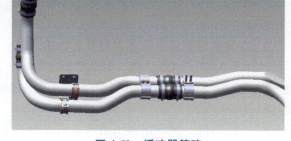

图 4-61　缓速器管路

2. 油管装配工艺要求

1）燃油管路走向要自然、顺畅，严禁油管打折，避免和其他管线缠绕。

2）在其他有可能对燃油管路产生磨损的部位，都要采取防磨保护措施。

3）燃油管路与接头装配时，应常温装配，严禁采用火烤、开水烫等加热方法装配。

4）针对燃油管路装配过程中必须保证燃油管距离热源有足够的安全距离（要求油管接口必须距离排气等热源部件表面距离大于 300mm，燃油管装配后若距离小于 300mm 必须加装隔热棉保护，加装隔热棉后必须大于 100mm）。

5）应尽可能避免将燃油管路接口布置在热源辐射区域，防止油液渗漏。

6）油管装配完成后必须对有高温部件区域进行严格检查，不得有干涉磨损，保证足够的间隙。

7）转向油管过梁时有磨损风险的部位应增加钢丝护簧，避免油管磨损引起的着火风险。

8）转向泵转向油管距排气管距离较近时、打气泵钢管与燃油管距离较近时，均应缠绕隔热护罩，且护罩应缠绕到位，避免高温炙烤造成油管破裂。

第五节　底盘关键工序装配

一、底盘空调、冷却系统装配

空调即空气调节器，是一种用于给空间区域（一般为密闭）提供处理空气的机组。它的功能是对封闭空间以及区域内空气的温度、湿度、洁净度和空气流速等参数进行调节，以满足人体舒适度的要求。

汽车空调是对汽车内空气的温度、湿度、流速、清洁度、噪声等参数进行调节，使之处在舒适的标准范围之内的技术，以改善驾驶员的工作条件和提高乘员的舒适性。而且汽车空调能极大地降低驾驶员的疲劳强度，从而降低交通事故的发生率。绝大多数现代轿车、轻型汽车、货车、客车等都安装有汽车空调，汽车越高级，空调性能越好。有了汽车空调，驾驶员才能全天舒适地进行长途运送，才能跨省、跨地区地进行长途客运、货运事业。

1. 汽车空调的工作特点

因为汽车空调要在汽车行驶过程中承受剧烈和频繁的振动和冲击，所以其各个零部件应有足够的强度和抗振能力，接头牢固并防漏；汽车的特点要求汽车空调结构紧凑，能在有限的空间进行安装，而且安装后也不会使汽车增重太多，影响其他性能；汽车为了减轻自重，隔热层较薄，但是门窗多，且一般都在野外工作，直接接受太阳的热辐射，因此汽车隔热性能差，热量流失严重，环境恶劣。这就要求汽车空调能迅速地降温，能在最短的时间里达到舒适的温度。

2. 空调系统的各个组成部分及其作用

汽车空调系统制冷装置一般主要由压缩机、冷凝器、储液干燥罐、热力膨胀阀、蒸发器及连接这些设备的管路组成。汽车空调系统制热装置一般主要由暖风装置芯体、鼓风机及连接这些设备的管路组成。

（1）压缩机　汽车空调压缩机是汽车制冷系统的心脏，其作用是维持制冷剂在制冷系统中的循环，吸入来自蒸发器的低温、低压制冷剂蒸气，压缩制冷剂蒸气使其压力和温度升高，并将制冷剂蒸气送往冷凝器，如图 4-62 所示。

（2）冷凝器　汽车空调冷凝器如图 4-63 所示，其作用是把压缩机排出的高温、高压制冷剂气体，通过冷凝器将热量散发到车外空气中，从而使高温、高压的制冷剂气体冷凝成温度较高的高压液体。

图 4-62　空调压缩机

图 4-63　空调冷凝器

（3）储液干燥罐　储液干燥罐是使从冷凝器中来的高压制冷剂液体经过滤、干燥后流向膨胀阀，如图 4-64 所示。其作用有四个：

1）存储多余制冷剂：存储液化后的高压液态制冷剂，根据制冷负荷的需要，随时供给蒸发器。同时还可补充制冷系统因微量渗漏的损失量。

2）干燥：干燥的目的是防止水分在制冷系统中造成冰堵和腐蚀制冷机中的金属元件。

3）过滤：防止制冷系统内的杂质堵塞热力膨胀阀。

4）液气分离：保证进入热力膨胀阀的一定是液态制冷剂。

（4）热力膨胀阀　热力膨胀阀是空调系统中重要的控制元件，可将来自冷凝器的高温高压的液态制冷剂降压节流成为容易蒸发的低温低压的雾状制冷剂进入蒸发器芯体中实现换热，并通过感温元件自动调节制冷剂流量，满足蒸发器制冷循环要求。其工作特性的好坏直接影响整个制冷系统能否正常工作。其主要作用是节流降压，节流就是在流体通道中，通道突然缩小，液体的压力便下降，如果此时产生气体，则总体积还要增大，这种变化只是状态的变化，与外界没有热和功的交换，因此流体的热量不变，这种状态变化称为节流。在空调制冷系统中，制冷剂在膨胀阀中的状态变化就是节流过程，由于节流，其压力有很大下降，出了膨胀阀后，流体通道突然扩大，部分液体将变成饱和蒸汽，这时的蒸发热是液体本身供给的，所以液体温度下降很大。

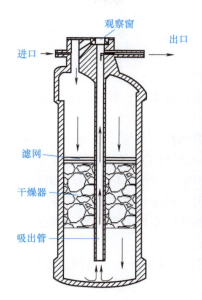

图 4-64 储液干燥罐

（5）蒸发器 空调蒸发器，如图 4-65 所示，它和冷凝器一样，也是一种热交换器，也称冷却器，是制冷循环中获得冷气的直接器件。其作用是让低温、低压液态制冷剂在其管道中吸热并蒸发，使蒸发器和周围空气的温度降低，从而在鼓风机的风力通过它时，能输出更多的冷气。

（6）暖风装置芯体 从散热器进来的热水经过暖风装置芯体，风机再将热风吹到车室内，达到取暖的目的，如图 4-66 所示。

图 4-65 空调蒸发器   图 4-66 暖风装置芯体

（7）鼓风机 鼓风机的功能将加热和制冷的空气送到驾驶室各部位，改变驾驶室的温度。

3. 空调的分类

（1）按驱动方式可分为非独立式空调和独立式空调

1）非独立式空调：空调压缩机由汽车发动机驱动，制冷性能受发动机工作的影响较大，稳定性差，多用于小型客车和轿车、货车上。其优点是结构简单，噪声小，便于安装布置；缺点是要消耗主发动机 10%～15% 的动力，降低主发动机后备功率，影响汽车的动力性。

2）独立式空调：就是主发动机驱动汽车前进，专门用一个副发动机带动压缩机运转。其优点是制冷与行驶互不影响，制冷量大，工作稳定，制冷效果好；缺点是结构复杂、成本高、噪声大、体积及重量大，布置难度大，主要装于大客车上，在豪华轿车上也有应用。

（2）按空调性能可分为单一功能型和冷暖一体式

1）单一功能型：将制冷、供暖、通风系统各自安装，单独操作，互不干涉，多用于大型客车和载货汽车上。

2）冷暖一体式：制冷、供暖、通风共用鼓风机和风道，在同一控制板上进行控制，工作时可分为冷暖风分别工作的组合式和冷暖风可同时工作的混合调温式。

（3）按控制方式可分为手动式、电控气动调节、全自动调节和微机控制的全自动调节

1）手动式：拨动控制板上的功能键对温度、风速、风向进行控制。

2）电控气动调节：利用真空控制机构，当选好空调功能键时，就能在预定温度内自动控制温度和风量。

3）全自动调节：利用计算比较电路，通过传感器信号及预调信号控制调节机构工作，自动调节温度和风量。

4）微机控制的全自动调节：以微机为控制中心，实现对车内空气环境进行全方位、多功能的最佳控制和调节。

（4）按布置形式可分为整体式空调、分体式空调和分散式空调

1）整体式空调：将副发动机、压缩机、冷凝器、蒸发器等通过传动带和管道连成一个整体，安装在一个专门机架上，构成一个独立总成，动力源为副发动机，最终由送风管将冷风送入车内。这种形式主要用于独立式空调系统的布置。

2）分体式空调：分体式空调将压缩机、冷凝器、蒸发器以及独立式空调系统中的副发动机根据汽车具体结构，部分或全部分开布置，用管道相互连接。这种形式主要用于独立式空调系统的布置。

3）分散式空调：分散式空调将压缩机、冷凝器、蒸发器等各部件分散安装于车上，这种形式主要用于非独立式空调系统的布置。

4. 汽车空调总装配工艺

汽车空调在装配过程中，主要涉及驾驶室、动力总成及总装配等相关零部件的分装及装配，同时在装配完毕后还要进行加注制冷剂及调试试验等工作。

1）风道总成安装。注意事项：装配波纹风管时，应将其插接到管接头根部，防止波纹风管脱落。

2）蒸发器总成、冷暖箱外罩总成安装。注意事项：线束插接件应插接到位，禁止插错或虚接。

3）干燥罐总成、连接管、压力阀开关线束安装。

4）安装压缩机、传动带：需要调整拉紧块高度使传动带张紧，张紧度需使用张力计检测为两带轮中部用 80~100N 的力按下，位移为 10~15mm，具体应参考各车型技术要求。

5）冷凝器总成安装。

6）空调管连接。注意事项：要求连接前应检查 O 形密封圈是否完好无损，如果完好再进行连接；如果 O 形圈有损坏或脱落，请更换新件安装后再进行连接；安装时必须用两个扳手同时用力，防止接头损坏；管头连接时应在密封圈和管头涂抹适量冷冻油。

5. 制冷剂加注工艺

（1）加注方法

1）将空调系统管路上高、低压加注口的保护螺帽分别拧开。高压或低压可用保护螺帽上的字母区分：L 代表低压，H 代表高压。

2）将制冷剂加注机的充注阀上的旋钮逆时针拧到头，然后将两个充注阀分别与空调管路上的加注口对接，高压充注阀接与干燥罐连接的高压加注口，低压充注阀接低压加注口，然后顺时针将充注阀旋钮拧到头锁紧。使空调内腔与制冷剂加注机连通，如图 4-67 所示。

3）在加注设备上设定制冷剂加注量。

4）打开加注开关，设备自动进行抽真空，空调系统真空度要求：内压小于 100Pa。抽真空完毕后，系统自动进行制冷剂加注。

图 4-67 空调制冷剂加注

5）加注完毕后，逆时针拧充注阀旋钮，取下充注阀，并将高、低压加注口的保护螺帽拧上。

（2）技术要点

1）制冷剂加注前需要抽真空，真空度要求：内压小于 100Pa。

2）如果加注过程中机器出现报警，则说明空调系统存在密封性问题，导致抽真空达不到要求，此时应停止加注，排除泄漏点后重新加注。

3）空调管连接前应检查 O 形密封圈应完好无损。如果有损坏或脱落，则应更换新件安装后再进行连接。

4）安装时必须用两个扳手同时用力，防止接头损坏并控制拧紧力矩。

5）管头连接时应在密封圈和管头涂抹适量冷冻油。

6. 底盘冷却系统装配

（1）冷却系统的功用　冷却系统的主要功用是把受热零件吸收的部分热量及时散发出去，使发动机在所有工况下都保持在适当的温度范围内。冷却系统既要防止发动机过热，也要防止冬季发动机过冷。在发动机冷起动之后，冷却系统还要保证发动机迅速升温，尽快达到正常的工作温度。

发动机过热会导致充量系数下降，燃烧不正常，发生早燃和爆燃现象；零件过热导致材料力学性能降低和产生严重的热应力，导致变形和裂纹；温度过高，会使机油变质、烧损和结焦而失去润滑性能，破坏润滑油膜，加剧零件的摩擦和磨损，进而引起发动机的动力性、经济性、可靠性和耐久性全面恶化。

发动机过冷导致气缸表面机油被燃油稀释将造成气缸磨损增加，同时，冷却温度低，会恶化混合气形成和燃烧，使柴油机工作粗暴，增加机油黏度和摩擦功率，造成零件间的磨损加剧；而且散热损失增加，会降低发动机的经济性。

（2）水冷系统的组成　发动机的冷却系统有风冷与水冷之分：以空气为冷却介质的冷却系统称为风冷系统；以冷却液为冷却介质的为水冷系统。水冷系统冷却均匀，效果好，发动机上广泛采用的是水冷系统。

1）冷却液循环路线。冷却液在水泵中增压后，经分水管进入发动机水套。冷却液从水套壁周围流过并从水套壁吸热而升温，最后经节温器及发动机出水管流入散热器。在散热器中冷却液向流过散热器周围的空气散热而降温，最后冷却液经发动机进水管返回水泵，如此循环不止。冷却风扇工作时，空气从散热器周围高速流过以增强对冷却液的冷却。

2）大小循环。发动机温度低时，冷却液可以不经过散热器而直接进入水泵，未经散热的冷却液被水泵重新压入发动机水套内，从而减少了热量损失，此时的冷却液循环路线称为小循环。当发动机的冷却液温度达到一定值时，高温冷却液全部进入散热器进行冷却，之后再由水泵重新压入发动机的水套内，此时的冷却液循环路线称为大循环。

（3）冷却系统的主要部件

1）散热器。冷却液在散热器芯内流动，空气在散热器芯外通过。热的冷却液由于向空气散热而变冷，冷空气则因为吸收冷却液散出的热量而升温，因此散热器本质上是一个热交换器。

目前散热器从材料上讲，主要有铝制和铜制两种，从结构上分主要有管片式和管带式两种。管片式散热器具有刚度大、阻力小、芯子不易阻塞等优点，广泛用于使用环境恶劣、道路条件差的车型；管带式散热器在相同芯厚条件下风阻较大，但其制造工艺性好，散热效果好，目前，在汽车上的应用越来越广泛。

2）风扇。风扇的功用是当风扇旋转时吸进空气使其通过散热器，以增强散热器的散热能力，加快冷却液的冷却速度。

汽车用风扇首先应满足冷却系统的风量和风压的需要，同时要求消耗功率小。风扇效率高，且风扇噪声小、重量轻、成本低等。国内目前普遍采用的有金属风扇和塑料风扇两类。按控制方式可分为刚性风扇、双金属片硅油风扇、电控硅油风扇等。

3）护风装置。这里所说的护风装置包括护风罩、护风圈及护封软罩。护风装置的功能是合理引导气流均匀流过散热器芯部，避免气流的回流或涡流损失，特别是在总体布置不太理想的条件下，护风装置所起的作用更为重要。护风圈与风扇中心保持同心并支撑在发动机上，护风罩和护风圈之间通过护风软罩相连。

4）膨胀水箱。其功能是储备冷却液、提供膨胀空间、除气、提高水泵进水口处的静压、方便加注冷却液等。

5）水泵。其功能是对冷却液加压，保证其在冷却系统中循环流动。

6）节温器。安装在水泵的进水口或气缸盖的出水口处，其作用是根据发动机冷却液温度的高低，自动改变冷却液的循环路线（大小循环）及流量，以使发动机始终在最合适的温度下工作。

二、悬架系统搭装及拧紧

1. 悬架系统搭装

悬架系统采用分装总成吊装的方式进行装配。

（1）平衡轴搭装　装配平衡轴双头螺栓，吊取平衡轴总成，对正安装螺栓下落，装配螺栓螺母。拧紧装配螺母。拧紧力矩按照各企业标准执行，平衡轴搭装如图4-68所示。

（2）中后桥搭装　吊取中桥总成至车架后上方，缓慢落下中桥，调整使平衡轴左右板簧前端均穿入中桥左右板簧座。用板簧撬棍调整下推力杆与中桥支座对正，连接中桥与下推力杆。用板簧撬棍调整连接上推力杆与中桥。后桥搭装方法与中桥相同，中后桥搭装如图4-69所示。

图 4-68 平衡轴搭装

图 4-69 中后桥搭装

（3）前轴搭装 吊取前轴分装总成至车架前上方，调整左右板簧前卷耳与对应的前簧前支架对正，装配紧固件。连接板簧后端与板簧后支架，装配紧固件。拧紧装配紧固件，拧紧力矩按照各企业标准执行。前轴搭装如图 4-70 所示。

2. 悬架系统拧紧

（1）U 形螺栓拧紧 U 形螺栓采用双轴或四轴拧紧机拧紧。U 形螺栓拧紧力矩与 U 形螺栓规格、匹配螺母样式等有关，拧紧力矩按照各企业标准执行。U 形螺栓螺母拧紧如图 4-71 所示。

（2）推力杆装配螺栓拧紧 推力杆装配螺栓拧紧可设置为关键工序，重点控制拧紧过程。建议采用预置式拧紧枪拧紧。采用冲击扳手拧紧时，需使用冲击扳手预紧+扭力扳手拧紧的方式进行，即先使用冲击扳手预紧至 70% 力矩值时，采用定扭力扳手拧紧，直至达到设定值。

图 4-70 前轴搭装

图 4-71 U 形螺栓螺母拧紧

三、底盘翻转及转移

底盘翻转如图 4-72 所示。

1. 翻转前准备

1）检视车架装配零件是否有松旷晃动，如有，则将其紧固。

2）操纵翻转设备控制盒，下降翻转机机构。

3）连接前翻转装置。如果是吊带翻转，则注意吊带位置位于前轴中心前后 500mm 以内，并尽可能靠近前轴中心。

4）连接后翻转装置。如果是吊带翻转，则注意吊带位置位于后桥中心前后 500mm 以内，并尽可能靠近后轴中心。翻转吊带位置如图 4-73 所示。

图 4-72　底盘翻转示意图

吊带允许范围

图 4-73　翻转吊带位置示意图

2. 操纵控制盒，翻转车架

1）在车架翻转前，对车架翻转前后各连接部件进行确认，确认无误后进行翻转。

2）翻转时需进行试吊，即将车架离开承载物，静置 3~5s 时间，再进行翻转。

3）将待放置前中后桥支撑物间距调整好，确认稳固。操作翻转设备控制盒将车架平稳落放到支撑物上。确认放置平稳，检查无误后，拆卸吊具。

3. 翻身机安全操作规程

1）操作者必须经培训持证上岗操作。

2）非操作者严禁操作使用。

3）车架起吊前检查吊带是否有损，吊带是否挂好无误。

4）车架起吊平衡后方可翻身吊运操作。

5）起吊时，正下方通道处严禁站人。

6）严禁使用翻转机吊运其他物品。

7）起吊翻转操作要严格按操作步骤进行。

8）如果翻转机发生异常或故障，应立即停止使用，不得自行处理。

9）严禁非专业人员打开电气柜进行与工作无关的工作。

10）工作完毕后，必须将翻转机停到工作指定的位置。

四、动力总成搭装

1. 动力总成起吊

将动力总成吊耳作为吊点，并检查吊挂是否可靠。如果动力总成吊具挂取不可靠，则禁止起吊；根据动力总成结构可以采用"两点起吊"形式。

针对大排量、偏置吊耳、缓速器配置等发动机，可采用三点吊装，前两个点采用发动机自带的吊点，最后一个吊点托住变速器底部，适应带缓速器等轴向较长的发动机，安全性更高。动力总成起吊如图 4-74 所示。

在搭装发动机、发动机下落到车架时，应该时刻注意观察周边，保证机油滤清器和燃油滤清器及其他零部件不与车架棱边磕碰。缓速器变速器必须在下落时注意缓速器水管，以防

图 4-74 动力总成起吊示意图

线束支架擦碰胶管致其损坏。动力总成吊装如图 4-75 所示。

图 4-75 动力总成吊装示意图

2. 大型发动机带缓速器变速器

此类发动机搭装技巧是必须先将发动机后支撑螺栓松开，前支撑螺栓装配完成后统一拧紧。原因很简单，加装缓速器后的变速器质量变大，导致发动机前轻后重，容易造成向后滑车，此时天车会后倾，导致前支撑孔错位严重致使无法装配。

3. 小型发动机搭装

发动机前后支撑都为内螺纹孔时，搭装时手动拧入前支撑螺栓再手动拧入后支撑螺栓，然后统一拧紧。

五、驾驶室总成搭装

目前行业内常用的驾驶室总成吊装方式有侧门吊和前后四点吊两种。侧门吊主要是吊门框，根据车门的状态可以分为开门吊和闭门吊。

驾驶室搭装技巧无外乎就是熟练操作驾驶室吊具，作业人员共同作业，关注要点就是配合默契。

重点关注：驾驶室在下落时不要剐蹭到散热器周边连接件，在起落驾驶室时关注驾驶室门条及门框，拒绝猛起猛落驾驶室以免造成门框变形。驾驶室总成吊装如图 4-76 所示。

驾驶总成开门吊对开门角度有限制，且要增加开门角度限位和固定装置，以避免吊装过程中车门突然大开或关闭造成车门磕碰损坏。驾驶室总成吊装如图 4-77 所示。

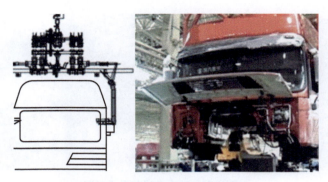

图 4-76　驾驶室总成吊装示意图

　　驾驶室总成前后吊要求驾驶室本体设计有吊点，满足前后吊具吊装。驾驶室总成吊装如图 4-78 所示。

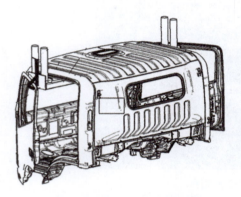

图 4-77　驾驶室总成吊装示意图

图 4-78　驾驶室总成吊装示意图

第六节　管路线束装配

　　本节主要讲述：管路接头分装和装配要点；制动管路、线束装配要求和捆扎、固定要求；管路线束防护以及车辆高温区域的识别和防护。

一、管路接头装配

1. 管路接头分装

（1）阀类分装　进行各种阀类分装时，各通气口的防尘堵盖不允许提前摘除。

（2）六角接头座安装要求

1）按要求依次将卡环和弹性垫垂直平稳地装入螺孔内，确保卡环和弹性垫水平处于螺孔底部，不允许卡环和弹性垫在螺孔内倾斜。六角接头座分装如图 4-79 所示。

2）装配前对六角接头座及阀体上的连接孔进行清洁，保证孔内无灰尘、无杂质。

3）六角接头体、卡环和弹性垫装入阀体连接孔内，避免卡环、弹性垫歪斜、变形。装配完成后保证弹性垫、卡环与装配面平齐。六角接头座装配如图 4-80 所示。

图 4-79　六角接头座分装示意图

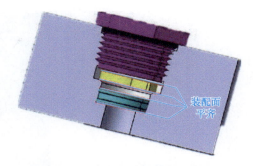

图 4-80　六角接头座装配示意图

4）六角接头座、放水阀及六角堵头，安装时先松开 2~3 扣，然后用拧紧工具进行预拧紧，再按照标准力矩进行定力矩复紧。

2. 管路涂胶要求

1）安装拧紧卡套螺母时，在钢管卡套锥面涂密封胶，避免将密封胶涂抹在钢管及管腔内。卡套螺母涂胶如图 4-81 所示。

2）在过渡接头及钢管螺母连接接头螺纹处涂密封胶，涂胶的螺纹宽度为 3~5 个螺距，并且所涂胶在圆周方向要闭合。涂胶时须保证密封胶均匀涂抹在接头的所有螺纹上，避免将此密封胶涂抹在钢管锥面上及钢管管腔内。过渡接头涂胶如图 4-82 所示。

图 4-81　卡套螺母涂胶

图 4-82　过渡接头涂胶

3）管路卡套螺母按规定拧紧力矩要求进行控制和检测。

3. 管路接头连接

（1）管螺纹接头的装配要点

1）连接管螺纹时，接头处要涂管螺纹密封胶。

2）在拧紧时，须有足够的力矩来保证管接头不会松动漏气（力矩参照各企业标准）。

（2）快插式接头的装配要点

1）密封圈装配于阀座最底端，要求与台阶贴平；卡环装配于阀座密封圈上面，也要与台阶贴平，最上面安装球窝接头。

2）在插接时，要确保卡环完全卡到接头上的环槽中，以防止充气时接头被压缩空气弹出。插头上有两道密封圈，如插接到位，最上层密封圈将完全没入球窝中，否则说明未插接到位。快插接头装配如图 4-83 所示。

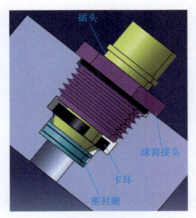

图 4-83　快插接头装配

二、管路、线束敷设装配

1）管路、线束装配时应整齐、平顺，不应有交叉、缠绕和悬垂等现象，管路，如图 4-84 所示。

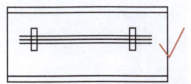 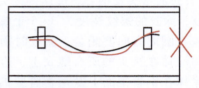

图 4-84　管路、线束装配应整齐、平顺

2）管路、线束装配时，相邻两个固定点之间的长度应留出足够的跳动余量，拉紧后略有松弛，比最小长度长 5~15mm，但不应过于松弛，如图 4-85 所示。

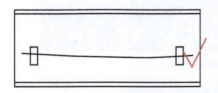 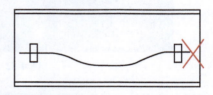

图 4-85　管路、线束装配的长度要求

3）管路、线束装配时应避开螺栓或其他零部件的棱边，不宜直接接触，如无法避免，则应在干涉部位的管线上包裹尼龙护簧、波纹管或橡胶护垫，如图 4-86 所示。

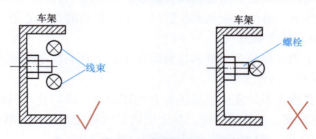

图 4-86　管路、线束装配应避开其他棱边

4）油、气管路装配时应自然、流畅、避免缠绕，不应产生扭曲，装配过程中出现打折的气管应重新剪裁，气管长度剪裁应合适，不应因过长或过短而造成走向不合理，如图 4-87 所示。

5）不用的线头或插接器应用堵盖或者绝缘胶布包裹起来捆扎在线束上（如远程油门插接器），避免出现短路，如图 4-88 所示。

6）线束接入插接器后，若其长度存在富余部分，则应在外观不易看见的部位沿着主线束成回线形捆扎，避免在插接器对接处随意缠绕，以至于损坏插接器及线束，如图 4-89 所示。

图 4-87 管路、线束装配时应自然、流畅、避免缠绕

图 4-88 对于不用的线头或插接器的处理

图 4-89 线束长度有富余时的处理

7）管路、线束与高温热源必须靠近安装时（如空压机管路），应使用隔热护套包裹在靠近空压机气管的管线上，保证线束不直接接触高温管路，如图 4-90 所示。

8）管路、线束与振动件或存在相对运动关系的部件连接后，应保证安装后预留有足够的余量，如图 4-91 所示。

9）管路、线束装配时，应注意插接器连接好后护套的出线端尽量向下布置，如图 4-92 所示。

10）装配过程中出现线束过长时，应将过长的线束就近捆扎在主体线束上。过长线束要以最少的缠绕圈数进行捆扎，并且应尽量扩大线束在折弯处的角度，捆扎松紧程度应以捆扎后不易抽动为原则，如图 4-93 所示。

11）纵梁内侧靠近发动机、变速器悬置处，应装配专用支架用于管路线束的捆扎，防止发动机、变速器振动磨损线束，专用支架、管路、线束装配如图 4-94 所示。

12）应对所有总成或子件预留插接器做防水及防尘保护处理，且上装预留线束除特殊要求外，应盘起捆扎固定在易看见且安全的部位，如图 4-95 所示。

图 4-90　管路、线束装配过程中
靠近高温热源的处理

图 4-91　管路、线束装配过程中遇到
振动件或存在相对运动关系的部件

图 4-92　管路、线束装配过程中护套的注意事项

图 4-93　管路、线束装配过程中线束过长的处理

图 4-94　专用支架、管路、线束装配示意图

13）装配前，快插接头的堵盖不能拆掉，避免杂质损伤密封圈。装配时，卡套式接头应在管螺纹上涂回天 7569 或类似型号的管螺纹密封胶。装配后，预留部分的管路、线束应用紧固带捆扎、固定好，不得落地，如图 4-96 所示。

14）转向油管过梁时有磨损风险的部位应增加钢丝护簧，避免油管磨损引起的着火风险，如图 4-97 所示。

15）插接器对接时应对准定位槽后再插或旋紧，将插接器上的卡扣推到位或将锁紧螺母锁紧后会感到锁紧螺母轻跳一下并发出"嗒"的一声脆响，否则说明插接器还未插紧。对于有锁紧装置的插接器，应在插接器导向槽对准后将锁紧装置扳到锁紧位置锁紧，如图 4-98 所示。

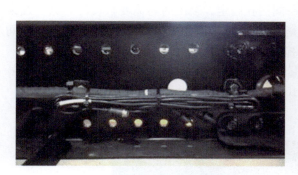

图 4-95　对总成或子件预留插接器的处理

图 4-96　预留部分的管路、线束处理

图 4-97　增加钢丝护簧

图 4-98　插接器锁紧

16）当有两根电线接到一个接线柱时，在不影响电路性能的情况下采用背对背接法。若有多根电线接到同一接线柱，则应相互错开一定角度接线，以便线束装配时，接头压紧牢靠，如图 4-99 所示。

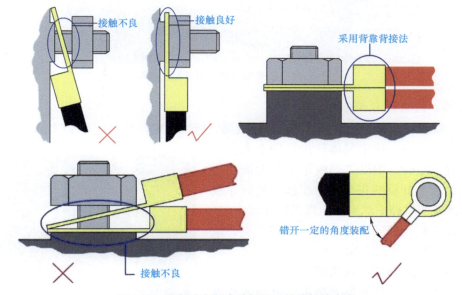

图 4-99　两根或多根电线插同一接线柱的方法

三、管路、线束捆扎

1. 车架纵梁内侧管路、线束捆扎

车架纵梁内侧大多需要多根管路、线束一同捆扎固定，装配时将需要敷设的管路、线束的定位标记对齐后放在车架对应位置上，首先对各定位点进行固定，再对各个定位标记之间的管路、线束捋顺（管线排列有序，不交叉缠绕），进行均匀捆扎、固定。

车架纵梁内侧管路、线束捆扎时，应尽量使细的管路、线束靠近纵梁内侧，粗的靠近外侧，避免管路、线束之间交叉缠绕，如图 4-100 所示。

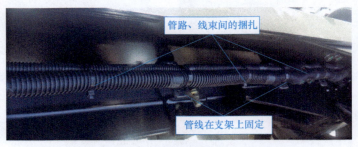

图 4-100　车架纵梁内侧管路、线束捆扎要求

线束应尽量避免与制动管路、燃油管路捆扎在一起，防止线束短路产生火花损坏气管及燃油管路，造成制动失效及火灾。若无法避免，则按油管居下、气管居中、线束居上的原则进行捆扎，如图 4-101 所示。

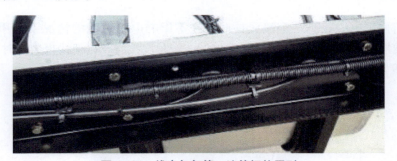

图 4-101　线束与气管、油管捆扎原则

2. 管路、线束固定点选择技巧

管路、线束在车架纵梁敷设时，应按照管路、线束固定标准进行有效固定，当遇到规定固定范围内沿管路、线束整体敷设路径上无合适孔位作为固定点时，则以"影响最小"为准则选择固定点，避免管路线束紧绷、干涉，进而导致固定点失效甚至管路、线束长距离无捆扎点。

在原线束敷设路径附近选择一个固定点，缓解线束紧绷状况，如图 4-102 所示。

3. 车架横梁处管路、线束捆扎

凡过车架横梁处的管路、线束在进行捆扎固定时，按照有支架固定在支架上、无支架需在横

图 4-102　管路、线束固定点选择技巧

梁前后增加固定点的原则进行固定并统一捆扎，避免与横梁干涉。过孔与翻梁是干涉磨损发生概率最大的地方，需要通过调整合适的捆扎固定位置避免干涉磨损，若无法避免，则应对管路、线束有防护措施，减少管路、线束相对运动，如图 4-103 所示。

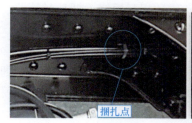

图 4-103　车架横梁处管路、线束捆扎

4. 变速器右侧管路、线束捆扎

发动机变速器上的管路、线束应避免与车架上的管路、线束缠绕或交叉，对于需要从发动机变速器上过渡到车架上的管路、线束，应尽可能集中到一个安全的位置统一过渡到纵梁内侧的管路、线束上进行捆扎。

从变速器到车架纵梁内侧的两根细线不应与油管、线束交叉缠绕，应该统一从管线底部顺到车架纵梁内侧进行捆扎，如图 4-104 所示。

5. 分叉处管路、线束捆扎

管路、线束在分叉处，应将走向相同、方向一致的管路、线束一起捆扎，再在分叉点对各分支进行捆扎，避免管路、线束在分叉部位的相互缠绕，如图 4-105 所示。

图 4-104　变速器右侧管路、线束捆扎

图 4-105　分叉处管路、线束捆扎

6. 管路接头处捆扎

所有管路接头处必须保证管路沿着接头方向平直地延伸一段后再按照走向进行捆扎，不得使接头处的管路受力，影响接头处管路的气密性。为了避免接头处管路打折，尤其是螺纹接头例如连接气囊过壁接头处的管路，需要将管路按照合适的转弯半径进行转弯，如图 4-106 所示。

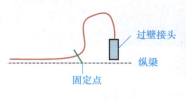

a) 示意图

b) 实物图

图 4-106　管路接头处捆扎

7. 翻梁处管路、线束捆扎

查看管路、线束导向支架装配位置，在导向支架前、后各 50mm 处将分支在主管路、线束外侧进行捆扎，然后将前、后两个方向的管路、线束在车架上或下翼面处汇合捆扎在一起。注意管路、线束应沿着同一方向进行布置，避免相互缠绕，捆扎时管路、线束应避开车架上的棱边、螺栓头等锋利部位，如图 4-107 所示。

8. 翻梁支架处管路、线束捆扎

在翻梁支架处捆扎管路、线束时，应先将其捋顺，然后用两根拉带将其捆扎到翻梁支架上，注意捆扎后翻梁支架两端的管路、线束不得紧绷受力，应调整转弯弧度使其尽量避免与车架棱边部位干涉，如图 4-108 所示。

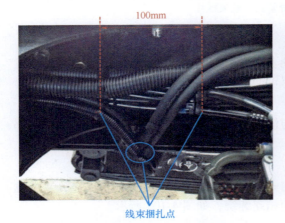

100mm

线束捆扎点

图 4-107　翻梁处管路、线束捆扎

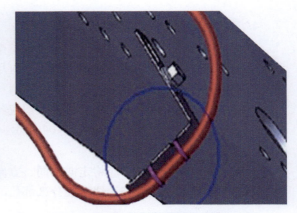

图 4-108　翻梁支架处管路、线束捆扎

9. 支架平面上管路、线束捆扎

管路、线束在平面支架上捆扎时，可以在支架两个面布置，但需避免管路、线束与支架棱边干涉，通过正确捆扎，让管路、线束与支架面贴实，以避免管路、线束与支架棱边的干涉问题。在捋顺管路、线束保证无交叉缠绕的前提下，上下两个面的管路、线束的数量应尽可能一致，捆扎后才能整齐美观。紧固带的数量应与支架上紧固带开槽数一致，以保证管路、线束捆扎的质量，如图 4-109 所示。

图 4-109　支架平面上管路、线束捆扎

10. 车架纵梁内侧管路、线束捆扎

对于车架纵梁内侧有专用线束支架的，将管路、线束在线束支架上捆扎；无固定支架的，则用带隔离块的塑料紧固带在车架纵梁内侧孔位上固定，如图 4-110 所示。

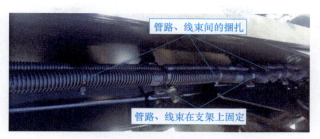

图 4-110　车架纵梁内侧管路、线束捆扎

11. 驾驶舱前围管路、线束捆扎

将驾驶室前围管路、线束梳理整齐，管路、线束平行捆扎到固定支架上，如图 4-111 所示。

12. 搭铁线捆扎

搭铁线走在气管、线束、水管之上，不应与气管、线束等缠绕，如图 4-112 所示。

图 4-111　驾驶舱前围管路、线束捆扎

图 4-112　搭铁线捆扎

13. 管路、线束尽量避开运动件

管路、线束应尽量避免安装在旋转、振动、跳动较大的运动件（如发动机冷却风扇、车轮、传动轴、取力器输出轴、悬架、转向柱等）周围；若无法避开，则应保持其与运动件之间的距离不小于 50mm，如图 4-113 所示。

14. 管路、线束尽量避开发热零部件

管路、线束装配时应尽量避开发热零部件（如发动机排气管、排气消声器、增压器管路），若无法避开，则应与高温零部件保持安全距离不小于 100mm，并在对应的管线上包裹隔热护套，如图 4-114 所示。

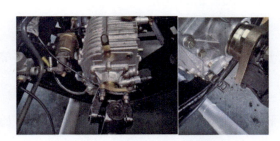

图 4-113　管路、线束尽量避开运动件

图 4-114　管路、线束尽量避开发热零部件

15. 管路、线束上带插接器时

管路、线束在插接器处不应转弯太急，应留有 80mm 直线段，如图 4-115 所示。

图 4-115　管路、线束上带插接器时

16. 管路、线束应在车架上相应孔处固定

管路、线束应在车架上相应孔处固定（隔环拉带或支架），两个固定点之间的距离不大于 300mm；装配时以捆扎合理、美观、牢固、不影响运动为宜（发动机线束、变速器线束、起动机线束必须按 300mm 间隔进行固定；在车架上固定的其他线束如确实缺少固定孔位，则可按不大于 400mm 的间隔进行固定），如图 4-116 所示。

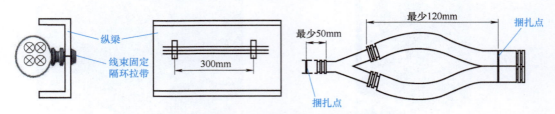

图 4-116　管路、线束应在车架上相应孔处固定

17. 管路、线束固定点之间应设置隔段捆扎

两个捆扎点之间的距离应不大于 150mm，但在线束交叉、分岔或并紧处允许增加捆扎点，如图 4-117 所示。

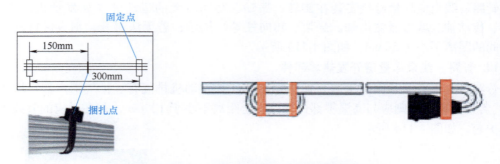

图 4-117　管路、线束固定点之间应设置隔段捆扎

18. 管路、线束不应与锋利的棱边干涉

管路、线束捆扎固定后不得与锋利的棱边干涉，应远离排气管、增压器、空压机管路等高温部件，如图 4-118 所示。

19. 管路拐弯处应平顺

水管、气管、油管捆扎固定后拐弯处应平顺，不得打折，避免与其他部件干涉，如图 4-119 所示。

图 4-118　管路、线束不应与锋利的棱边干涉

20. 管路、线束捆扎固定后的走向

管路、线束捆扎固定后走向要平顺、合理，避免相互缠绕，如图 4-120 所示。

图 4-119　管路拐弯处应平顺

图 4-120　管路、线束捆扎固定后的走向

四、车辆高温部件识别

1. 潍柴 WP12/WP13 发动机

潍柴 WP12/WP13 发动机热源如图 4-121 所示，A 区：热源产生区（约 300~500℃，空压机约 100℃）；B 区：热源辐射区（约 200~300℃）。

2. WP10 柴油发动机/WP12 天然气发动机

发动机热源如图 4-122 所示，A 区：热源产生区（约 300~500℃，隔热罩约 200℃）；B 区：热源辐射区（约 200~300℃）。

图 4-121　潍柴 WP12/WP13
发动机的热源

图 4-122　WP10 柴油发动机/
WP12 天然气发动机的热源

3. 康明斯发动机

康明斯发动机的热源如图 4-123 所示，A 区：热源产生区（约 300~400℃）；B 区：热源辐射区（约 200~300℃）。

4. 空压机钢管

空压机热源的辐射区约 80~100℃，如图 4-124 所示。

图 4-123　康明斯发动机的热源

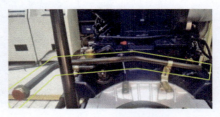

图 4-124　空压机热源

5. 排气钢管

排气管热源如图 4-125 所示，其辐射区约 200~300℃。

6. SCR 箱

SCR 箱热源如图 4-126 所示，其辐射区约 200~300℃，护罩表面约 100℃。

图 4-125　排气管热源

7. 缓速器系统

缓速器热源如图 4-127 所示，A 区：热源产生区（约 150~200℃），B 区：热源辐射区（约 100~150℃）。

图 4-126　SCR 箱热源

图 4-127　缓速器热源

五、管路线束防护

1. 管路、线束防护措施

1）管路、线束通过车架横梁孔时，横梁孔应装配防护条，避免管路与横梁棱边直接接触，如图 4-128 所示。

2）管路、线束穿过车架纵梁孔时，纵梁孔应采用穿线护套，避免管路与纵梁棱边直接接触干涉磨破，如图 4-129 所示。

3）管路、线束与螺栓头干涉时，在管路、线束上包裹波纹管避免螺栓头与管路直接接触，如图 4-130 所示。

4）管路、线束与车架横梁连接板棱边干涉时，应在车架横梁连接板棱边增加防护条，避免棱边与管路直接接触，如图 4-131 所示。

5）底盘电器盒线束与支架棱边干涉时，应在支架棱边增加防护条，如图 4-132 所示。

图 4-128 管路、线束通过车架横梁孔时

图 4-129 管路、线束穿过车架纵梁孔时

图 4-130 在管路、线束上包裹波纹管

图 4-131 在车架横梁连接板棱边增加防护条

图 4-132 在支架棱边增加防护条

6）在接线柱上接线（除搭铁线外）时，电线接头不得裸露在外，应加装绝缘护套（如蓄电池、起动机、发电机等）或隔离装置（如配电盒等装置），如图 4-133 所示。

图 4-133 加装绝缘护套或隔离装置

2. 高温区域管路线束防护

1）动力总成周边车架纵梁内侧禁止过长线束堆积，应将多余的线束顺到车架外侧空间

较大的部位进行捆扎固定，线束在外侧进行固定时，应注意在驾驶室翻转或（车辆行驶中）驾驶室跳动时线束不得与驾驶室上部件发生磨损。

2）将氧传感器线束以及高低档气管走在隔热棉下方热源辐射不到的地方或者将其布置到车架纵梁内侧，避开热源。

3）管线布置过程中严禁将线束、管路敷设到热源部件表面与其他管线隔热棉之间，应保证管路、线束尽可能远离热源，避免热源辐射造成管路、线束的烧毁。

4）发动机线束在此处布置时应尽可能靠近发动机本体的支架并进行有效固定（注意选择耐高温紧固带固定），过长线束不得在此处堆积。

5）装配完成后应检查线束与空压机钢管之间的间隙（≥50mm），若间隙过小，应对打气泵钢管角度、线束布置进行调整，以增大钢管与线束之间的距离；若无法调整，则应及时反馈相关技术人员制定方案。

6）排气管属于发动机周边的主要高温部件，装配完成后必须对排气管周边的可燃物进行清理，检查是否有油液、塑料堵盖、包装纸等可燃物存留在排气管周边，及时清理。

7）检查排气管周边管路、线束、橡胶件是否与排气管表面有足够的安全距离，发动机周边应大于300mm，若小于300mm大于100mm，则应进行包裹隔热材料进行防护；不得小于100mm。高温区防护如图4-134所示。

图 4-134　高温区防护

六、车辆相对运动部件识别

敷设线束时应避开车辆旋转、振动、跳动较大的部位。

1. 发动机散热风扇运动部件

发动机散热风扇中的运动部件如图4-135所示。

2. 车轮及悬架运动部件

车轮及悬架中的运动部件如图4-136所示。

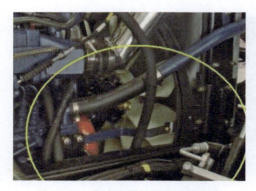

图 4-135　发动机散热风扇运动部件

图 4-136　车轮及悬架运动部件

3. 传动轴、取力器输出轴的旋转部件

传动轴、取力器输出轴的旋转部件如图 4-137 所示。

4. 转向管柱运动部件

转向管柱中的运动部件如图 4-138 所示。

图 4-137　传动轴、取力器输出轴的旋转部件

图 4-138　转向管柱中的运动部件

七、车辆跳动部位管线布置要求

1）针对驾驶室前部、悬架部位等有定位标记的管线，在布置过程中应严格按照定位标记进行捆扎。

2）针对在动力总成与车架之间的管路线束，装配时应根据相对跳动量进行余量的预留，具体方法为：完成一个振动体上最后一个固定点捆扎后，将管路线束直线拉到另一个振动体上的第一个捆扎点（线束刚好不受拉力为原则），然后将捆扎点向后移动需要预留的余量（发动机与车架之间的预留余量为 50mm±5mm，变速器与车架之间的预留余量为 60mm±5mm）。

3）线束过渡尽可能将同区域管线集中在一个宽阔的空间统一捆扎，捆扎完成后应查看预留管路线束跳动中是否存在与周边部件干涉磨损风险，并对风险进行调整。

第七节　车辆首次起动

一、车辆起动前检查

1）检查装配过程记录单，若进气系、冷却系、润滑系、燃油供给系、制动系统、转向系等装配不完全或者冷却液、燃油、制动液、转向油等未加注，不得起动车辆。

2）观察车辆外表及周围环境，检查车辆周围应无障碍物或其他人员，车上（车架、轮胎、蓄电池箱体、后处理箱、尿素箱等上面）无异物，停车地面无影响驾驶的可疑油渍或水渍，前后灯具总成完好，轮胎气压正常等。

3）检查车辆管线束应固定捆扎到位，例如：无牵拉、无夹线、无与运动件的干涉磨损、无松接，插接器应插接牢固等。

4）制动气室顶杆应旋进。

5）检查各功能操作部件能正常工作，例如：制动踏板、离合踏板、加速踏板踩下正常，驻车制动手柄拉起松下正常，挂档平顺等。

6）检查驾驶室应下落到位，以无锁止报警信号为准。

7）变速器换档操纵杆必须处于空档位置。

8）检查各部件装配到位，例如无松装、无干涉等现象。

二、车辆起动及安全应急

1. 车辆上电与起动

1）驾驶员到达驾驶位置，关闭左右车门，将钥匙拧到 ON 档（或将按键操作到 ON 档），查看仪表板上各个功能指示是否正常；依次检查小灯、前照灯、转向灯、制动灯、雾灯、危险报警指示灯等是否正常工作，若有故障及时返修。

2）驾驶员系好安全带，确保变速器档位在空档，拧钥匙或按键起动（自动档车型需同时踩下制动踏板）起动车辆（START 档），若 5s 未起动，则需等待 30s 再次打火，若连续三次起动不了，应关闭钥匙，等待 3min 后再做尝试，切勿连续打火。

3）注意：当车辆在钥匙 ACC 档与 ON 档时，若起动机有响应，则说明车辆异常，需要维修检查，不可继续起动、行驶车辆。

2. 动态检查

确保车辆周围与前方无任何影响安全行驶路线的障碍物与其他人员时，起动车辆，等怠速稳定后，整车气压 ≥8bar 时，开始如下检查：

1）转动转向盘，检查转向是否灵活，不得有异响。

2）踩下离合器踏板，检查离合器是否能正常分离、接合。

3）制动性能检查：①踩下制动踏板，观察制动气室推杆是否有动作，松开制动踏板，听排气声是否正常。②挂入低档（一档或二档），松开驻车制动，让车辆缓慢移动，踩下制动踏板检查能否制动，如不能制动则迅速拉上驻车制动，停车并检查相关制动管路。

经过检查，确认车辆达到行驶状态方可行驶。

3. 车辆起动

1）起动前须观察车辆周围，车上方、车前后左右安全距离内不得有人，如图 4-139 所示。

图 4-139　观察示意图

2）检查变速器必须置于空档位置，驻车制动处于制动位置，变速器空档如图 4-140 所示。

3）车辆起动时不得加油，要求息速起动。

4）车辆起动后不得立即加大油门，需息速运行 3~5min。

图 4-140 变速器空档

4. 汽车电器连接安全操作规范

1）在整车电路未连接完整时，不得打开电源总开关。

2）在无法确定档位是否处于空档的情况下，禁止通过应急起动按钮来起动发动机。

3）起动车辆前，检查驾驶室的锁紧状态（驾驶室翻转指示灯应处于熄灭状态）；确认周围人员处于安全位置（车辆前后 5m 范围、左右 1m 范围不得有人，车架上下不得有人）并告知。

4）已下线的车辆补装或更换线束时，必须切断电源总开关，接线顺序是从搭铁端接起，最后接电源端。

5）拆蓄电池接线端子应选用带有绝缘手柄的扳手；如用普通扳手拆卸，则严禁扳手碰触连接两接线柱，必须戴绝缘手套操作，避免短路时对人身造成严重伤害。

6）在车辆行驶中发现有短路起火现象时，应首先将车辆停靠到安全位置，关闭钥匙电源及整车电源，然后作进一步处理。

7）暴露在外的接线端子没有绝缘保护，在检修时注意不要与驾驶室本体接触或将其他金属物品置于其上，以免发生短路事故。

5. 汽车电器的装配与操作规范

1）焊接时须关闭电源总开关并拆下蓄电池"+""-"接线柱上的电线。焊接搭铁点选择尽量远离车辆线束或线束搭铁点并靠近焊点，焊接电流回路严禁通过电器元件、油路、油缸、气路、运动面、转动面（轴承、关节面）等零部件处。

2）在装配过程中不得用手碰触电子装置（如 ABS、发动机 ECU 等）裸露的针脚，以免造成针脚歪斜、沾到油污或因人体静电作用而影响产品质量。

3）起动机单次起动的时间不得超过 12s，连续起动从第一次起动结束到第二次起动开始的间隔时间不小于 30s，起动后应立即松开点火钥匙；发动机运转时不得将点火钥匙置于起动档。

4）发现电源总开关在合闸的瞬间起动机就起动时，应立即关闭电源总开关、熄火并报告相关人员检修电路，以免损坏起动机。

5）禁止在车辆起动后关闭电源总开关，以免造成电压不稳影响电器设备正常工作甚至损坏电器设备。

6）车辆仪表在装配、转运过程中应轻拿轻放。车速里程表应根据桥速比、轮胎型号调整拨码（或在车速信号设置器上调整）并填写标签。

7）翘板开关分为锁定式和点动式。锁定式开关操作后，开关会保持操作后的状态，点动式开关相当于按钮开关，开关操作结束后会恢复到操作前的状态。

8）关于常开、常闭概念。信号开关分为常开、常闭两种，这里的"开"表示断开（而不是打开），"闭"表示闭合（而不是关闭）。应注意这种表示方法与阀类的表示方法不同（阀类的"开"表示打开，即接通管路；"闭"表示关闭，即断开管路）。

6. 汽车电路检修安全

1）拆卸蓄电池接线端子时，应首先拆下连接车辆搭铁的蓄电池"+"极柱。

2）各插接器不得带电插拔，以免插接时出现电弧从而烧蚀电线接头，影响连接质量。

3）更换已熔断的熔丝时，须关闭电源。

4）对于整车无电故障，须关闭电源总开关后再进行检测。

复习题

一、填空题

1. 汽车底盘由传动系、＿＿＿＿＿＿、转向系和制动系四部分组成。

2. 汽车悬架主要由＿＿＿＿＿＿、减振器和导向机构组成。

3. 传动轴中间支承应在自然状态下装配，不应＿＿＿＿＿＿，装配后应进行轴向调节，避免其受轴向力。

4. 要实现国四排放法规对 NO_x 和颗粒物（PM）都较低的限值，目前有＿＿＿＿＿＿和 EGR+DPF 两条技术路线。

5. 商用汽车产品特殊特性常用的分类是：＿＿＿＿＿＿、重要特性和一般特性等。

二、单选题

1. 重型货车制动系统采用（　　）气制动系统，是目前中、重型汽车较先进的典型结构系统。

A. 双回路　　　　　　B. 单回路　　　　　　C. 多回路　　　　　　D. 盘式制动

2. 装配时同一辆车的同一轴左钢板弹簧表面喷弧高分组标识"+"，那么该轴右钢板弹簧表面喷弧高分组标识应为（　　）。

A. "+"　　　　　　　B. "0"　　　　　　　C. "−"　　　　　　　D. 都可以

3. 传动轴系统应按照（　　）的顺序依次装配。

A. 由前向后　　　　　B. 由后向前　　　　　C. 由左向右　　　　　D. 由右向左

4. SCR 系统部件不包括（　　）。

A. 尿素泵　　　　　　B. 尿素箱　　　　　　C. 尾气处理器　　　　D. 燃油箱

5. 制动系统不包括（　　）。

A. 主制动系统　　　　B. 驻车制动　　　　　C. 辅助制动　　　　　D. 鼓式制动

三、简答题

1. 传动系的功能有哪些？

2. 换档操纵系统的要求有哪些？

第四章复习题
参考答案

第五章 电气系统装调

汽车电器与电子设备是汽车的重要组成部分，它经历了从无到有、从简到繁，并逐渐由辅助设备向主要设备的发展过程。始于 20 世纪 50 年代的传统电气系统电子化，使得整车电器性能大大提高，其工作性能的优劣直接影响到汽车的动力性、经济性、安全性、可靠性、舒适性以及排放净化等。随着科学技术和汽车工业的不断发展，汽车电器电子设备日趋复杂，用电设备的数量和功率不断增加，产品质量及性能日益提高，并且正向电子化、智能化、信息化方向迅速发展，集成电路与以单片机为核心的嵌入式系统正越来越多地在汽车上得到应用。本章的学习目的是了解常见汽车电器件结构、组成、工作原理以及电器件的装配调试方法。

第一节 整车电气系统构成及主要电器件

一、电气系统构成

随着汽车技术的发展，汽车已经不再是单纯的运输工具，它正向着高速、安全、经济、舒适、环保以及智能化、人性化的方向发展，汽车电器设备成为汽车重要组成部分，其性能的好坏直接影响汽车的动力性、经济性、可靠性、舒适性及环保性。

商用车所装备的电气系统，按其构成可大致归纳并划分为以下三个部分。

1. 电源系统

电源系统包括蓄电池、发电机。两者是并联工作，发电机是主电源，蓄电池是辅助电源。发电机配有调节器的作用是在发电机转速升高时，自动调节发电机的输出电压使之保持稳定。

2. 用电系统

汽车上的用电系统大致可分为以下几类：

1）起动系：主要机件是起动机，其任务是起动发动机。

2）照明系统：包括车内外各种照明灯以及保证夜间安全行车所必需的灯光，其中以前照灯最为重要。

3）仪表信号系统：包括各种检测仪表如水温表、气压表、燃油表、车速里程表、发动机转速表和各种警告灯，用来监测发动机和其他装置的工作情况；电喇叭、蜂鸣器、闪光器及各种信号灯等，主要用来保证安全行车所必要的信号。

4）电子控制系统：主要指由微机控制的装置，包括发动机控制模块、防抱死制动模块、车身控制模块等，用来提高汽车的动力性、经济性、安全性、排气净化和操纵自动化等性能。

5）辅助电器：包括电动刮水器、低温起动预热装置、空调器、收音机、点烟器、防盗装置、玻璃升降器、座椅调节器等。辅助电器有日益增多的趋势，主要发展方向是舒适、娱乐、保障安全等方面。

3. 配电系统

配电系统包括中央接线盒、电路开关、熔断装置、插接件和导线等，以保证线路工作的可靠性和安全性。

二、汽车电气系统特点

汽车电气系统具有以下四个特点。

1. 低压

商用车电器系统的额定电压有 12V、24V 两种，液压制动车型普遍采用 12V 电气系统，而气压制动车型多采用 24V 电气系统。12V 发电装置充电电压为 14V；24V 发电装置充电电压为 28V。用电设备电压在 0.9~1.25 倍额定电压范围内变动时应能正常工作。

2. 直流

汽车电气系统采用直流是因为起动发动机的起动机为直流串激式电动机，其工作时必须由蓄电池供电，而蓄电池消耗电能后又必须用直流电来充电。

3. 单线制

单线制是指从电源到用电设备只用一根电线连接，而另一根导线则由金属部分如车体、发动机等代替作为电器回路的接线方式，具有节省导线、简化线路、方便安装检修、电器元件不需与车体绝缘等优点而得到广泛采用。但在个别情况下，汽车电气系统也采用双线制。

4. 负极搭铁

采用单线制时，蓄电池的负极必须用导线接到车体上，称为负极搭铁，这是相关技术标准规定的，也是交流发电机正常工作的必要条件。

三、蓄电池

1. 蓄电池的定义和基本组成

蓄电池又叫作化学电源，是一种将化学能转化为电能的装置。

蓄电池由正极活性物质、负极活性物质、电解质、隔膜、电池外壳、端子及其他组件组成。

2. 铅酸蓄电池的分类

1）根据使用场合不同，铅酸蓄电池可以分为起动型、固定型、牵引型、铁路用蓄电池和储能用蓄电池。

2）根据蓄电池盖和结构不同，铅酸蓄电池可以分为开口式、排气式、防酸隔爆式和密封阀控式蓄电池。

3）根据蓄电池维护方式不同，铅酸蓄电池可以分为普通式和免维护式蓄电池。

4）根据电池容量不同，铅酸蓄电池可以分为小密系列（6V1.3A·h~12V38A·h）、中密系列（12V40A·h~12V200A·h）和大密系列：（2V100A·h~2V3000A·h）。

商用车使用的蓄电池是起动型、密封阀控式、免维护蓄电池，电池容量为 12V 80A·h、600A。铅酸蓄电池如图 5-1 所示。

3. 铅酸蓄电池的性能参数

（1）电池容量　电池在一定放电条件下所能给出的电量称为电池的容量，以符号 C 表示，常用的为安·时（A·h）或毫安·时（mA·h）。电池的容量可以分为理论容量、额定容量、实际容量。

（2）额定电压　又叫标称电压，铅酸蓄电池的额定电压为2V。

（3）开路电压　外电路没有电流流过时电极之间的电位差。

（4）工作电压　又称放电电压或负荷电压，是指有电流通过外电路时，电池两极间的电位差。

图 5-1　铅酸蓄电池

（5）终止电压　电池放电时，电压下降到不宜再继续放电的最低工作电压称为终止电压。

（6）放电电流　通常用放电率表示，放电率指放电时的速率，常用"时率"和"倍率"表示。"时率"是指以放电时间（单位为h）表示的放电速率，或以一定的放电电流放完额定容量所需的小时数。例如电池的额定容量为30A·h，以2A电流放电则时率为30A·h/2A＝15h。"倍率"是指电池在规定时间内放出其额定容量时所输出的电流值，数值上等于额定容量的倍数。

（7）电池的内阻　电池内阻包括欧姆内阻（R_Ω）和电极在化学反应时所表现的极化内阻（R_f），欧姆内阻与极化内阻之和为电池的总内阻（R_i）。

（8）能量　电池的能量是指在一定放电制度下，蓄电池所能给出的电能，通常用瓦·时（W·h）表示。电池的能量分为理论能量和实际能量。

（9）功率与比功率　电池的功率是指电池在一定放电制度下，于单位时间内所给出能量的大小，单位为W或kW。单位质量电池所能给出的功率称为比功率，单位为W/kg或kW/kg。比功率也是电池重要的性能指标之一。一个电池比功率大，表示它可以承受大电流放电。蓄电池的比能量和比功率性能是电池选型时的重要参数。因为电池要与用电的仪器、仪表、电动机等互相配套，为了满足要求，首先要根据用电设备要求功率大小来选择电池类型。当然，最终确定选用电池的类型还要考虑质量、体积、比能量、使用的温度范围和价格等因素。

（10）电池的使用寿命　在规定条件下，某电池的有效寿命期限称为该电池的使用寿命。蓄电池发生内部短路或损坏而不能使用，以及容量达不到规范要求时蓄电池使用失效，这时电池的使用寿命终止。蓄电池的使用寿命包括使用期限和使用周期。使用期限是指蓄电池可供使用的时间，包括蓄电池的存放时间。使用周期是指蓄电池可供重复使用的次数。

4. 铅酸蓄电池基本结构

铅酸蓄电池基本结构如图5-2所示，主要由正极板、负极板、接线端子、隔板、安全阀、电解液、跨桥、电池盖、接头密封材料及附件等部分组成。

（1）正负极板　蓄电池的充电过程是依靠极板上的活性物质和电解液中硫酸的化学反应来实现的。正极板上的活性物质是深棕色的二氧化铅（PbO_2），负极板上的活性物质是海绵状、青灰色的纯铅（Pb）。正、负极板的活性物质分别填充在铅锑合金铸成的栅架上，加

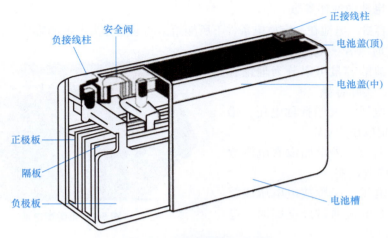

图 5-2　铅酸蓄电池基本结构

入锑的目的是提高栅架的机械强度和浇铸性能。但锑有一定的副作用，锑易从正极板栅架中解析出来而引起蓄电池的自行放电和栅架的膨胀、溃烂，从而影响蓄电池的使用寿命。负极板的厚度为 1.8mm，正极板为 2.2mm，为了提高蓄电池的容量，也有厂家采用厚度为 1.1~1.5mm 的薄型极板。另外，为了提高蓄电池的容量，可将多片正、负极板并联，组成正、负极板组。在每单格电池中，负极板的数量总比正极板多一片，正极板都处于负极板之间，使其两侧放电均匀，否则因正极板机械强度差，单面工作会使两侧活性物质体积变化不一致，造成极板弯曲。

（2）隔板　为了减少蓄电池的内阻和体积，正、负极板应尽量靠近但彼此又不能接触而短路，所以在相邻正负极板间加有绝缘隔板。隔板应具有多孔性，以便电解液渗透，而且应具有良好的耐酸性和抗碱性。隔板材料有木质、微孔橡胶、微孔塑料等，近年来，还有将微孔塑料隔板做成袋状，紧包在正极板的外部，防止活性物质脱落。

（3）电池槽和电池盖　蓄电池的外壳是用来盛放电解液和极板组的，外壳应耐酸、耐热、耐振，以前多用硬橡胶制成，现在有厂家已开始生产聚丙烯塑料外壳。这种壳体不但耐酸、耐热、耐振，而且强度高，壳体比较薄（一般为 3.5mm，而硬橡胶壳体壁厚为 10mm）、重量轻、外形美观、透明。壳体底部的凸筋是用来支持极板组的，并可使脱落的活性物质掉入凹槽中，以免正、负极板短路。若采用袋式隔板，则可取消凸筋以降低壳体高度。

（4）电解液　电解液的作用是使极板上的活性物质发生溶解和电离，产生电化学反应，传导溶液正负离子。它由纯净的硫酸与蒸馏水按一定的比例配制而成，电解液的相对密度一般为 1.24~1.30（15℃）。

（5）正负接线柱　蓄电池各单格电池串联后，两端单格的正负极桩分穿出蓄电池盖，形成蓄电池正负接线柱，实现电池与外界的连接。接线柱的材质一般是铅合金材料，正极标"+"号，负极标"–"号。

（6）安全阀　安全阀一般由塑料材料制成，对电池起密封作用，阻止空气进入，防止极板氧化。同时它可以将充电时电池内产生的气体排出电池，避免发生危险。使用时必须将排气栓上的盲孔用铁丝刺穿，以保证气体溢出通畅。

（7）铅酸蓄电池基本结构　行业标准 JB/T 2599—2012《铅酸蓄电池名称、型号编制与命名办法》规定，其排列形式是：□-□□-□□，如图 5-3 所示。

图 5-3　铅酸蓄电池基本结构

蓄电池以型号为 6-QW-54 为例，说明如下：

1）第一部分为单体蓄电池数：6 表示由 6 个单格电池组成，每个单格电池电压为 2V，即额定电压为 12V。

2）第二部分为蓄电池用途、结构特征代号：

① 蓄电池的用途：Q 为汽车起动用蓄电池，M 为摩托车用蓄电池，JC 为船舶用蓄电池，HK 为航空用蓄电池，D 为电动车用蓄电池。

② 结构特征：F 表示阀控型蓄电池，A 表示干荷型蓄电池，W 表示免维护型蓄电池，若不标则表示普通型蓄电池。

3）第三部分为蓄电池的额定容量：54 表示蓄电池的额定容量为 54A·h（充足电的蓄电池，在常温下以 20h 率放电电流放电 20h 对外输出的电量）。

四、开关

在电气控制线路中，组合开关经常被作为电源引入的开关，可以用它来直接起动或停止小功率电动机或使电动机正反转等。局部照明电路也常用它来控制。

汽车组合开关是用来控制照明与灯光信号装置以及一些其他附件的多功能组合式开关。它通常为手柄式，安装在转向盘下的转向柱上，以便于驾驶员操作。通常，组合开关分为两个手柄和一个按钮。

（1）灯光控制开关　该开关用于控制转向信号灯、前照灯及其他灯光。转弯前，按转向盘转动的方向前后扳动手柄，可分别打开左、右转向信号灯。顺时针为右转，逆时针为左转。此时组合仪表中相应的转向指示灯也应该亮。汽车在转弯后，转向盘回正时，手柄会自动回位，转向信号灯会自动关闭。有的汽车有变车道档位，稍向前（或后）扳动手柄，就可打开转向信号灯，松手后自动回位。开关末端可绕手柄的轴线扭动，控制其他灯光，一般分三档：

1）OFF 档：全部灯光熄灭，白天应在此档。

2）夜间用：除前照灯外，其他灯光全开，包括仪表灯、前位灯、后位灯、牌照灯等。

3）前照灯打开：近光灯开，其他灯也开。在此档时，向下推手柄即可变远光。

如果上下推拉手柄，即可发出超车信号，如图 5-4 所示。

（2）刮水器和风窗洗涤器开关　该开关分为以下四档：

1）OFF 档：刮水器不工作。

2）INT 档：间歇工作（每 4~5s 工作一次）。

3）LO 档：低速工作。

4）HI 档：高速工作。

如向上拉起手柄，可使风窗洗涤液喷出。有些汽车组合开关在手柄末端有洗涤液按钮，如图 5-5 所示。

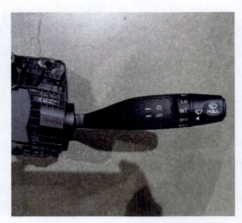

图 5-4　汽车组合开关　　　　　　　　图 5-5　带有洗涤液按钮的组合开关

五、控制模块

汽车电子控制模块是指由集成电路组成的用于实现对数据的分析、处理、发送等一系列功能的控制装置。控制模块在汽车上被广泛应用，并且集成度越来越高。

1. 发动机管理系统

发动机管理系统（Engine Management System，EMS）是利用各种传感器采集、测定发动机的各种参数，将其转化为 EMS 可接受的电信号后，再经过 EMS 进行逻辑运算向执行器发出指令，最终通过喷油器定时、定量地喷入进气管，使发动机在各种工况下都能得到最佳浓度的混合气。柴油机的发动机管理系统如图 5-6 所示。

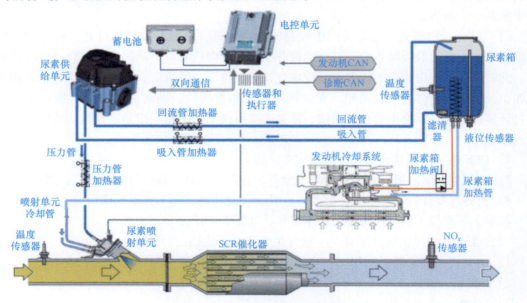

图 5-6　柴油机的发动机管理系统

EMS 采用各种传感器，把发动机吸入空气量、冷却液温度、发动机转速与加减速等状况转换成电信号，送入控制器。控制器将这些信息与储存信息比较，精确计算后输出控制信号。EMS 可以精确控制燃油供给量，而且可以控制点火提前角和怠速空气流量等，极大地提高了发动机的性能。

2. 防抱死制动系统控制模块

防抱死制动系统（Antilock Braking System，ABS）在汽车制动过程中可自动调节车轮制动力，防止车轮抱死以取得最佳制动效果。

ABS 控制模块的作用是接收来自轮速传感器的信号，先进行滤波放大，后计算出制动滑移率，车轮角加（减）速度，通过对比判别的逻辑处理，输出指令信号至压力调节器，执行制动压力调节任务。ABS 的组成（分置式）如图 5-7 所示。

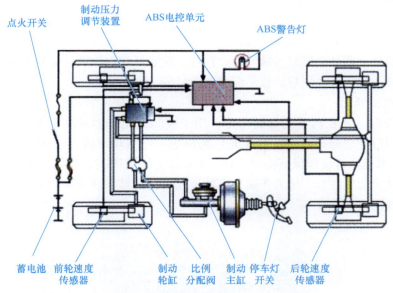

点火开关　制动压力调节装置　ABS电控单元　ABS警告灯

蓄电池　前轮速度传感器　制动轮缸　比例分配阀　制动主缸　停车灯开关　后轮速度传感器

图 5-7　ABS 的组成（分置式）

3. 车身控制模块

车身控制模块（Body Control Model，BCM）是用来实现对车身用电器的人性化、舒适性、方便性及部分安全性控制的系统，涉及车辆防盗、室内外灯光、电动车窗、刮水器洗涤及刮水、中控锁、遥控 RKE、喇叭、天窗、座椅、后视镜等的控制，部分车身控制系统还兼容网络管理的功能。

车身控制模块基本原理为根据外部 I/O 及总线，接收车内的一些开关信号、传感器信号以及 CAN、LIN 总线等数据信号，通过微处理器（MCU）实现控制逻辑，通过驱动电路实现对外围负载（车身的用电设备）的控制。车身控制模块如图 5-8 所示。

六、灯具

为了方便汽车行驶，保证行车安全，在汽车上都装有多种照明及信号设备。汽车照明及信号装置构成了汽车电器设备中一个独立的电路系统。照明系统主要由灯具、电源和控制电路（包括控制开关）三部分组成。灯具分为照明用的灯具和信号及标志用的灯具，照明用

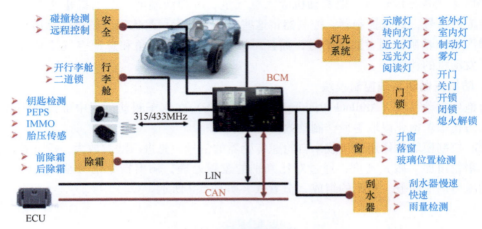

图 5-8　车身控制模块

的灯具有前照灯、雾灯、尾灯、牌照灯、顶灯、仪表灯和工作灯。信号及标志用的有转向信号灯、制动灯、示廓灯、尾灯、指示灯和警告灯等。

1. 外部灯光照明

（1）前照灯　装在汽车头部的两侧，用于夜间或光线昏暗路面上汽车行驶时的照明，有两灯制和四灯制之分。前照灯灯光光色为白色，灯泡功率远光灯为 45~60W，近光灯为 25~55W。要求前照灯应能保证提供车前 100m 以上路面明亮、均匀的照明，并且不应对迎面来车的驾驶员造成眩目。随着车速的不断提高，前照灯的照明距离应达到 200~300m。商用车前照灯如图 5-9 所示。

图 5-9　商用车前照灯

（2）雾灯　安装于汽车的前部和后部，用于在雨雾天气行车时照明道路和为迎面来车及后方来车提供信号。前雾灯安装在前照灯附近，一般比前照灯的位置稍低，因为雾天能见度低，驾驶员视线受到限制。前雾灯光色为黄色，这是因为黄色光波较长，具有良好的透雾性能，灯泡功率一般为 35W。后雾灯采用单只时，应安装在车辆纵向平面的左侧，与制动灯间的距离应大于 100mm，后雾灯灯光光色为红色，以警示尾随车辆保持安全距离，灯泡功率一般为 21W。商用车前雾灯如图 5-10 所示。

（3）倒车灯　安装于车辆尾部，给驾驶员提供额外照明，使其能在夜间倒车时看清车辆的后方，也警告后方车辆本车驾驶员正在倒车。当点火开关接通且变速器换至倒档时，倒车灯亮，如图 5-11 所示。

图 5-10　商用车前雾灯

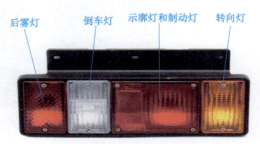

后雾灯　　倒车灯　　示廓灯和制动灯　　转向灯

图 5-11　车辆尾部灯具

（4）牌照灯　用于照亮车辆牌照，要求夜间在车后 20m 处能看清牌照号码。牌照灯装在汽车尾部牌照的上方或左右两侧，灯光光色为白色，灯泡功率为 8~10W。牌照灯没有单独的开关控制，受示廓灯开关控制。

2. 内部灯光照明

汽车内部照明系统由顶灯、仪表灯、行李舱灯、阅读灯、门灯组成，主要是为驾驶员、乘客提供方便。灯光光色一般为白色，灯泡功率在 5W 以内。

（1）顶灯　安装在驾驶室或车厢内顶部，为驾驶室或车厢内的照明灯具。灯光颜色一般为白色，如图 5-12 所示。

（2）阅读灯　装于乘员席前部或顶部，聚光时乘员看书不会给驾驶员产生眩目现象，照明范围较小，有的还有光轴方向调节机构，如图 5-13 所示。

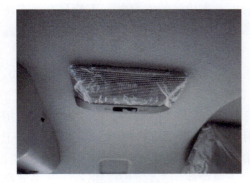

图 5-12　顶灯

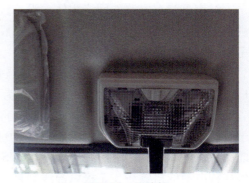

图 5-13　阅读灯

（3）仪表灯　安装于组合仪表内，用来照明汽车仪表。灯光颜色一般为白色，如图 5-14 所示。

3. 灯光信号

（1）转向信号灯　装于汽车前、后、左、右角，用于汽车转弯时发出明暗交替的闪光信号，使前后车辆、行人、交警明确其行驶方向。转向信号灯的灯光光色为琥珀色，灯泡功率一般为 20W。对于汽车转向信号灯的指示距离，要求前、后转向信号灯白天距离 100m 以外可见，侧转向信号灯白天距离 30m 以外可见。转向信号灯的闪光频率应控制在 1~2Hz。

图 5-14　仪表灯

（2）危险警告信号灯　当车辆遇到紧急危险情况时，同时点亮前后左右转向灯并频闪以发出警告信号。

（3）制动灯　用于指示车辆的制动或减速信号。制动灯安装在车尾两侧，两制动灯应与汽车的纵轴线对称并在同一高度上，制动灯灯光光色为红光，应保证白天距离 100m 以外可见。有的车辆还另外装有高位制动灯。

（4）示廓灯　安装在汽车前、后、左、右侧的边缘，用于夜间行车时标志汽车的宽度和高度。示廓灯灯光标志应在夜间 300m 以外可见。前示廓灯的灯光光色为白色，后示廓灯的灯光光色多为红色，灯泡功率为 8～10W。

七、整车线束

1. 线束基础知识

线束是汽车电路的网络主体，没有线束也就不存在汽车电路。在目前，不管是高级豪华汽车还是普通经济型汽车，汽车线束编成的形式基本上是一样的，都是由电线、插接件、端子和包裹胶带组成。

汽车电线又称低压电线，电线都是铜质多芯软线。电线常用规格有 0.5、0.75、1.0、1.5、2.0、2.5、4.0、6.0 等（单位均为 mm^2），各自都有允许负载电流值。

以整车线束为例：0.5 规格线适用于仪表灯、指示灯、门灯、顶灯等；0.75 规格线适用于牌照灯，前后示廓灯、制动灯等；1.0 规格线适用于转向灯、雾灯等；1.5 规格线适用于前照灯、喇叭等；主电源线要求使用 2.5～4.0 规格的电线。关键是要看负载的最大电流值，例如蓄电池的搭铁线、正极电源线则是专门的汽车电线单独使用，它们的规格有十几平方毫米以上。

整车主线束一般分成发动机（点火、电喷、发电、起动）、仪表、照明、空调、辅助电器等部分。整车主线束往往以仪表板为核心前后延伸，分成车头线束（包括仪表、发动机、前灯光总成、空调、蓄电池）、车尾线束（尾灯总成、牌照灯、行李舱灯）、顶篷线束（车门、顶灯、音响）等。

线束上各端头打上标志数字和字母，以标明导线的连接对象，操作者看到标志能正确连接到对应的电线和电器装置上，方便修理或更换线束；或者同一个回路用一种电线颜色进行区分。电线的颜色分为单色线和双色线，颜色的用途一般是车厂自定的标准。

（1）常用汽车电线简介　国标汽车线束的技术特性见表 5-1。

表 5-1　国标汽车线束的技术特性

型号	名称	特性	工作温度/℃
QVR	铜芯聚氯乙烯绝缘低压电缆	普通型	−40～70
QVR-105	铜芯耐热 105℃聚氯乙烯绝缘低压电缆	耐热型	−40～105
QVVR	铜芯聚氯乙烯绝缘聚氯乙烯护套低压电缆	多芯线，可带屏蔽	−40～70

1）电线类型的选择：线束选用导线类型重点考虑线束所处的环境和功能。发动机周围环境温度高，腐蚀性气体和液体也很多，一定要使用耐高温、耐油、耐振动、耐摩擦导线；行李舱盖上的导线要在低温下保持其弹性，所以要选用冷弹性导线保证其正常工作；自动变速器上的导线一定要耐高温、耐液压油，其温度稳定性要好；弱信号传感器要用屏蔽导线，例如爆燃传感器和曲轴位置传感器、ABS 轮速传感器等。

2）导线的载流量计算可按以下经验公式：

$$I = (10A+8)/2$$

式中，I 为导线承载电流（A）；A 为导线截面积（mm^2）。

3）线束颜色介绍：

① 单色线：绝缘表面为一种颜色的电线。

② 双色线、三色线：绝缘表面为两种、三种颜色的电线，如图 5-15、图 5-16 所示。

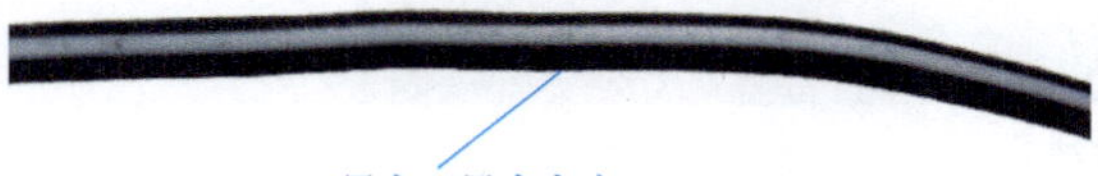

B/W(黑白—黑多白少)

图 5-15　双色线

G/L/Gr(棕绿灰，棕多绿少，灰为色点或色环)

图 5-16　三色线

③ 主色：双色线绝缘表面面积比例大的颜色。

④ 辅助色：双色线绝缘表面面积比例小的颜色。

双色线的辅助色应为两条或螺旋形条纹成对称分布，但导体截面积小于 0.5mm^2 时，可以只有一条条纹。双色线的辅助色条纹与主色条纹沿圆周表面的比例为 1：3～1：5。

4）电线颜色及其代码：

① 单色线：棕（Br）、红（R）、橙（O）、黄（Y）、绿（G）、蓝（L）、紫（V）、灰（Gr）、白（W）、黑（B）。

② 双色线：蓝/红（L/R）、绿/白（G/W）、黄/黑（Y/B）、棕/黄（Br/Y）。

（2）插接件选材　插接件是线束的核心部件，其性能直接决定着线束整体的性能，而且对全车的电器稳定性、安全性起着决定性的作用。插接件如图 5-17 所示。

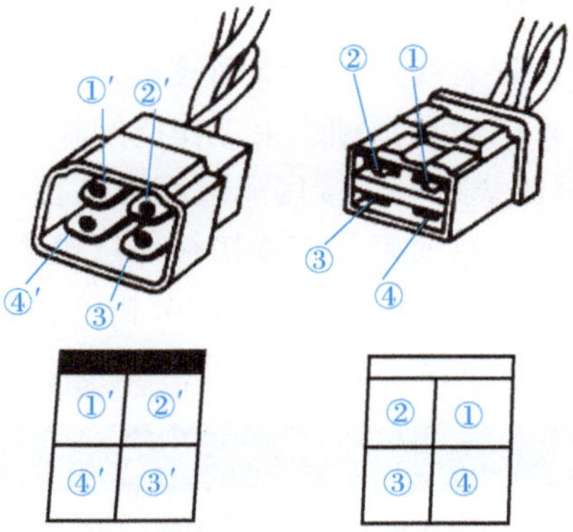

插接件的选取原则：

1）插接件选取要保证与电器件的良好接触，使接触电阻降为最低，提高可靠性，优先选用双弹簧式压紧结构的插接件。

图 5-17　插接件

2）根据导线的截面积和通过电流的大小合理选择插接件。

3）发动机舱内对接的护套，由于舱内温度、湿度偏大且存在着很多腐蚀性气体和液体，因此一定要选择防水性护套。

4）为减少线束对接用护套的种类和数量，优先选用混合型件，使装配固定方便。

5）对于要求性能较高的安全气囊、ABS、ECU 等用的端子插接件，应优先选用镀金件以保证安全可靠性。

6）蓄电池接头内部为锥体，锥度为 1∶9；其材料为镀锡铜、镀锌铜或铅锑合金。

（3）端子的材质　插接件用的铜主要是黄铜和青铜（黄铜的硬度比青铜的硬度稍低），其中黄铜占的比例较大。另外，可根据不同的需求选择不同的镀层。端子的材质如图 5-18 所示。

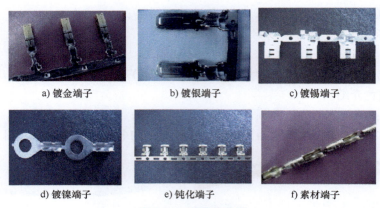

a) 镀金端子　　　　　　b) 镀银端子　　　　　　c) 镀锡端子

d) 镀镍端子　　　　　　e) 钝化端子　　　　　　f) 素材端子

图 5-18　端子的材质

（4）护套材质（塑料件）　常用的材质主要有 PA6、PA66、ABS、PBT、PP 等，设计插件时可根据不同的需求选择不同的材质，还可根据实际情况在塑料中添加阻燃或增强材料，以达到增强或阻燃的目的，如添加玻璃纤维增强等。

（5）线束包扎　线束外包扎起到耐磨、阻燃、防腐蚀、防止干扰、降低噪声、美化外观的作用，一般根据工作环境和空间大小制定以下包扎设计方案：

1）发动机线束工作环境恶劣，因此采用高阻燃性、防水、机械强度高的波纹管包扎。

2）前舱线束工作环境也相对较差，大部分干线也用阻燃性好的波纹管包扎，部分支线用 PVC 管包扎。

3）仪表线束工作空间较小，环境相对较好，可用胶带全缠或花缠。

4）门线和顶棚线束工作空间较小，可用胶带全缠，部分干线可用工业塑料布包扎；较细的顶棚线束可直接用海绵胶带粘在车身上。

5）底盘线束与车体接触部位较多，因此用波纹管包扎，以防止线束磨损。

（6）包扎用原材料性能分析　包扎用原材料性能分析见表 5-2。

表 5-2　包扎用原材料性能分析

材料	性能	分布部位	缺点
波纹管	具有耐磨性、耐高温性、阻燃性、耐热性，耐温在-40~150℃间，它的材质一般分 PP 和 PA 两种	干线部位，高温区	PA 抗弯曲疲劳性差；PP 阻燃、耐磨没有 PA 好

（续）

材料	性能	分布部位	缺点
PVC管	PVC管柔软性和抗弯曲变形性较好，为闭口管	线束拐弯的分支处	PVC管的耐热温度不高，一般在80℃以下
胶带	PVC胶带耐磨性、阻燃性较好，价格较便宜；绒布胶带和布基胶带材料为PET；绒布胶带的包扎性和降噪性最好，耐温在105℃左右；布基胶带的耐磨性最好，耐温最高150℃左右	捆扎、耐磨、绝缘、阻燃、降噪、作标记	PVC胶带耐温在80℃左右，降噪性不好；绒布胶带和布基胶带共有的缺点是阻燃性不好，价格昂贵

（7）汽车线束基本要求

1）汽车线束尺寸应符合下列要求：

① 干线和保护套管长度宜不小于100mm，并为10的倍数，如100mm、110mm、120mm等。

② 支线长度宜不小于30mm。

③ 接点之间、接点与分支点之间距离宜不小于20mm。

④ 电线与端子连接处需装绝缘套管时，绝缘套管长度不得小于20mm。

⑤ 端子与电线连接处的电压降应不大表5-3的规定。

表5-3　电压降要求

导体公称截面积/mm²	试验电流/A	电压降/mV	导体公称截面积/mm²	试验电流/A	电压降/mV
0.50	5	3	10.00	50	25
0.75	10	5	16.00	60	15
1.00	15	8	25.00	70	18
1.50	20	11	35.00	80	20
2.50	30	16	50.00	90	23
4.00	35	18	70.00	100	25
6.00	40	20	—	—	—

2）接点应符合下列要求：

① 采用压接方法时，导体不应压断。

② 采用钎焊方法时，不允许使用腐蚀性焊剂，焊点应光滑，不允许存在漏焊、未焊透、焊剂夹杂等缺陷。

③ 采用无焊料焊接方法时，焊接处表面不允许出现氧化、断丝、缺损和绝缘层熔化现象。

④ 接点应牢固，在规定的拉力下不应损伤和脱开。

2. 整车线束防护知识

汽车线束电线防护一般采用波纹管、PVC管、PET缠绕管、编织布、海绵、电工胶带进行保护，并且会使用扎带、绑带进行固定。线束防护主要对车载电缆起到固定、耐磨、阻燃、绝缘、防腐蚀、抗干扰、降低噪声以及美化外观的作用。

（1）波纹管　波纹管（图 5-19）虽然外形长相都很相似，但材质确有很多种，如聚丙烯（PP）、尼龙（PA）、聚丙烯改良（PPMOD）等，其主要特点就是耐磨性好，耐高温性好，即便是最为普通的波纹管，耐高温也可达到 100℃，而且阻燃性比较优秀。波纹管本身具有较好的柔韧性，抗弯曲性能好，在机舱以及前后防护结构中最为常见。

（2）PVC 管及热缩管　PVC 管及热缩管（图 5-20）为软聚氯乙烯材质，其功能和波纹管类似，主要特点是柔软性好、抗弯曲性能好，但其耐磨性能一般，耐温性一般可到 80 ~ 105℃。PVC 管主要用于四车门和驾驶室内，多用于线束分支之处。

图 5-19　波纹管

图 5-20　PVC 管和热缩管

（3）工业塑料布　工业塑料布（图 5-21）材质为聚氯乙烯，外观为黑色网状保护片，卷曲后包扎在线束上，其主要特点是柔软性好、便于折弯。在主干线束需要折弯的地方，或较粗的线缆分支位置可见。

（4）海绵　海绵（图 5-22）也被称为海绵胶带，其功能和使用方式类似于胶带，主要特点是降噪减振性能好，多用于车门和驾驶室内需要减振降噪的地方，可消除线束的异响。

图 5-21　工业塑料布

图 5-22　海绵

（5）线束包裹胶带　胶带是最基本、最常用的防护材料，全车线束都需要靠胶带进行固定。胶带具备较好的耐蚀性、耐油污以及绝缘特性。根据线束防护等级的不同，胶带包扎方式分为全缠、局缠、花缠。胶带的分类也很多，大体分为 PVC 胶带、耐高温 PVC 胶带、布基胶带、绒布胶带等。PVC 胶带侧重于耐磨和阻燃，该材料降噪性能差，价格便宜。布基胶带耐高温、耐磨性能较高。绒布胶带降噪性能突出，可消除异响。

（6）橡胶护套　橡胶护套又称橡胶件、过孔橡胶件、车门橡胶件，常用于汽车线束穿过舱室和车门的钣金件时保护线束。

（7）支架护板　线束支架护板通用性较差，不同车型所设计的支架护板都不相同，这种支架护板前期投入研发费用高，而且需要设计模具进行生产。大多厂家为了控制车辆整体成本，大多不会广泛使用该防护方式。

第二节　电器件装配工艺

一、驾驶室电器件装配

1. T-BOX 装配工艺

在物料架拿取正确的支架和 T-BOX 模块，带好六角头螺栓用电枪紧固。将线束卡在支架上，拿取预装好的 T-BOX 模块将二维码撕下，粘贴在杂物箱指定位置上，带好六角头螺栓用电枪紧固，最后将 T-BOX 双天线仪表馈线连接在 T-BOX 模块上。

注意事项如下：

1）安装支架和 T-BOX 模块时要查看零件图号对应排程，防止错装。

2）二维码粘贴在杂物箱指定位置上，一定要保证二维码平滑，不能有褶皱，防止降低二维码扫描识别率。

3）连接 T-BOX 馈线时要按颜色对接，如图 5-23 所示。

2. 车身控制器装配工艺

把仪表板本体翻转回正面，取车身控制盒带遥控器总成，3 个十字槽凹穴六角头螺栓用电枪将其紧固在仪表板本体内制定孔位上，将驾驶室线束分支的中控盒插头接好，取 3 个十字槽凹穴六角头螺栓，用电枪将继电器盒紧固在指定位置上，如图 5-24 所示。

图 5-23　T-BOX 装配工艺

图 5-24　紧固螺栓

注意事项如下：

1）戴好手套，谨慎作业。

2）线束插头在插接时，需要采用"推听推"⊖的装配方法。

⊖　"推听推"的装配方法是指在装配插接器时，先将插接器对准后插入，当听到"咔嚓"声后再推动一下，使插接器彻底插接到位。

3. 组合仪表装配工艺

取组合仪表连接驾驶室线束接头，并把卡扣卡紧，放入指定位置上并做好点检，从工具盒内取 4 个十字槽盘头自攻螺钉，将组合仪表紧固，如图 5-25 所示。

注意事项如下：

1）连接线束时，按工艺要求使用"推听推"的方法。

2）作业时严禁用手握住电枪的旋转部位。

图 5-25　组合仪表装配

二、底盘电器件装配要求

1. ABS 模块装配工艺

取预装好的 ABS 控制单元、2 个十字槽凹穴六角头螺栓，将其紧固在仪表板本体内指定孔位上，将驾驶室线束分支的 ABS 控制单元插头接好，如图 5-26 所示。

注意事项：线束插头在插接时需要采用"推听推"的装配方法。

2. 蓄电池装配

取蓄电池负极线总成、蓄电池拉紧杆、蓄电池压板、蓄电池接线柱夹钳、蓄电池盖板和蓄电池，将蓄电池放在蓄电池支架上，拔掉接线柱盖子，撕下蓄电池二维码张贴至跟车单；将正极线、继电器分支线束套在蓄电池接线夹钳螺杆上，使用六角法兰面螺母固定，取风枪拧紧并取扎带将正极线和继电器分支线束绑在一起；将蓄电池正负极线与蓄电池连接，并用开口扳手拧紧蓄电池接线柱夹钳螺

图 5-26　ABS 模块装配

栓，取搭铁螺栓并将蓄电池负极线与车架连接，取定扭力风枪拧紧；用蓄电池压板压住蓄电池，把蓄电池拉紧杆螺母和平垫松下后，分别将下面钩子钩住蓄电池支架，带上螺母和平垫，用风枪拧紧蓄电池压板；盖上蓄电池盖板，钩住挂钩并使用风枪套上蝶形螺母专用套筒拧紧。蓄电池装配如图 5-27 所示。

装配要点如下：

1）须确认点火开关在 OFF 档，并关闭其他电源开关。

2）扭矩按各工厂工艺要求执行，定扭力风枪自动断气为合格。

3）拧紧后用手上下拉动负极线，检查是否松动。

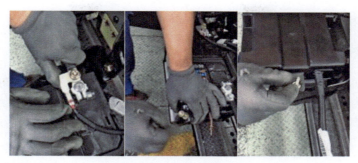

图 5-27　蓄电池装配

3. 尿素箱装配

将尿素箱出水软管从车架孔位穿出，并将水管自带钣金卡固定在车架内侧横梁上；将尿素箱出水软管套上弹性卡箍连接至尿素出水硬管，并用尖嘴钳拔掉弹性紧箍上的卡销；取尿素箱预装总成、法兰面螺栓、M10 六角法兰面螺母至车架左侧尿素箱装配区域，依次用法兰面螺栓、M10 六角法兰面螺母将尿素箱预装总成固定在车架左侧装配位置并预紧；用六角法兰面螺母、六角头螺栓将尿素箱水管支架固定在车架上，将尿素箱进水软管套上弹性卡箍插接至尿素箱，并用尖嘴钳拔掉弹性紧箍上的卡销；将尿素箱进水软管套上弹性卡箍插接至尿素输水硬管，并用尖嘴钳拔掉弹性紧箍上的卡销；取风枪 15# 套筒依次拧紧 M10 六角法兰面螺母，切换 13# 套筒依次拧紧法兰面螺栓点检所装配零部件，并复检尿素箱预装工序。尿素箱装配如图 5-28 所示。

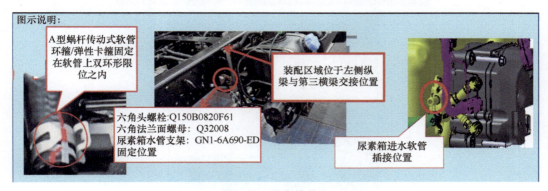

图示说明：

A型蜗杆传动式软管环箍/弹性卡箍固定在软管上双环形限位之内

装配区域位于左侧纵梁与第三横梁交接位置

六角头螺栓:Q150B0820F61
六角法兰面螺母: Q32008
尿素箱水管支架: GN1-6A690-ED
固定位置

尿素箱进水软管插接位置

图 5-28　尿素箱装配

装配要点如下：

1）弹性卡箍固定在软管上双环形限位之内。
2）搬运时谨慎作业，避免掉落砸伤。
3）作业时严禁用手握住风枪旋转部位。
4）尿素箱支架左侧焊装螺栓固定孔位对齐车架。

第三节　线束装配工艺

汽车线束装配是汽车总体装配的一道关键工序。线束装配质量的高低，直接关系到整车质量。因此，在整车装配的过程中，必须按照生产计划，对应基本车型，按工艺要求装配，不得误装、错装和漏装。

一、底盘线束装配

取车架前线束 1 根，将车架前线束从第二横梁左侧穿至第一横梁并铺好，另一头穿过第三横梁至第四横梁铺好；取法兰面螺母将继电器盒穿过车架底部，线束内侧固定螺栓从车架孔穿出，车架外侧线束固定孔与穿出螺栓进行对接，再将螺栓预紧。底盘线束装配如图 5-29 所示。

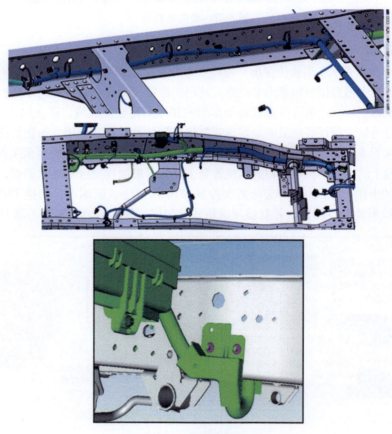

图 5-29　底盘线束装配

二、车身地板线束装配

取右门开关线总成，卡在相应位置上，将右门开关线总成从车身相应位置穿出，用黄色胶带固定右门开关线总成（胶带粘在螺母座旁）；从工具盒内取门灯开关总成，将门灯开关总成线接好；取一个十字槽盘头螺钉，用电枪将其紧固在指定位置上。车身地板线束装配如图 5-30 所示。

注意事项：线束连接时采用"推听推"的方式。

三、室内灯线束装配

取 2 块顶内饰海绵块，张贴在顶内饰两侧；取室内灯线束总成、顶内饰放入驾驶室内，

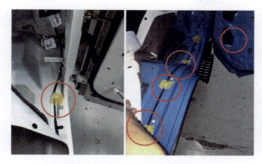

图 5-30　车身地板线束装配

将线束上的卡子卡在车身指定位置水平布置；将示廓灯接头线束从车顶两侧拉出，将准备好的顶内饰放入驾驶室顶部指定位置；取 6 个卡扣，将顶内饰固定在驾驶室顶部指定位置。室内灯线束装配如图 5-31 所示。

宽体车型　　　　中体车型

图 5-31　室内灯线束装配

注意事项如下：

1）根据车型不同，室内顶灯线束总成分为中体、宽体车型；顶内饰也有所区分。

2）室内顶灯线束应被卡子固定牢固，走线顺畅；中体车型、宽体车型的线束固定位置有所不同。

3）对于有示廓灯装配需求的车型，参照线边配置单装配。

四、车门线束装配

取左右前门线束总成并放入驾驶室内，取左前门线束总成，从车身相应孔位穿出；将线束护套固定在车身孔位上，再拿取另一端穿入左门内侧相应孔位；将线束护套固定在车门孔位上，将左前门线束总成上的卡子卡在门上指定位置，线束回拉点检。车门线束装配如图 5-32 所示。

注意事项如下：

1）区分左右门线束及电动窗、手动窗。

2）护套有箭头的那面朝上。

3）佩戴手套，谨慎作业，作业时注意车门。

4）检查定位卡扣是否脱落。

五、仪表台线束装配

将仪表板本体翻转过来，将收放机过渡线一端插在多媒体播放器上，使用卡子依次将

图 5-32　车门线束装配

驾驶室线束总成、继电器总成 1、冷凝风扇继电器、喇叭继电器，继电器 2 卡在仪表台内将继电器插入驾驶室线束总成继电器盒相应位置上，将有继电器盒一端的线放置在仪表板本体右边，将另一端线上的卡子依次卡入仪表板本体内，一直卡到右侧去；将驾驶室线束上的点烟器、取电器、多媒体播放器、仪表台开关线束分支分别插接好，用定扭力电动螺丝刀将线束上的 3 个搭铁圈，用搭铁螺栓紧固在指定位置上。仪表台线束装配如图 5-33 所示。

注意事项如下：

1）插头在插接时需采用"推听推"的装配方法。

2）扭矩为（10.5±1.6）N·m，绿灯亮视为扭矩合格；搭铁圈贴平安装面。

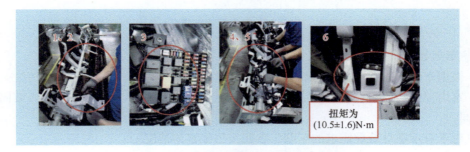

图 5-33　仪表台线束装配

六、发动机控制线束装配

拿取线束，查看线束上的标签，确认线束图号与机型相匹配；按线束装配图安装发动机控制线束，在每个线束插口装配发出咔哒声后再次推送接口确认装配到位，如图 5-34 所示。

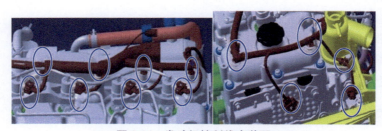

图 5-34　发动机控制线束装配

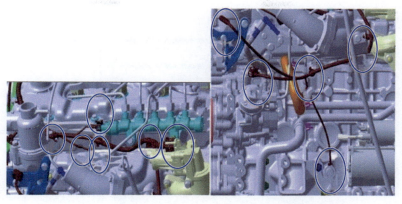

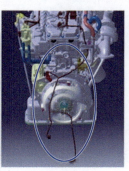

图 5-34　发动机控制线束装配（续）

第四节　电控数据刷写与标定

在数字化时代，汽车行业正在经历剧烈变革，无论是汽车本身电控系统的复杂程度，还是汽车产能增加带来的产线自动化程度的提高以及生产节拍的加快，都对整车下线刷写与标定系统提出了更高要求。本节的学习目的是了解常见的整车下线刷写与标定设备的使用方法和操作步骤。

一、发动机控制单元刷写

发动机控制单元刷写如图 5-35 所示。启动计算机，双击 ECU 程序文件夹，输入账号、密码，核对排程后在页面中选择好相对应的 ECU 程序。从包装箱中取出 ECU，连接计算机刷写插头（图 5-35a）。开启"点火开关"，按<Enter>键开始 ECU 数据输入（图 5-35b），等待 ECU 数据输入，待页面显示完成后（图 5-35c），回查 ID 号，核对程序是否对应。关闭电源（图 5-35d），等待"编程灯"熄灭后拔除数据线（图 5-35e），在 ECU 表面标注相对应的车型代号（图 5-35f）。

装配要点如下：

1）刷写过程中，禁止用湿手接触插头、插座，避免漏电导致刷写失败。

2）按照车型刷写 ECU，避免 ECU 程序刷写错误。

3）检查 ECU 插座内的针片是否存在歪斜现象，避免刷写失败。

4）刷写过程中严禁断开插头、避免损害 ECU。

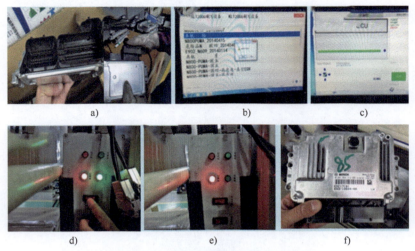

图 5-35　发动机控制单元刷写

二、车联网注册

行至工位屏旁，取扫描枪行至驾驶室右门旁，扫描车门上的跟车单将杂物箱打开，扫描 T-BOX 二维码；行走返回工位屏，查看屏幕确认车辆信息无误后单击"过点"，将扫描枪放回工位屏上方底座上。车联网注册如图 5-36 所示。

装配要点：扫描成功后，扫描枪成绿色状态。

图 5-36　车联网注册

三、智能驾驶系统标定

1. 雷达标定

1）雷达标定对标定场地的布置、金属角反射器及车辆的要求如下：

① 金属角反射器与雷达表面的距离为 2.5m。

② 雷达校准的净空区：金属角反射器与雷达前表面之间的区域（2.5m）与金属角反射器后方 0.5m 的区域为净空区，净空区内不能有任何金属反射物或障碍物。

③ 雷达垂直方向净空角度为 ±20° 或（车辆前方 2.5m）净空高度 3.0m。

④ 雷达水平方向净空角度为 ±45° 或（车辆前方 2.5m）1.5 倍车宽。

2）工装摆放的目的：工装摆放的目的是使毫米波雷达的包络轴线、金属角反射器的轴线重合并保持与车辆行驶方向平行。

3）校定工作对于车辆的要求如下：

① 确保胎压正常。

② 已完成四轮定位。

③ 车辆在校准平台定位后，车辆行驶轴线与金属角反射器的轴线平行，最大偏角不超过±1°。

4）雷达标定工具清单：前向毫米波雷达的售后标定工具清单见表5-4，工装包括A工装车牌定位组和B工装角反射器定位组。

表 5-4　标定工具清单

序号	品名	数量	备注
1	六角扳手组	1	含 5mm、4mm、3mm 规格
2	卷尺	1	
3	吊线锤	1	线长 2m
4	简易激光测距仪	1	
5	简易点线激光仪	2	
6	A 工装车牌定位组	1	
7	B 工装角反射器定位组	1	

5）工装车牌定位组的摆放：图5-37为A工装车牌定位组装装置，图5-38为B工装角反射器定位组组装装置。

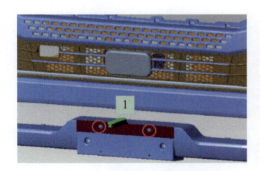

图 5-37　A 工装车牌定位组装装置

图 5-38　B 工装角反射器定位组组装装置

支架调整步骤如下：

① 将 A 工装按照图 5-37 调好，1 号位置放置点线激光笔并开启。

② 将 B 工装按照图 5-38 调整好（高度使角反射器中心与雷达中心等高，雷达参数见附件），开启激光笔。

③ 将 B 工装激光笔左移 225mm，调整工装 B 的横梁使 B 的激光笔对准 A 工装的边框。

④ 调整 B 工装激光笔对准雷达中心。

⑤ 在诊断仪上点击"雷达配置（开始标定）"：

　　a. 调整 B 工装角反射器定位组：将 B 工装角反射器定位组使用六角扳手组装起来，如图 5-38 所示（角反射器上下可调范围 400~800mm，左右可调范围±350mm），再将 A 工装组装起来，如图 5-37 所示，红色圆圈圈起来的部分需要用螺钉锁固定，再将点线激光仪放进 1 号位置。

　　b. B 工装角反射器距离与高度调整：如图 5-39 所示，调整金属角反射器与雷达同高，角反射器中心位于车身中轴面上距离雷达 X 方向 2.5m 处，并将 A 工装 1 号位置点线激光笔开启（图 5-40），确认 1 号位置点线激光对准 B 工装 1 号标定线，确保雷达与金属角反射器在同一水平直线上。

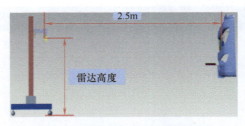

图 5-39　B 工装角反射器与雷达表面距离

图 5-40　点线激光笔开启示意图

　　c. B 工装角反射器与车轴线垂直调整：如图 5-41 所示，将 B 工装 2 号位置点线激光笔 2 开启，并将激光笔平台移动 225mm，同时将 B 工装横杆左右旋转，使 2 号位置点线激光与 A 工装边框准确对位后（图 5-42），固定旋转螺钉，调整 B 工装上角反射器的水平，确认水平气泡移至中心点后，将螺钉锁紧，此动作完成后角反射器与车轴线垂直。最后，再将角反射器移回中间位置，使角反射器雷达的轴线与车辆轴线保持一致，如图 5-43 所示。

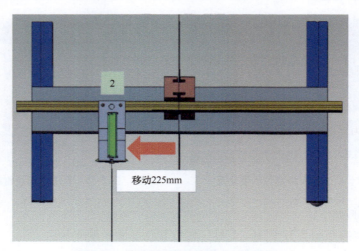

图 5-41　移动激光笔 2 左偏中心 225mm

　　d. B 工装角反射器左右平移调整：如果雷达安装位置并非在车身中心，则参考实车雷达安装左右偏移中心距离，根据雷达偏置距离对角反射器进行左右平移，确认水平气泡移至中心点后，将螺钉锁紧，确保角反射器的轴线对准雷达的轴线并与车身轴线平行或重合。

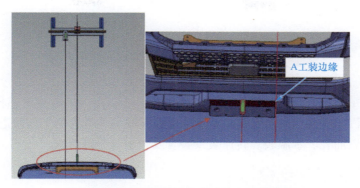

图 5-42　2 号位置点线激光对准 A 工装边缘

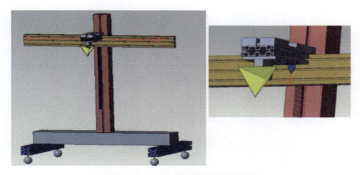

图 5-43　B 工装角反射器平移

e. 如有以下情况，可能导致雷达校准失效：金属角反射器没有布置在正确的位置；雷达安装角度偏差超出规定的范围；有其他电磁波信号的干扰。

2. 摄像头标定

摄像头标靶摆放三次，标靶中心对准摄像头中心，分别距离摄像头 2m、2.5m、3.5m，摆放好后，在应用程序中分别读取图像检测 1、图像检测 2、图像检测 3，检测成功后再点击"开始标定"（图 5-44）。

图 5-44　摄像头标定

第五节　仪表盘信号灯识读

仪表是获取车辆是否正常工作的主要信息来源，安装在汽车驾驶员座椅前的仪表台上，用来显示或指示汽车行驶状态及发动机、变速器及重要的零部件的工作状态。汽车仪表一般由车速里程表、燃油表、水温表、转速表及警告及指示符号等组成。

一、汽车组合仪表结构

汽车常见组合仪表结构如图 5-45 所示。

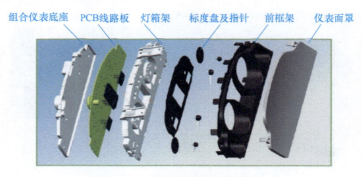

图 5-45　汽车常见组合仪表结构

二、汽车组合仪表功能简介

汽车组合仪表如图 5-46 所示。

1）车速里程表：显示汽车行驶的时速，单位为 km/h；它实际上由两个表组成，一个是车速表，另一个是里程表。常见的车速表是从变速器上安装的里程传感器上获取信号，通过脉冲频率的变化使指针偏转或者显示数字，从而体现车速高低。另一种常见的车速表是在车轮上获取信号，通过模块（如 ABS 模块）转换成 CAN 信号或者其他信号再传递给组合仪表。里程表的信号来源与车速表的信号相同，电子式里程表累积的里程数字存储在非易失性存储器内（如 EEPROM），在无电状下态数据也能保存。

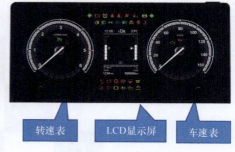

图 5-46　汽车组合仪表

2）转速表：显示发动机的转速，单位为 r/min。转速信号取自转速传感器（一般经过 ECU 模块处理再给仪表）。转速表能够直观地显示发动机在各个工况下的转速，驾驶员可以随时知道发动机的运转情况，配合变速器档位和节气门位置，使之保持最佳的工作状态，对降低油耗、延长发动机寿命有好处。

3）燃油表：显示油箱内油量的多少。燃油信号是燃油量传感器输出的阻值信号。一般仪表盘上有燃油低警告符号，起辅助提示作用。

4）水温表：显示发动机冷却液温度，单位是℃。一般仪表盘上有冷却液温度高或者冷却液液位低的指示符号，指示符号亮时表示冷却液温度高或者冷却液液位低。

三、汽车组合仪表警告及指示符号的介绍

汽车组合仪表中常用的警告及指示符号见表5-5。

表 5-5　汽车组合仪表警告及指示符号

序号	警告/指示灯	图标	自检
1	近光灯		否
2	远光灯		否
3	沉淀水指示灯		是
4	发动机故障警告灯		是
5	ABS 故障警告灯		是
6	燃油警告灯		是
7	制动系统故障灯		是
8	左转向灯		否

（续）

序号	警告/指示灯	图标	自检
9	右转向灯		否
10	危险警告灯		否
11	驾驶员安全带未系指示灯		是
12	前排乘客安全带未系指示灯（预留）		有该配置车型需要自检
13	安全气囊指示灯（预留）		有该配置车型需要自检
14	驻车制动指示灯		否
15	机油压力警告灯		否
16	蓄电池充电指示灯		否
17	排放故障指示灯		是
18	排气制动（预留）		否

（续）

序号	警告/指示灯	图标	自检
19	发动机预热指示灯		否
20	前雾灯		否
21	后雾灯		否
22	超速警告灯（预留，配置项）		有该配置车型需要自检
23	轮胎欠压警告或快速漏气警告灯（预留）		有该配置车型需要自检
24	电子离合器故障灯（预留，配置项）		是
25	水温指示灯		是
26	DPF 指示灯		是
27	尿素液位警告灯		是
28	示廓灯		否

（续）

序号	警告/指示灯	图标	自检
29	车门未关指示灯		否
30	驾驶室锁止机构（预留）		否
31	定速巡航（预留）		否
32	制动片磨损警告灯		否

复习题

一、填空题

1. 商用车所装备的电气系统，按其构成可大致归纳并划分为电源系统、_____、_____三部分。

2. 汽车电子控制模块是指由_____组成的用于实现对数据的分析、处理、发送等一系列功能的控制装置。

3. 线束是汽车电路的网络主体，其编成的形式基本上是一样的，都是由电线、_____、端子和_____组成。

4. 线束插头在插接时需要采用_____的装配方法。

5. 插接件是线束的核心部件，插接件的性能对全车的电器_____、_____起着决定性的作用。

二、单选题

1. 开启远光灯后组合仪表上显示的指示灯是（　　）。

 A.　　　　 B.　　　　 C.　　　　 D.

2. 汽车线束设计尺寸应符合干线和保护套管长度宜不小于（　　）mm，支线长度宜不小于（　　）mm。

A. 80、50　　　　B. 120、60　　　　C. 100、30　　　　D. 200、100

3. PVC 管是线束的主要防护材料，其缺点是（　　）不好。

A. 耐磨性　　　　B. 阻燃性　　　　C. 柔软性　　　　D. 耐热性

4. 发动机线束工作环境恶劣，因此全部使用高阻燃性、防水、机械强度高的（　　）包扎。

A. 波纹管　　　　　　B. PVC 套管　　　　　C. 绒布胶带　　　　　D. PVC 胶带

5. 插接件端子的材料主要是黄铜和青铜，其中黄铜占的比例较大。另外，可根据不同的需求选择不同的镀层，对于要求性能较高的安全气囊、ABS、ECU 等插接件，应优先选用（　　）端子以保证安全可靠性。

A. 镀金　　　　　　　B. 镀锌　　　　　　　C. 镀锡　　　　　　　D. 镀银

三、简答题

1. 汽车线束电线防护方式有哪些？其作用是什么？

2. 智能驾驶系统雷达标定失败的可能原因有哪些？

第五章复习题

参考答案

第六章 整车调试

整车调试是对组装好的整车进行各项功能进行检查和调整，包括发动机、底盘、车身、电气设备等系统动态性能的检测调试，对于不合格的车辆进行返修调试等操作，直到达到合格标准。

第一节 安全规范及要求

车辆完成调试前处于不稳定状态，随时可能造成不安全事故，因此车辆调试过程必须做好行驶前的安全检查，行驶及检测中的规范操作。

一、驾驶前的安全检查

为确保驾驶员的人身安全，降低事故的发生率，保证生命财产安全，车辆下线以后，在起动调试及试车前，需要对车辆的驾驶安全进行全面、规范的检查，准备工作做充分以后才允许起动和驾驶车辆。车辆驾驶前的安全检查及验收项目主要包括：

1）检查油液（机油、制动液、转向液、冷却液、燃油等）加注满足刻度要求，且管路无泄漏、与运动件间隙满足要求。

2）检查前舱线束走向正确、紧固可靠，且与锋利边无干涉、与运动件间隙满足要求。

3）检查转向盘、轮胎紧固可靠。

4）检查胎压满足要求。

5）检查仪表故障灯无异常闪烁；仪表指针指示正常。

6）检查底盘各线束、油管、水管、空调管，无干涉和泄漏现象，表面油渍擦拭干净路试后再确认。

7）检查座椅、安全带功能正常。

8）检查内、外后视镜调整功能正常。

9）检查蓄电池正负极螺母紧固可靠。

10）检查离合踏板、加速踏板、制动踏板高度符合设计要求，踏板回位正常且无异响。

11）检查制动系统；

① 液压制动系统，发动机起动后，大力踩踏制动踏板，如出现踏板位置太低或踏板随踏板力增加出现异常下降则可判定为制动系统内有空气或制动系统存在泄漏，应排除后方可驾驶车辆。

② 气压制动系统车辆，气压达标后缓慢起步立刻制动，如制动效果差则用驻车制动应急制动，直到排除故障、制动系统正常才能正常行驶。

12）检查转向系统：左右转动转向盘，感受转向盘自由行程及有无异响，如出现自由行程过大或明显异常声响，检查转向传动装置是否连接可靠，有无运动干涉，需排除故障后方可驾驶车辆。

二、驾驶中的安全操作

车辆安全驾驶操作要求主要包括：驾驶权限要求、车间驾驶车辆规范要求、厂区内驾驶车辆要求、检测线车辆驾驶要求、试车场驾驶车辆要求等。

1. 驾驶权限要求

需持有厂内驾驶证，按照驾驶证要求驾驶对应车型车辆。

2. 车间驾驶车辆规范要求

车间驾驶车辆需按照车间规定的路线及车速进行驾驶、一般车间内车速不超过 5km/h。

3. 厂区内驾驶车辆要求

厂区内驾驶车辆需按照工厂规定的路线及车速进行驾驶、一般厂区内车速不超过 20km/h。

4. 检测线驾驶车辆要求

驾驶车辆需按照车间规定的路线及车速进行驾驶、一般车间内车速不超过 5km/h。

5. 试车场驾驶车辆要求

试车场驾驶车辆需按照试车场规定的路线及车速进行驾驶，不同路段都有特定的车速规定，一般包括弯道路、扭曲路、搓板路、卵石路、高速路、ABS 路、驻车坡道等。

三、车辆调试安全规范

1. 劳保护具

车辆调试时，调试员应穿反光马甲，带不影响驾驶的劳保手套等相关的安全劳保用品。

2. 工具使用

按照车间规定的要求及工具设备使用规范进行操作，保持工具干净整洁，工具摆放定位，不得随意乱放。工具使用过程中不得粗暴使用或加以破坏性作业，防止对工具造成永久性损坏，作业完毕后及时清理赃物，归类。工具在使用前要检查其完好性，防止因工具问题造成部件损伤。

3. 规章制度及操作规范

1）非工作需要一律不得动用车辆，公司内部移动车辆必须由持有内部驾照的人员进行。

2）试车场地路试检验人员，需持有内部驾驶证并经过专业培训后才能进行路试作业，其他人员一律不得进入试车场驾驶车辆。

3）非路试场地的其他道路试车时，需持有内部驾驶证并按照厂区内道路驾驶规则驾驶车辆。

4）车间内行驶车速不得超过 5km/h，不准在非试车区域进行试制动、车辆动力性能等路试。

5）车辆在进入工位、上下举升机、四轮定位、检测线时，驾驶员必须确认周边安全，方能进行操作。维修检查车辆时，如果需要起动发动机，则必须先拉住驻车制动手柄，然后确认车辆档位。

4. 驾驶室翻转安全注意事项

驾驶室翻转前观察驾驶室翻转空间有无安全隐患，举升后观察保险装置是否可靠。不得在驾驶室未完全翻起状态下在驾驶室底部作业。

5. 车辆起动安全注意事项

应按照规定要求在起动前进行全面检查，具备安全起动条件后才能够起动车辆（如机油、冷却液等油辅料的检查，以及档位检查、驻车制动检查、管路及接头检查等）。

6. 禁止擅自起动、驾驶车辆

在调试过程中的车辆，其他人员在未经允许时，不得起动车辆、驾驶车辆。

四、检测线安全要求

1. 四轮定位工位安全操作要求

1）应佩戴相关的安全劳保用品（如手套、安全帽、护目镜等）。

2）车辆在上四轮定位时，应由专业人员驾驶车辆到四轮定位设备规定位置，其他人员禁止驾驶车辆上四轮定位设备。

3）四轮定位设备操作时应由专业人员按照规定的操作规程进行操作。

4）设备应定期进行保养维护。

2. 检测线工位安全操作要求

1）检测线检验人员，应经过专业培训，持证上岗。

2）车辆在检测线工位操作时，应由专业人员驾驶车辆到检测线上进行操作，其他人员禁止操作。

3）检测线在操作时，其他人员未经允许禁止进入检测线工作区域。

第二节　四轮定位

为了保证车辆行驶时的稳定性和操控轻便性以及保持汽车直线行的能力，减少汽车轮胎与其他机件的磨损，必须考虑许多因素来确定车轮与地面的角度。转向轮、转向节和前轴三者与车架的相对位置可以为转向轮定位，现在的车很多也需要后轮定位，既四轮定位或全轮定位。

一、检测参数及内容

1. 轴距和轮距宽度

（1）定义　轴距 A 是前轴中心到后轴中心间的距离。轮距 B 是一个轴的轮心到另一轮心间的距离，如图 6-1 所示。

（2）大轴距　大轴距可增大内部空间提高行驶稳定性。

（3）小轴距　小轴距可提升机动性和灵活性，降低转弯半径。

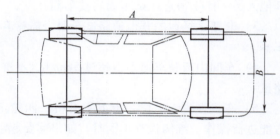

图 6-1　轮距

（4）大轮距　大轮距可提升内部空间和承载能力，增强车辆横向稳定性。

2. 前束和总转向角

前束可用长度或角度来注明。

（1）用长度定义　前束是辋距（A-B）间的距离差距，并在轮心高处测量，如图 6-2 所示。前轮内倾，车轮向内偏转（A>B）；前轮外倾，车轮向外偏转（A<B）。

（2）用角度定义轨距　前束角是车身前进方向与前轮平面之间的夹角。前轮内倾，车轮向内偏转，前束角为正值；前轮外倾，车轮向外偏转，前束角为负值。

（3）总转向角的定义　总转向角是在垂直平面上测量的轮心平面的交角。总转向角即为单个转向角相加的总和，如图 6-3 所示。后转向角为 α，前转向角为 β。转向角的校准受不断增强的轮胎滚面磨损的影响。此外，由前车轮倾角产生的圆锥效应通过转向角的调节可以得到弥补（前轮内倾时为正倾角，前轮外倾时为负倾角）。

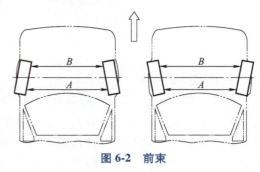

图 6-2　前束

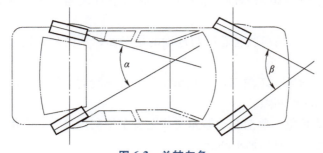

图 6-3　总转向角

3. 行驶轴与跑偏

定义：跑偏为行驶轴（B）与对称轴（A）的偏差。对称轴（A）是轴中心点的连接线。行驶轴（B）是总转向角（α）的二等分角，如图 6-4 所示。

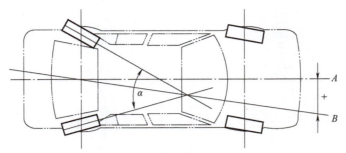

图 6-4　行驶轴与跑偏

为了能确定跑偏值，必须已知轨距宽度和轮距。

4. 单个前束值

定义：后轮的单个前束值（α_1，α_2）是以对称轴（A）为基准而测量和调整的。前轮的单个前束值（β_1，β_2）是以行驶轴（B）为基准而测量和调整的，如图 6-5 所示。

185

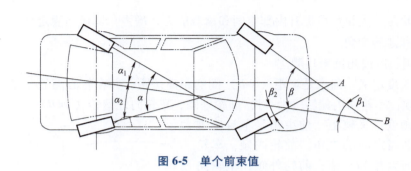

图 6-5　单个前束值

5. 前轴行驶方向

定义：前轴行驶方向=（外倾前左角−外倾前右角）/2。

为了能够获取前轴行驶方向，必须已知前轴的单个转向角。前轴行驶方向在车辆的中心轴处被校准。理想情况为前轴行驶方向与车辆的中心轴恰好相合。也就是说，前左转向角与前右转向角是相等的。由此得出上述定义。

6. 前车轮外倾角

（1）定义　前车轮外倾角是前车轮中心平面与垂直线间的角或轴颈与水平线间的角，如图 6-6 所示。

通过调整前车轮外倾角可改善轮胎与地面的接触面，从而减少轮胎的磨损，外倾角也有减少转向力的作用。

（2）正前车轮外倾角　正前车轮外倾角（从上看车轮向外倾斜）产生如下作用：减小导向滚轮的半径，减小轴承间隙。

（3）负前车轮外倾角　负前车轮倾角（从上看车轮向内倾斜）产生如下作用：增高侧导力，增大导向滚轮间隙，减小轴承间隙。

7. 主销后倾角

（1）定义　主销后倾角是通过从侧面看的轴颈的轴（车轮的导向轴）与通过轮心的垂线形成的角，如图 6-7 所示。

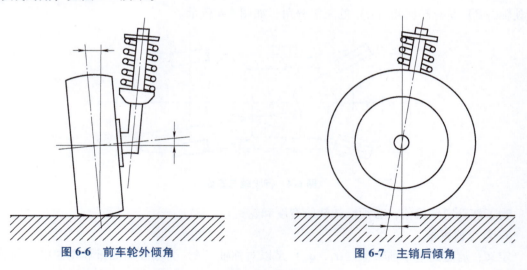

图 6-6　前车轮外倾角　　　　　图 6-7　主销后倾角

1）从侧面看导向轴向后倾斜时，主销后倾角是正值。

2）从侧面看导向轴向前倾斜时，主销后倾角为负值。

主销后倾角对车辆高度的改变，尤其对后轴过量的负载容易做出敏感反应。

（2）作用　主销后倾角产生下列作用：当转向轮受外力影响偏离直线行驶方向时，形成稳定力矩面自动回正（在主销后倾角为正时）。

8. 主销内倾角

（1）定义　主销内倾角是通过轴颈的轴（车轮的导向轴）与垂线形成的角，如图6-8所示。

大多数主销内倾角是设计时规定的，并且直接与前车轮外倾角相关。如果前车轮外倾角正确地被调整，则主销内倾角也是正确的，且以不损害部件为前提。

（2）作用　主销内倾角产生以下作用：减小导向半径，增高复导力，改善直线滑行，主销内倾角与前车轮外倾角共同形成一个封闭的角。如果该值与所给预定值有很大的偏差，则必须将所涉及的轴颈进行扭曲及裂缝检查。

9. 导向滚轮半径

（1）定义　导向滚轮是在车行道上测量的车轮中心平面（轮胎接触面）和延长的轴颈的轴（车轮的导轴）间的距离，如图6-9所示。

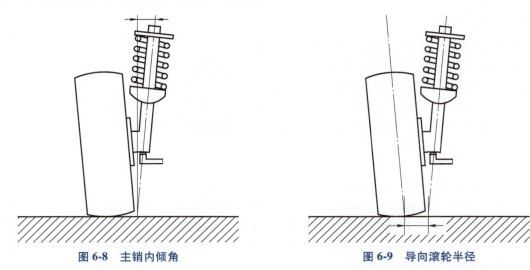

图6-8　主销内倾角　　　　　　　　图6-9　导向滚轮半径

导向滚轮半径直接取决于总角（前车轮外倾角与主销内倾角）和轮胎形状。为了避免制动反应，导向滚轮半径应尽可能小。导向滚轮半径对控制复位起作用。

（2）正导向滚轮半径　这两个轴的交点处于车行道的下面时，导向滚轮半径为正值。正导向滚轮半径产生以下效果：根据控制选取来控制复位；固定的直线滑行。

（3）负导向滚轮半径　这两个轴的交点处于车行道的上面时，导向滚轮半径为负值。负导向滚轮半径产生以下效应：在不同道路路面上制动时的自动逆导向。

10. 车身高度与调节高度

车身高度是在操作时车辆的位置，与街道断面图有关。调节高度是规定的车身高度，车身参数的调节值涉及该车身高度。此时要规定调节高度以保证在操作中车辆定位时的改变尽可能少。

不同的元素改变车身高度，对导向对称都会产生影响，如离心力（车辆在曲线中向外倾斜）、加速和制动（点头效应）、空气动力学浮力（车辆前部分被提升）、车辆内的荷载分配。

四轮定位检测参数及检测内容见表6-1。

表 6-1　四轮定位检测参数及检测内容

序号	测量项目	测量范围	测量精度	备注
1	总前束	±20°	1.7′	或 0.5mm/m
2	单轮前束	±10°	0.85′	或 0.25mm/m
3	车轮外倾角	±10°	±3′	—
4	主销后倾角	±20°	±3′	—
5	主销内倾角	±20°	±3′	—
6	最大转向角	±60°	±3′	—
7	转向角差	±20°	±3′	—
8	车桥偏斜	±5°	1.7′	或 0.5mm/m
9	非转向桥多桥不平行度	±5°	1.7′	或 0.5mm/m
10	重复性精度	—	3′	—

注：此表参数仅供参考，不同车型参数略有不同。

二、车辆准备及要求

1) 车辆开上四轮定位检测仪进行测量前预检。

① 检查车辆的衬套和转向连接装置中没有过大的间隙。

② 检查同一个车桥安装轮胎型号是否一致。

③ 检查轮胎气压是否符合规定，胎压不符合规定，必须调整为规定胎压。

2) 调整整车姿态，有扭杆类车辆需调整前悬架高度等参数。

三、检测规程

以某品牌车辆四轮定位仪为例，检测操作步骤如下：

1) 打开四轮定位检测仪计算机，将蓝牙接收器插入 USB 接口，启动软件并打开测量头，设定参数：分别把转向桥的总前束、左右轮前束、车轮外倾角、主销后倾角、主销内倾角、最大转角、转角差的最大值和最小值输入主机；分别把非转向桥的总前束、左右轮前束、车轮外倾角、车桥偏差的最大值和最小值输入主机。

2) 安装标靶：将被测车辆停到第一停止点前/后，车轮应距标靶 2m 以上，安装车轮卡具。确保黑色锁紧钮朝上，并且安装牢固，如图 6-10 所示。

3) 将两个测量头分别装在最后车桥的车轮卡具心轴的指定位置，如图 6-11 所示。

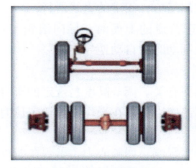

图 6-10　安装标靶

图 6-11　安装测量头

4）在计算机软件界面输入车辆 VIN，快速启动程序，如图 6-12 所示。

图 6-12 启动程序

5）选择被测车辆轮桥结构，选择轮胎型号，选择好后，单击"OK"，进入测量。

6）根据软件提示，从后向前逐桥测量，完成一个车桥测量后，将测量头移动到下一车桥上，直至所有的车轮都已经完成测量，如图 6-13 所示。

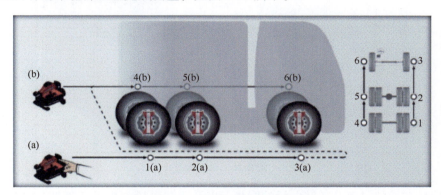

图 6-13 从后向前测量流程

7）起动被测车辆，握紧转向盘，严格保证车辆直行，并确保所有车轮转动了 180°，程序能够自动识别车轮是否应停止或继续转动，如图 6-14 所示。

图 6-14 程序识别

8）车辆熄火停稳后，从前向后逐桥测量，直至最后一桥测量完成，如图 6-15 所示。

9）以上步骤完成了所有车桥的部分定位角度的测量，如转向桥的前束和外倾角，以及非转向桥的推进角和外倾角。

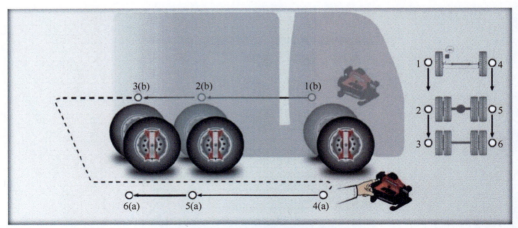

图 6-15　从前向后测量流程

10）如果车辆是双转向桥的，单击图标，根据软件提示，进行测量双转向桥同步。

11）举升转向桥，将转盘放置在转向车轮底部，然后降下车桥，根据需要进行动态调整（转向桥的前束、多转向桥的同步、非转向桥的推进角），如图 6-16 所示。

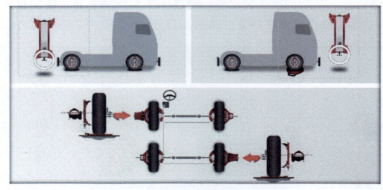

图 6-16　动态调整

12）待转向桥的前束、双转向桥的同步，以及非转向桥的推进角都调整到设计值之后，再进行第一转向桥的转角测量（主销后倾角、主销内倾角、最大转角、转角差），单击图标，根据软件提示进行测量。注意，在测量转角的全部过程中，必须踩住制动踏板，如图 6-17 所示。

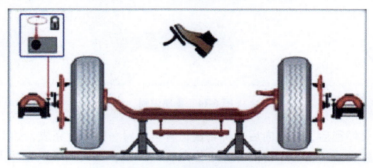

图 6-17　踩住制动踏板

四、注意事项

在车辆四轮定位检测过程中，应注意以下事项：

1）车轮卡具安装时，必须牢固，黑色锁紧钮朝上。如果安装不牢固，则测量头有可能掉落。

2）车轮滚动 180°，如果采用滚动式，必须严格保证车辆直行，不能有转向。如果车辆不直行，将严重影响测量结果的准确度。

3）在测量第一桥转向角度时，必须踩住制动踏板，直至完成转向测量。

4）无论是检测规程第 7 步，还是第 9 步，都必须保证测量头在心轴上的位置一致，即保证测量头在心轴的指定位置。

5）四轮定位仪是高精度激光测量仪器，应保持仪器清洁干净，定期进行清洁，使用仪器时应轻拿轻放，杜绝磕刮碰撞。

6）四轮定位计算机为测量仪器的重要部分，不得用于与工作无关的事情，不得存放与工作无关的文件，计算机应定期进行杀病毒并进行系统维护。

第三节　车辆调试工艺

汽车是各种零部件的结合体，装配完成后必须对车辆各项功能进行检测和调试，整车调试水平的高低直接影响市场售后故障率，关系到整车质量和用户满意度，车辆调试工艺包括检整车检测、车辆静态检验、车辆动态路试。

一、整车检测线检测

按国家法规要求，商用车整车制造厂的下线车辆在检测线检测的项目主要包括尾气/烟度、车速、侧滑、轴重、制动、前照灯灯光、喇叭声级等，检测线检测流程如图 6-18 所示。

1. 尾气/烟度检测

为满足柴油发动机排放的法规要求，车辆必须要通过满足法规要求的发动机测试系统和高质量的诊断设备对汽车排放进行检测。目前使用比较普遍的检测方法是汽车不透光烟度。下面以 AVL DiSmoke 4000 不透光烟度计为例来介绍具体检测内容及检测方法。图 6-19 所示为主控制面板，图 6-20 所示为气体、电源连接、过滤器面板。

检测过程安全技术要求如下：

1）当柴油发动机加速到最高额定速度时，需要参照发动机说明书规定保持一段时间。

2）必须使用带接地的电源线，且电源插座必须接地。

3）使用大于 50V 伏的交流电或 75 伏的直流电供电时必须符合低电压条例。

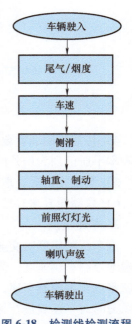

图 6-18　检测线检测流程

显示器

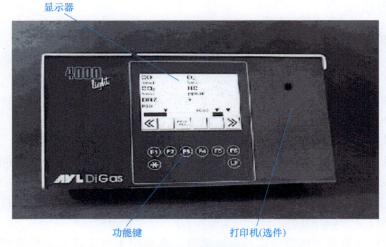

功能键　　　　　　打印机(选件)

图 6-19　主控制面板

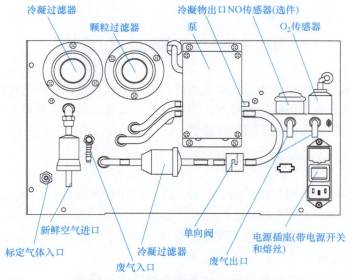

冷凝过滤器　　　　冷凝物出口NO传感器(选件)
颗粒过滤器　　　泵　　　　O_2传感器

新鲜空气进口　　　　单向阀
标定气体入口　　　　　　　　　　电源插座(带电源开关
　　　　　冷凝过滤器　　　　　　和熔丝)
　　　废气入口　　　废气出口

图 6-20　气体、电源连接、过滤器面板

4）按照电磁兼容要求，连接线只可使用带屏蔽插头的屏蔽线。具有标准插头的主电源线和本手册已列为例外的电源线不必具有屏蔽保护功能。

5）测量完成后，取下探头，小心烫伤。

6）仪器需轻拿轻放，避免人为损坏。

2. 车速检测

汽车行驶速度对交通安全有很大影响，特别在限速路段，驾驶人必须按照车速表的指示准确地控制车辆速度，为此要求车速表一定要可靠准确。如果车速表的指示误差过大，驾驶员就难以正确控制车速，极易因车速判断失误而造成交通事故。为确保车速表的指示精度，必须适时对车速表进行检测、校正。

（1）车速表试验台介绍　车速表试验台有三种类型：无驱动装置的标准型，它依靠被测车轮带动滚筒旋转；有驱动装置的驱动型，它由电动机驱动滚筒旋转；将车速表试验台与制动试验台或底盘测功试验台组合在一起的综合型，其中前两种最常见。

标准型车速表试验台由速度传感器、速度指示仪表和蜂鸣器等组成，如图6-21所示。

汽车车速表的转速信号多数取自车辆变速器或分动器的输出端。为避免后置发动机汽车车速表软轴过长导致的传动精度和寿命方面的问题，其转速信号多取自前轮。驱动型车速表试验台就是为适应后置发动机汽车的试验而制造的，其结构如图6-22所示。

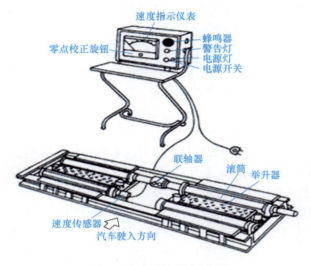

图6-21　标准型车速表试验台

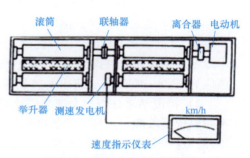

图6-22　驱动型车速表试验台

这种试验台在滚筒的一端装有电动机，由它来驱动滚筒旋转。此外，这种试验台在滚筒与电动机之间装有离合器，若试验时将离合器分离，又可作为标准型试验台使用。

（2）车速表的检测方法　车速表的检测方法因试验台的牌号、形式而异，应根据使用说明书进行操作。车速表试验台通用的检测方法如下：

1）车速表试验台的准备。

① 在滚筒处于静止状态检查指示仪表是否在零点上，否则应调零。

② 检查滚筒上是否沾有油、水、泥、砂等杂物，若有，应清除干净。

③ 检查举升器的升降动作是否自如，若动作阻滞或有漏气部位，应予修理。

④ 检查导线的连接接触情况，若有接触不良或断路的情况，应予修理或更换。

2）被测车辆的准备。

① 轮胎气压在标准值。

② 清除轮胎上的水、油、泥和嵌夹石子。

3）将被测车辆驶上试验台。

① 接通试验台电源，升起滚筒间的举升器。

② 将被检车辆开上试验台，停放时，使输出车速信号的车轮尽可能与滚筒成垂直状态。

③ 降下滚筒间的举升器，至轮胎与举升器托板完全脱离为止。

④ 用挡块抵住位于试验台滚筒之外的另一对车轮，防止汽车在测试时滑出试验台。

4）标准型车速表试验台检测方法。

① 待汽车的驱动轮在滚筒上稳定后，挂入适当档位，松开驻车制动器，踩下加速踏板

使驱动轮带动滚筒平稳地加速运转。

② 当汽车车速表的指示值达到规定检测车速 40km/h 时，读出试验台速度指示仪表的指示值；或当试验台速度指示仪表的指示值达到检测车速时，读取车速表的指示值。

5）驱动型车速表试验台检测方法。

① 接合试验台离合器，使滚筒与电动机联在一起。

② 将汽车的变速器挂入空档，松开驻车制动器，起动电动机，使电动机驱动滚筒旋转。

③ 当汽车车速表的指示值达到检测车速时，读取试验台速度指示仪表的指示值；或当试验台速度指示仪表达到检测车速时，读取汽车车速表的指示值。

6）测试结束。

① 测试结束后，对于标准型试验台，试验人员轻轻踩下汽车制动踏板，使滚筒逐渐停止转动；对于驱动型试验台，必须先断开电动机电源，再踩制动踏板。

② 升起举升器，去掉挡块，汽车驶离试验台。

（3）车速表诊断参数标准及结果分析

1）车速表检测标准。国家强制性标准 GB 38900—2020《机动车安全技术检验项目和方法》中规定：车速表允许误差范围为−18%～0%。即当实际车速为 40km/h 时，汽车车速表指示值应为 32.8～40km/h。超出上述范围车速表的指示为不合格。

2）检测结果分析。车速表经检测出现误差，其主要原因是由于长期使用过程中车速表本身出现了故障、损坏或轮胎磨损。车速表内有转动的活动盘、转轴、轴承、齿轮、游丝等零件，这些零件在工作过程中产生的磨损和性能变化会造成车速表的指示误差，对于产生磨损的应予更换。磁力式车速表的磁铁磁力退化，也会引起指针指示值失准，可通过更换磁铁进行修复。汽车轮胎在使用过程中由于磨损，其半径逐渐减小。在变速器输出轴转速不变的条件下，汽车行驶速度因轮胎半径的变化而变化，而车速表的软轴是与变速器输出轴相连的，因此车速表指示值与实际车速形成误差。

3. 侧滑检测

侧滑量是指汽车在没有外加转向力的条件下，以速度 3～5km/h 直线行驶通过检验台时，滑板的横向位移量和滑板的纵向有效测量长度之比值，测量值以米每千米（m/km）表示。滑板向内为负值，向外为正值。滑板有效测量长度是指滑板在垂直于其移动方向的长度。

汽车侧滑检测台是用来检验汽车车轮在直线行驶过程中侧滑量大小和方向的设备，如图 6-23 所示。

商用车检测线侧滑检测台使用的双板联动式侧滑台，是汽车前轮侧滑量动态检测仪器。下面以德国 MAHA MINC Ⅱ-2 检测设备为例介绍侧滑检测相关内容。该设备是以单片机为核心的全数字化集合处理装置，即可与检测线其他设备联网检测，又可单机检测。

操作界面如图 6-24 所示，共有 6 个操作按键，每个按键在标定和测试两种状态的功能不同，按键上方的标注为标定功能，进入标定状态才有意义；按键下方标注为测试功能，在进入测试状态才有意义。打印按键只在连接打印机时才有效，请勿随意操作。具体操作步骤详见表 6-2。

图 6-23 汽车侧滑检测台

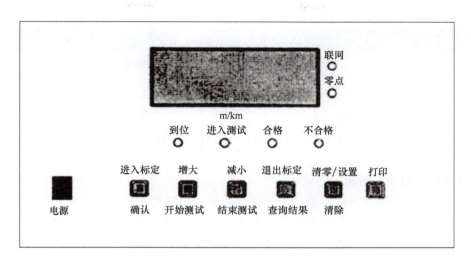

图 6-24 操作界面

表 6-2 操作步骤

序号	标注	按键功能	按键操作	备注
1	确认	采集当前标定点，确认参数设置	在标定状态下，按该键，确认当前调整的数值；在参数设置状态下按该键确认保存设置的数值	标定状态和参数设置状态有效
	进入标定	进入标定状态	开机按下此键后开机，数据窗口闪烁后松开进入标定	开机前按下有效
2	开始测试	进入测试	在待机时按该键可进入测试	待机状态有效
	增大	在标定状态增大显示数据，在参数设置状调整设置地址码	在标定状态下单击数值加 0.01，如按住不动则百分位从 0~9 连续递增；一个循环后，十分位从 0~9 连续递增；一个循环后，个位从 0~9 连续递增	标定状态和参数设置状态有效
3	结束测试	结束测试	在测试状态下按下此键可结束测试；在预热状态下按下该键可强行结束预热，提前进入待机状态	在测试状态和预热状态下有效
	减小	在标定状态减小显示数据，在参数设置状态调整设置地址码	在标定状态下单击减 0.01，如按住不动则百分位从 0~9 连续递减；一个循环后，十分位从 0~9 连续递减；一个循环后，各位从 0~9 连续递减	标定状态和参数设置状态有效
4	查询结果	显示最后一次测试结果	在待机状态下按下此键显示最后一次侧滑测试值 15s	空闲状态下有效
	退出标定	退出标定状态，保存标定系数	在标定状态下，按此键保存标定系数并退出标定，进入待机状态	标定状态下有效

（续）

序号	标注	按键功能	按键操作	备注
5	清除	清除零点	开机时如果零点有非机械故障引起的微小偏差，可按清零键重新清零	空闲状态下有效
	清零/设置	清楚零点进入参数设置状态	标定状态下清楚零点，开机前按下此键后开机，数据窗口闪烁后松开，进入参数设置—设备地址码，默认为01	标定状态下和开机前有效

4. 轴重和制动性能检测

制动性能是指汽车在行驶中能人为地强制降低行驶速度并停车的能力，是汽车的重要性能之一。当今，制动性能检测设备得到了极大的发展，提高了检测的精度和工作效率。下面以 MAHA 制动检测台为例进行说明，测量项目见表 6-3。

表 6-3　测量项目

序号	测试项目	要求	备注
1	前轴制动	逐渐地把制动踏板踩到底	
2	前轴阻滞力	拖滞检测左右电动机将会起动。不要用脚踩制动踏板	
3	后轴制动	逐渐地把制动踏板踩到底	
4	后轴阻滞力	拖滞检测左右电动机将会起动。不要用脚踩制动踏板	
5	后轴驻车制动	程序提示"请拉手刹"，这时需要拉驻车制动手柄，当制动力大于系统设定的值时，会自动停转电动机	
6	踏板力		

（1）检测流程　制动性能检测流程如图 6-25 所示。

（2）检验前仪器准备　制动性能检测设备如图 6-26 所示。

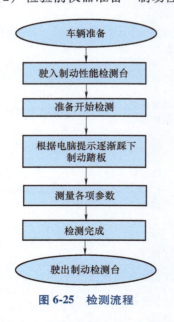

图 6-25　检测流程

图 6-26　制动性能检测设备

1）检查车辆装备完整性及装配调整情况。

2）检测车辆应处于整车整备质量状态，车上成员 1 人。

3）车辆轮胎气压、花纹深度符合标准规定，胎面清洁。

4）对液压制动车辆，必要时将踏板力计装到制动踏板上。

5）仪器设备必须进行校准且合格，并在校准有效使用期内。

6）检验台滚筒表面清洁，无异物及油污，仪表清零。

（3）检验方法

1）车辆正直居中驶入，将被测轮停放在制动台前后滚筒间，变速杆置于空档。

2）降下举升器、起动电动机，保持一定时间（5s），测得平均阻滞力。

3）检验员在显示屏提示"踩刹车"后，缓踩制动踏板到底，测得左、右轮制动增长全过程数值；若为驻车，则拉紧驻车制动操纵装置，测得驻车制动力数值。

4）电动机停转，举升器升起，被测轮驶离。

5）按以上程序依此测试其他车轴。

6）如装有踏板力计，则卸下踏板力计，车辆驶离。

（4）注意事项

1）车辆进入检验台时，轮胎不得夹有泥、砂等杂物。

2）汽车的轴重不得超过容许轴荷 18t。

3）测制动时不得转动转向盘。

4）按照系统提示进行操作。

5）在制动检验时，车轮如在滚筒上抱死，制动力未达到要求时，可固定非被测轮或牵引车身、或加载测量、或换用路试或平板制动方法检验。

（5）验收标准　验收标准见表 6-4。

表 6-4　验收标准

验收项目	机动车类型	制动力总和与整车重量的百分比		轴制动力与轴荷的百分比	
		空载	满载	前轴	后轴
行车制动性能	乘用车，总质量≥3500kg	≥60%	≥50%	≥60%	≥20%
	铰接客车、无轨电车、汽车列车	≥55%	≥45%	—	—
	其他汽车	≥60%	≥50%	≥60%	≥50%
	挂车	—	—	≥60%	≥55%
	制动过程中测得的左、右轮制动力差的最大值与左、右轮最大制动力中大者之比				
	制动平衡率	新注册车	前轴	后轴	
				轴制动力大于等于该轴轴荷60%	轴制动力小于该轴轴荷60%
			≤20%	≤24%	≤8%
		在用车	≤24%	≤30%	≤10%
驻车制动性能	驻车制动力的总和应大于该车在测试状态下整车重量的20%、总质量为整备质量1.2倍以下的机动车大于等于15%				

1）车辆四个车轮的阻滞力不大于轴重的 5%。

2）前左、右轮制动力之和应不小于前轴重的 60%。

3）在制动力增长全过程中同时测得的左、右轮制动力差的最大值，与全过程中测得的该轴左、右轮最大制动力中大者之比，对前轴不应大于 20%，对后轴在轴制动力不小于该轴轴荷 60% 时不应大于 24%；当后轴制动力小于该轴轴荷的 60% 时，在制动力增长全过程中同时测得的左、右轮制动力差的最大值不应大于该轴荷的 8%。

4）整车制动力之和应不小于整车重量的 60%。

5）驻车制动时后桥左右制动力之和应不小于整车重量的 20%。

6）行车制动在产生最大制动效能时的踏板力或手握力，乘用车应小于等于 500N、其他机动车应小于等于 700N。

7）驻车制动应通过纯机械装置把工作部件锁止，并且驾驶员施加于操纵装置上的力：手操纵时，乘用车应小于等于 400N，其他机动车应小于等于 600N；脚操纵时，乘用车应小于等于 500N，其他机动车应小于等于 700N。

5. 前照灯灯光检测

前照灯是汽车在能见度低的情况下为驾驶人提供照明的重要设备，是车辆重要的安全装备之一，也是驾驶人发出警示灯光信号的装置，所以前照灯必须有正确的照射位置和发光强度。但是，由于车辆颠簸振动等原因，前照灯的正确照射位置也可能会发生变化，同时，灯泡也会不断老化，反射镜也会因脏污老化导致前照灯发光强度不足，这些变化对驾驶人安全行车有着直接的影响，因此，前照灯的发光强度和照射位置被列入机动车运行安全检测的必检项目。前照灯光检测设备如图 6-27 所示。

（1）检测流程　灯光检测流程如图 6-28 所示。

图 6-27　前照灯光检测设备

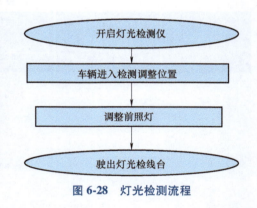

图 6-28　灯光检测流程

（2）测量步骤

1）灯光检测前先应进行预检，检查灯光是否正常，有无远、近灯光。

2）将被检车辆（空载、轮胎气压正常、乘坐一名驾驶员）停止于前照灯测试台屏幕前，并与屏幕垂直，使前照灯基准中心距屏幕 1m，分别测量。

3）左右近光光束的水平和垂直照射方位的偏移值、远光光束的水平和垂直照射方位的偏移值及远光光束发光强度。

4）对于四灯制的车辆，需要测量单远光的水平及垂直照射方位的偏移值。

5）进入调整页面，调整顺序为先近光后远光。

（3）技术要求

1）远光发光强度≥18000cd。

2）左、右远光上下偏距0.9~1.0H。

3）左远灯向左偏距≤170mm，向右偏距≤350mm。

4）右远光向左偏距≤350mm，向右偏距≤350mm。

5）左、右近光上下偏距0.8~0.9H。

6）左、右近光向左偏距≤170mm，向右偏距≤350mm。

（4）注意事项

1）在检测灯光前，要确认灯光是否正常。

2）尽量避免外部光线照进灯光仪，影响检测灯光强度。

3）应定期进行表面清洁等维护。

4）被检车辆检验前需保证轮胎气压符合规定值，蓄电池处于充足状态。

5）被检车辆依提示垂直驶入，车辆的纵向轴线应与引车线平行，如不平行，车辆应重新停放。

6）根据提示交替开启前照灯的远近光灯。

7）如被检的前照灯不在合范围内，引车员应对灯光进行调整，合格后自动结束。

6. 喇叭声级检测

机动车应具有连续发声功能的喇叭，喇叭声级在距车前2m，离地高1.2m处测量，发动机最大净功率为7kW以下的摩托车为80~112dB，其他机动车为90~115dB，检测过程应注意以下事项：

1）在检测喇叭前，要确认喇叭是否正常。

2）应定期对检测设备进行表面清洁等维护。

3）被检车辆检验前需保证蓄电池处于充足状态。

4）根据提示测量喇叭声级。

5）如被检的喇叭不在合格范围内，检测人员应对喇叭进行调整，合格后自动结束。

7. 淋雨密封性检测

车辆淋雨使用专用淋雨检测间进行检测，是保证驾驶室密封性的有效手段，主要包括风窗、侧窗、顶盖、后窗、驾驶员门、乘客门、行李舱、前围、后围、侧围、地板等，具体检测标准如下：

1）淋雨试验时，气温应在5~35℃，气压应在99~102kPa范围内。在室外淋雨试验台上进行试验应选择晴天或阴天，并且风速不超过1.5m/s。

2）淋雨试验时，对车体受雨部位及降雨强度按规定执行。

3）喷嘴的喷射压力为69~147kPa。

4）淋雨时间为15min。

5）喷嘴布置应保证规定的车体外表面都被人工雨均匀覆盖，不存在未喷淋到的区域。

（1）淋雨检测步骤

1）将试验车停放在专用淋雨检测间内指定位置。

2）检验人员进入车内，检查车门、天窗、工具箱盖等全部处于关闭状态，若是整车进行淋雨实验，对上排气车型进行检测时，需要按要求对排气口进行防护。

3）起动淋雨设备，待设备进入稳定工作状态时即可开始试验，测试人员需要密切关注驾驶室淋雨试验的情况，若漏雨情况比较严重，或者漏雨点处有电器零部件，应立即停止淋雨试验，并将问题记录反馈，待返修后再次测试。

4）达到 15min 规定淋雨时间后关闭淋雨设备。

5）将车辆驶出淋雨检测间，按照检查标准检测规定部位漏水情况并记录。

（2）淋雨故障类型分类

1）渗：水从缝隙中缓慢出现，并沿着在车身内护面漫延开去。

2）慢滴：水从缝隙中出现，并且以少于等于 60 滴/min 的速度离开车身内护面，断续地落下。

3）快滴：水从缝隙中出现，并且以多于 60 滴/min 的速度离开车身内护面，断续地落下。

4）流：水从缝隙中出现，并沿着或离开车身内护面连续不断地向周围或向下流淌。

二、整车静态检验项目及要求

1. 准备工作

1）检验人员接收到检验车辆信息表单（"整车交检单""缺件清单""装配过程遗留问题清单""强制检验项目表"等），检查确认表单信息正确完整。

2）检验前检验人员需戴好安全防护装备（工作手套，安全帽，工作服）。

3）准备好检验用工具：扭力扳手、手电筒、塞尺、轮胎气压表、记号笔等。

4）将车辆停放在静态检查调整专用工位再开始进行检验工作。

2. 关键项检验

1）检验人员对照"强制检验项目表"（见表 6-5）内项目对重要关键部位力矩进行抽检，对符合表单力矩要求的，检验人员签字，并做好记录；未达到表单力矩要求的，将车辆退回整改。

2）检验人员对发动机机油、转向助力油、制动液、离合助力油、变速器油、后桥油、轮边减速装置、发动机冷却液、各总成润滑油和润滑脂的加注情况，检验加注标记。将无加注标记的，液位不符合规定的车辆退回相应工序整改，防止因油液缺失造成安全事故。

表 6-5　强制检验项目表

强制检验项目表					
车辆编号		VIN		发动机型号	
序号	检验项目	装配过程检验	装配责任人	整车下线检验	检验责任人
1	发动机机油加注情况	□加注　□未加注		□加注　□未加注	
2	变速器油加注情况	□加注　□未加注		□加注　□未加注	
3	后桥齿轮油加注情况	□加注　□未加注		□加注　□未加注	
4	转向助力油加注情况	□加注　□未加注		□加注　□未加注	
5	防冻液加注情况	□加注　□未加注		□加注　□未加注	
6	冷媒加注情况	□加注　□未加注		□加注　□未加注	
7	前后桥 U 形螺栓拧紧力矩是否符合设计要求	□是　□否		□是　□否	
8	传动轴螺栓拧紧力矩是否符合设计要求	□是　□否		□是　□否	
9	转向器固定螺栓拧紧力矩是否符合设计要求	□是　□否		□是　□否	
10	转向管柱十字轴锁紧螺栓是否符合设计要求	□是　□否		□是　□否	

（续）

序号	检验项目	装配过程检验	装配责任人	整车下线检验	检验责任人
11	转向垂臂锁紧螺母和锁紧装置是否符合设计要求	□是　□否		□是　□否	
12	转向直拉杆锁紧螺栓及开口销是否符合设计要求	□是　□否		□是　□否	
13	转向横拉杆锁紧螺栓及锁紧装置是否符合设计要求	□是　□否		□是　□否	
14	转向节臂紧固螺母及锁紧装置是否符合设计要求	□是　□否		□是　□否	
15	转向盘锁紧螺母拧紧力矩是否符合设计要求	□是　□否		□是　□否	
16	轮胎螺栓拧紧力矩是否符合设计要求	□是　□否		□是　□否	
17	制动、离合管路有无漏液、漏气现象	□是　□否		□是　□否	
18	ABS 指示灯是否常亮	□是　□否		□是　□否	
19	制动力是否合格	□是　□否		□是　□否	

3. 仪表信号及驾驶舱装置检查项

1）仪表信号检查包括发动机故障灯、SVS 故障灯、发动机禁止运行灯、机油压力警告灯、水温水位警告灯、充电指示灯、转向液位过低警告灯、燃油过低警告灯、真空助力警告灯、制动液位警告灯、ABS 故障指示灯、ASR 指示灯应有自检。仪表背光灯、示廓灯（小灯）指示灯、近光灯指示灯、远光灯指示灯、转向灯指示灯、危险警告灯指示灯、前雾灯指示灯、后照灯指示灯、后雾灯指示灯、倒车灯指示灯、轴间闭锁指示灯、轮间闭锁指示灯、取力器指示灯、排气制动指示灯、驻车制动指示灯、缓速器指示灯、变速器低档位指示灯、后视镜加热工作指示灯、气压表警告指示灯、油水分离警告灯、电压过低警告指示灯、预热指示灯、安全带警告指示灯、制动盘磨损警告指示灯、空滤器堵塞警告指示灯、车门未锁警告指示灯、驾驶室锁止警告指示灯、制动器故障警告指示灯、喷淋液位警告指示灯、胎压警告指示灯、发动机故障灯、SVS 故障灯、发动机禁止运行灯、机油压力警告指示灯、水温水位警告灯指示灯、充电指示灯、转向液位过低警告指示灯、燃油过低警告指示灯、真空助力警告指示灯、制动液位警告指示灯、ABS 故障指示灯、ASR 指示灯等应当正常显示无异常现象。

2）音响/收音机系统工作正常，随车辆行驶不得发生失效现象。

3）电动玻璃升降器应工作正常，按动电动玻璃升降器控制开关，玻璃应能自由升降、无卡滞，并能停在任意位置。当驾驶员侧的中央控制装置起作用时，各门的电动玻璃升降器开关应不起作用。

4）电动后视镜应工作正常，按动电动后视镜开关，后视镜能够根据开关调整方向进行调整，后视镜视野应符合设计要求。

5）刮水器工作正常，前风窗玻璃刮水器刮刷面积应确保驾驶员具有良好的前方视野。刮水器各档位工作正常，刮水器关闭时，刮片应能自动返回至初始位置。

6）风窗喷淋器工作正常，喷嘴方向应正对风窗玻璃。

7）驾驶室内各开关安装牢固，开关自如，不得有卡滞现象，不得因车辆的振动而自行开关，开关位置应便于驾驶员操纵。

4. 灯光检查项

1）整车灯光设备安装齐全，无破损。

2）前照灯近光、远光、辅助远光灯，前后示廓灯（小灯）、驾驶室示高灯、货箱示廓灯、前后雾灯，左右侧标志灯，牌照灯，左右侧踏步灯，室内灯，后照灯工作正常。

3）转向灯及危险警告灯工作正常，转向灯及开关应于行驶方向一致。

4）倒车灯、倒车蜂鸣器及倒车雷达工作正常。

5）制动灯工作正常。

6）电、气喇叭转换开关工作正常，喇叭应有连续发声功能。

5. 发动机及周边附件的检查

1）检查机盖内侧、前围各部分隔热垫的装配情况是否牢固可靠。

2）发动机与变速器连接牢靠，螺栓固定到位。

3）发动机的副配件应装配齐全、有效，外观无锈蚀、磕碰、变形等现象。

4）检查发动机机体及附件与发动机舱内壁、与相邻部件的相互位置、空间距离、是否存在在发动机最大摆动量时有碰撞的隐患存在。检查有相对运动关系的总成和部件间的间距是否大于 10mm。

5）检查发动机风扇与护风圈的周边间隙是否均匀，风扇叶不得与任何部件有干涉现象。发动机风扇进入护风圈的长度是否为 2/3。

6）检查各类传动带的装配情况和挠度是否符合技术要求。

7）检查发动机各电器元件是否插接牢固、走线合理、固定牢固无干涉现象。

8）检查供油系统和燃油管路装配情况和管路的密封性，固定的可靠性，严禁将燃油胶管与电器件线束捆扎在一起固定，以免线束短路后引燃燃油管路，造成火灾。

9）检查空调系统、暖风系统安装和管路的走向固定情况。

10）检查散热器的装配紧固情况及与发动机连接胶管安装情况。

11）检查中冷器的装配紧固情况及连接胶管的安装情况，接口部位应紧固牢靠，管路走向顺畅，不得有松脱、漏气现象。

12）检查空气滤清器的装配情况和连接软管的连接情况。

13）机油油量在机油尺 MAX、MIN 刻线之间。

14）检查制动系统及管路的装配情况、密封情况、固定情况，以及有无干涉现象。

15）检查离合器总泵、储油罐、管路的装配情况、油量的加注情况及密封情况。

16）检查排气系统的连接情况，检查排气管与各类橡胶管的间距，以保证胶管的正常使用，不至于因受热老化损坏。

17）检查管线间距和隔热情况。检查排气管与发电机线束及其他线束之间应该有足够的间距，以保证线束在高温下不导致烧蚀损坏，中间是否有隔热板或其他隔热装置等。

6. 底盘检验项

（1）转向系统检验

1）转向系统各部件固定螺栓固定牢靠，螺栓等级及规格符合设计图样要求，有漆标。

2）转向节及臂，转向横、直拉杆及球销不允许有裂纹和损伤，并且球销不应松旷。

3）转向横、直拉杆球头母紧固牢靠，不得有松旷现象，开口销安装到位。

4）转向横、直拉杆锁止卡箍紧固牢靠，有漆标。

5）转向横、直拉杆运动过程中，不得与相邻部件干涉。

6）转向传动十字轴固定螺栓紧固牢靠，安装到位。

7）转向助力储油罐加注情况符合设计要求。

8）转向管路油管接头紧固牢靠，走向合理、固定牢靠，不得与其他部件、热源有干涉或过近现象。不得有漏液、渗油现象。

9）转向助力泵固定牢靠，传动带松紧度符合设计要求。

10）转向盘螺母固定牢靠，能进行高低调整，锁止可靠。转向管柱护套安装到位。

（2）制动系统检验

1）制动系统各部件固定牢靠，固定螺栓等级及规格符合设计图样要求。

2）制动总泵储液罐油量加注情况符合设计要求。

3）制动管路连接牢靠，走向合理，固定牢靠，不得有漏气漏液现象，与相邻部件无干涉或自身交叉干涉的现象。

4）制动软管有适当的安全防护装置，具有足够的预留量，不允许与其他部件干涉且不应有老化、开裂、被压扁等现象，与排气管或任何高温源有合理的间距。

5）液压制动的车辆，踩制动踏板不应有缓慢向前移动的现象。

6）采用气压制动的车辆，发动机在75%的额定转速下，4min内气压表的指示气压应从零升至起步气压（未标起步气压者，按400kPa计）。

7）采用气压制动的车辆，在气压升至600kPa且不使用制动的情况下，停止空气压缩机3min中后，气压的降低值不应大于10kPa。（驻车制动手柄在释放位置）在气压为600kPa的情况下，将制动踏板踩到底，待气压稳定后观察3min，气压降低值不应大于20kPa（驻车制动手柄在打开位置）。

8）贮气筒的容量应保证调压阀调定的最高气压下，且不继续充气的情况下，车辆在连续五次将制动踏板踩到底的全行程制动后，气压不低于起步气压（未标起步气压者，按400kPa计）。

（3）行驶系统检验

1）车架总成不得有扭转、变形、锈蚀和裂纹，铆钉和螺栓不得缺少或松动。

2）车架上的各部件应连接牢固，附件装配到位，固定牢固，平垫圈、弹簧垫圈应装配齐全，无损坏现象，装配后螺栓露出螺母外的长度应付合工艺要求（5~10mm），改制样件要做防锈处理。

3）各气路、油路、电路的管线应按产品图样及技术文件要求布置合理，连接正确，固定牢靠，不得有气、液泄漏及线路松动、脱落和干涉现象。

4）各种气管、线束要留有足够的长度和柔性。

5）各管路过渡接头的固定应安装外锯齿锁紧垫圈。

6）所有与车架相干涉的部位应加装防磨护套。

7）检查减振器安装紧固情况。

8）检查钢板弹簧有无断裂和裂纹现象，板簧销轴安装情况，销轴夹紧螺栓紧固情况，黄油嘴的装配情况及润滑脂的加注情况。

9）前桥及后桥不得有变形、锈蚀和裂纹。

10）中桥、后桥、平衡轴、上、下推力杆应固定牢固，U形螺栓紧固力矩应符合技术要求，并做好紧固标记。

11）同一台车上的所有轮胎的生产厂家、型号、花纹应一致。整车轮胎气压应符合设计要求。

12）轮胎螺母和半轴螺母应完整齐全，其扭紧力矩应符合设计要求。

13）备胎升降机构（或固定机构）应操纵自如，装卸方便，备胎安装应牢固可靠，不得松动。

三、动态路试

1. 整车动态检验相关规定

1）整车调试员须经过内部驾驶资格考核合格，方可进行试制样车整车动态路试工作。

2）整车调试员路试车辆准驾资格必须与待检车辆一致。

3）试制车辆路试检验时车内禁止搭载与路试无关人员。

4）整车调试员禁止饮酒，严禁酒后驾驶试制车辆。

5）雨、雪等恶劣天气禁止进行车辆路试。

6）制动力、侧滑不合格的车辆禁止进行路试。

7）路试前需确认静态检验是否整改到位，退回未整改或整改不到位的车辆。

8）起动前应检查制动、转向、行驶系统各部件连接螺栓是否按技术条件紧固，拧紧力矩应符合技术要求，并按规定做好紧固标记。

9）车辆初次起动及行驶前必须按要求加注燃油、转向助力液、制动液、离合器助力液、冷却液、各总成润滑油和润滑脂，并按规定做好加注标记。

10）起动发动机前应检查电器系统各类接头是否连接可靠，无接触不良等现象，以防短路引发火情。

11）驾驶舱内脚踏板处废弃物品必须清理干净，以防止制动时阻碍制动踏板的工作行程，影响制动效果。

12）钥匙插入点火开关后，应将钥匙旋转到 ON 档停滞 2~3min，观察仪表显示是否正常，驾驶室内有无异味，以防止线束短路引发火情。

13）起动前将变速杆置于空档位置，驻车制动器处于拉紧状态，确认周边环境无安全隐患后方可起动发动机。

14）采用气压制动的车辆起动后，观察气压表显示是否正常，待气压升至最高（干燥器或限压阀排气）时将发动机熄火，通过气压表显示值观察各气路是否有明显泄气现象，如果有必须进行调整紧固。

15）采用液压制动车辆起动后，踩下制动踏板，检查制动踏板高度是否符合技术要求，制动管路有无渗漏现象，真空助力装置是否有效，存在问题必须进行修复。

16）采用气压制动的车辆起步前必须将气压升至最高气压（干燥器或限压阀排气），否则不能起步行驶。

17）驾驶员必须使用安全带。

18）车辆起步后先轻点一次制动踏板以便观察制动效果，制动效果不明显时应用驻车制动停车，对制动系统进行调整，确认制动可靠有效后方可行驶。

19）车辆在行驶时应观察车间内的人员和物品位置，确保行驶安全，必要时可派人协助指挥行驶。

20）车辆初次在车间内行驶最高车速不得超过 5km/h；车辆在出入车间大门、倒车、掉头、拐弯，应做到"一慢、二看、三通过"。

21）试制车辆在厂区内行驶，最高速度不得超过 20km/h；行驶严格按照厂内交通标识及厂内行驶要求执行；在试车道路上要遵守试车道路的相关安全操作规程。

22）车辆在动态路试完成后，按要求将车辆停好，车窗车门关闭锁好，关闭电源，将钥匙交由车间保管员处保管。

23）路试检验按要求记录、反馈问题。

2. 整车动态检验及要求

（1）仪表及指示灯

1）机油压力表指示压力应符合发动机使用说明书技术要求。

2）水温表、燃油表、发动机转速表、车速和里程表应显示正常。

（2）发动机

1）发动机应有良好的起动性能，连续起动 3 次（每次不超过 15s，间隔 2min），应至少有两次能顺利起动。

2）发动机应运转平稳，怠速稳定，无异响，机油压力正常。

3）发动机不得有"回火""放炮"现象。

4）柴油机熄火装置必须灵活有效。

5）加速踏板工作正常、有效，行驶时加速踏板不得有失效现象。

6）在发动机运转及停车时，水箱、水泵、缸体、缸盖、暖风装置及所有连接部位均不应有明显渗漏现象。

7）发动机工作时各部件不得有漏气、漏水、漏液现象。

（3）转向系统

1）车辆应转向灵活、操纵轻便、无阻滞现象，车辆应设置转向限位装置，转向系统在任何操纵位置上，不允许与其他部件有干涉现象。

2）车辆在平坦、硬实、干燥和清洁的道路上行驶不应有跑偏（双手轻抚转向盘，以 40km/h 匀速直线行驶 100m 后车辆的跑偏量应不大于半个车身宽度），其转向盘不应有摆振，路感不灵或其他异常现象。

3）车辆在转向轮转向后应能自动回正，以使车辆具有稳定的直线行驶能力。

4）转向过程中各部件不得有异响。

5）转向过程中各管路及所有连接部位均不应有明显渗漏现象。

（4）制动系统

1）制动踏板自由行程符合设计要求。

2）采用液压制动车辆起动后，踩下制动踏板，检查制动踏板高度是否符合技术要求，制动管路有无渗漏现象，真空助力装置是否有效，制动不得有过硬或过软现象。

3）液压制动在达到规定的制动效果时，踏板行程（包括空行程）不大于踏板全行程的 3/4；装有自动调整间隙装置的车辆踏板行程不大于踏板全行程的 4/5。

4）制动过程中不得有制动噪声及自行制动等异常现象。

5）在试车道制动区域内，检测车辆以 50km/h 紧急制动，制动距离 ≤18m，跑偏 ≤300mm。或者以 30km/h 紧急制动，制动距离 ≤8m，跑偏 ≤60mm。

6）制动过程中不得有制动失灵、跑偏、甩尾等现象。

7）排气制动测试方法：车辆处于正常行驶条件下，打开排气制动开关，当发动机转速高于 1100r/min 后，松开加速踏板，排气制动灯点亮，车辆处于排气制动状态，踩下加速踏板，排气制动自动取消，车辆加速；当发动机转速高于 1100r/min 后，松开加速踏板，排气制动灯亮，车辆处于排气制动状态；当转速降至怠速时，排气制动自动取消。

8）驻车制动性能。将车辆驶上坡度≥20%的坡道，操纵驻车制动器，使检测车辆停住。此时置变速器于空档，被检测车辆应在正、反两方向上均不产生移动。

（5）离合器

1）离合器应接合平稳，分离彻底，工作时不得有异响、抖动或不正常的打滑等现象。

2）离合器踏板工作行程应符合设计要求，不得有过高过低现象。

（6）换档操纵系统

1）变速杆位置应符合设计要求。

2）换档操纵手柄上必须有驾驶员容易识别的标识，且换档标识与实际档位应符合。

3）换档时，不应有卡滞、打齿等异响。换档操纵系统各部件不得与其他部件有干涉、异响现象。

4）在加、减档时每个档位应换档清晰、轻便、到位，且无自行脱档等异常现象。

5）换档互锁、自锁和倒档锁装置有效，不得有乱档、脱档现象；运行时无异响。

6）有分动器的车辆，应按说明步骤检查分动器是否工作有效。

（7）加速性能 在道路条件允许的情况下起动车辆，并起步。此时将加速踏板迅速踩到底，使发动机转速迅速提高到额定转速后急速加档，直至最高档位。检查发动机在加速过程中的转速提升情况、与加速踏板的响应性，并检验整车传动系统在加速过程中有无异响、抖动及异常现象。

（8）空调及暖风系统

1）空调系统中各开关（内外循环、出风口位置开关、风量开关、A/C 开关）工作正常。在发动机正常工作状态下，打开冷气开关，冷气出口应有冷风吹出。

2）暖风系统应工作正常。在发动机正常工作时，打开暖风开关，暖风电动机应立即起动工作，暖风出口应有暖风吹出。

（9）其他检验内容

1）行驶中不得有异常噪声和共振现象。

2）车辆后视镜的视野范围应符合设计要求。

3）在整车行驶的过程中，在不同的车速下整车不应出现共振声、摆振和抖动等异常现象。

4）在整车行驶过程中，各系统不得有渗液、漏液现象。行驶试验后检查油辅料情况，若发现渗漏需修复后补加，并重新试车后再次确认。

（10）密封系统的复检 在行驶试验结束后，应对制动系统的密封性、离合器装置、冷却系统、润滑系统、空调系统、暖风装置、传动机构润滑油、转向助力装置、真空助力装置、供油系统、排气系统等进性密封性复检，以保证各系统及装置正常的工作，无渗、漏等缺陷。

四、整车验收技术条件

整车经过装配、检测、调试等环节以后，还需要对车辆进行验收，验收合格的车辆才能够出厂上路行驶，整车装车验收技术条件见表 6-6。

表 6-6　整车装车验收技术条件

序号	类别	检测项目	技术要求
1	技术文件及记录	整车装配零件清单	整车按照装配零件清单装配完成，零件装车状态与清单保持一致，符合车辆配置、装配要求
2		整车装配工艺文件	整车按照装配工艺文件执行，满足技术要求
3		整车装配过程检验记录	装配过程检验记录完整，记录装配过程中的问题，以及问题的处理信息
4		整车下线检验记录	下线检验、调试等信息记录完整，各种检验表单齐全，包括四轮定位、检测线、静动态检验记录表等，以及相关的处理信息
5		油液加注信息检验记录表	油液按照规定要求加注，检验记录完整
6		控制器软件版本及诊断信息记录	整车所有控制器软件版本刷新至当前最新发布版本并记录清晰，诊断故障码记录及处理信息清晰
7		整车力矩信息记录	整车按照力矩清单执行并记录力矩值
8		整车外观检验记录	整车外观、漆面等符合要求，检验记录清晰
9	关键技术要求	整车尺寸	长、宽、高、轴距、轮距、前悬、后悬、接近角、离去角、最小离地间隙等
10		整车质量	整车整备质量、整车总质量、整车额定装载质量、空载前/后轴荷、满载前/后轴荷等
11		关键性能要求	最高车速、直接档加速时间、起步连续换档加速时间、直接档最低稳定车速、最大爬坡度、驻车坡度、平均油耗、制动距离、最小转弯直径、自由加速烟度、车内外噪声、燃油箱容积等
12		发动机关键技术参数	发动机规格型号、形式、排量、压缩比、标定功率、最大转矩、最低燃油消耗率等
13		变速器技术参数	变速器规格型号、形式、各档位速比等
14		四轮定位参数	主销内倾、主销后倾、车辆外倾、车轮前束、前轮转向角、车桥偏斜、非转向桥多桥不平行度等
15		踏板高度尺寸	离合踏板高度、制动踏板高度、加速踏板高度
16		车轮规格及参数	轮胎规格、胎压要求、轮辋规格等
17	静、动态检测	车辆静、动态检验合格记录单	车辆静、动态检验，返修合格记录单
18	3C 检测	检测线检验合格记录单	尾气排放、侧滑、制动、灯光、车速表合格记录单

注：以上装车验收技术信息仅供参考，各汽车厂验收要求略有不同，或另有增加项。

复习题

一、填空题

1. 车辆调试时，调试员应穿_____，戴不影响驾驶的劳保手套等相关的安全劳保用品。

2. 车辆做四轮定位时，车轮滚动 180°如果采用滚动式，必须保证_____，否则将严重影响测量结果的准确度。

3. 车辆检测线检测内容主要包括尾气/烟度、车速、_____、_____、前照灯灯光、喇叭声级等。

4. 侧滑量是指汽车在没有外加转向力的条件下，以速度 3~5km/h 直线行驶通过检验台时，滑板的_____位移量和滑板的_____有效测量长度之比值。

5. 前照灯是汽车在能见度低情况下的为驾驶员提供照明的主要设备，是车辆重要的安全装备之一，也是驾驶员发出警示的灯光信号装置。所以前照灯必须有正确的_____和_____。

二、单选题

1. 车辆开上四轮定位检测仪进行检测前，预检内容不包括（   ）。

A. 车辆的衬套和转向连接装置中没有过大的间隙

B. ABS 是否正常工作

C. 轮胎型号是否一致

D. 轮胎气压是否符合规定

2. 国家强制性标准 GB 38900—2020《机动车安全技术检验项目和方法》中规定当实际车速为 40km/h 时，汽车车速表指示值不合格的是（   ）。

A. 32km/h   B. 35km/h   C. 38km/h   D. 40km/h

3. 车辆制动性能检测的制动平衡率是指制动过程中测得的左、右轮制动力差的最大值与（   ）之比。

A. 左、右轮最大制动力之和

B. 左、右轮测量平均制动力

C. 左、右轮最大制动力中小者

D. 左、右轮最大制动力中大者

4. 关于车辆动态路试描述不正确的是（   ）。

A. 发动机连续起动 3 次（每次不超过 15s，间隔 2min），应至少有两次能顺利起动

B. 制动力、侧滑未检测的车辆可以通过路试进行检测

C. 采用气压制动的车辆起步前必须将气压升至最高气压（干燥器或限压阀排气），否则不能起步行驶

D. 车辆起步后先轻踩一次制动踏板以便观察制动效果，制动效果不明显时应用驻车制动停车，对制动系统进行调整，确认制动可靠有效后方可行驶

5. 关于整车验收技术条件描述不正确的是（   ）。

A. 整车装配零件装车状态与整车装配零件清单一致即可，无须核对配置

B. 整车所有控制器软件版本应刷新至当前最新发布版本

C. 整车油液加注、关键力矩按照技术要求执行并记录

D. 整车外观、漆面等应符合要求，检验记录清晰

第六章复习题
参考答案

三、简答题

1. 调试车辆驾驶前的安全检查项目主要包括那些？

2. 简述车辆调试过程中灯光及信号装置检查内容？

第七章 整车质量检验

质量检验亦称"技术检验"，是采用一定检验测试手段和检查方法测定产品的质量特性，并把测定结果同规定的质量标准进行比较，从而对产品或一批产品得出合格或不合格判断的质量管理方法。其目的在于，保证不合格的原材料不投产，不合格的零件不转下道工序，不合格的产品不出厂；同时收集和积累反映质量状况的数据资料，为测定和分析工序能力，监督工艺过程，改进质量提供信息。

第一节　常用质量检测工具

本节主要介绍商用车总装过程常用质量检测工具工作原理、结构和测量方法。还针对部分检测仪器进行介绍，还包括设备简介、设备特点、现场实际检验内容、检验标准等方面的内容。

一、钢直尺、卷尺

1. 钢直尺

（1）功能与结构　钢直尺是最基本的测量工具，它一般用于精度要求不高的场合，由薄钢板制成，能直接测量出工件的尺寸。钢直尺结构如图 7-1 所示。

图7-1　钢直尺

最小分辨力：0.5mm（≤50mm），1mm（>50mm）。量程：0~150mm。

（2）测量方法

1）测量间距：如图 7-2a 所示，把钢直尺"0"点与单侧零件贴紧，读取另一侧零件被测特征边线对应位置刻度数值即为测量值。

2）测量长度：如图 7-2b 所示，把钢直尺"0"刻度与待测零件对齐，读取零件被测特征对应位置刻度数值即为测量值。

（3）注意事项　①测量时不要过于用力，防止钢直尺磨损或变形，要在很自然的状态下测量；②测量白车身和油漆车身时尽量避免破坏车身表面（必要时可采用塑料材质的直尺）；③使用后及时擦拭表面上的油污。④有的钢直尺上的数字分为两排，一排数字单位是厘

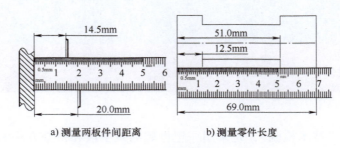

a) 测量两板件间距离　　　　b) 测量零件长度

图 7-2　钢直尺测量方法

米（cm），一排单位是英寸（in），1cm ≈ 0.3937in，1in ≈ 2.54cm，所以两个数字相距较短的数字单位是 cm，较长的为 in，单位 cm 的数字字体也比 in 的小，100cm = 1m，使用中一般用 cm 作为单位。

2. 卷尺

（1）功能与结构　卷尺用于测量尺寸，一般用于尺寸较大，精度要求不高的场合。卷尺内装有弹簧，在拉出标尺测量长度时（图 7-3），弹簧发生变形。一旦测量完毕，弹簧会自动收缩，标尺在弹簧力的作用下收缩进卷尺中。

图 7-3　卷尺

卷尺的最小刻度一般为 mm，标尺上的数值以 cm 为单位量程会标在尺身上。也有部分卷尺的标尺上有两排数字，分别以 cm 和 in 为单位。

（2）测量方法　卷尺量尺寸时，有两种量法。一种是挂在物体上，一种是顶到物体上。两种量法的差别就是卷尺头部铁片的厚度。因此卷尺头部是松的，目的就是在顶在物体上时，能将卷尺头部铁片厚度补偿出来。

二、游标卡尺

1. 功能与结构

游标卡尺是一种测量长度、内外径、深度的量具，由主尺和附在主尺上能滑动的游标两部分构成，如图 7-4 所示。

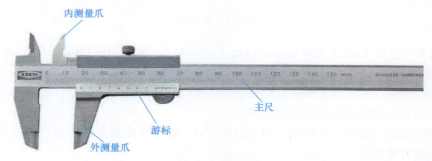

图 7-4　游标卡尺

游标卡尺的主尺和游标上有两副活动量爪，分别是内测量爪和外测量爪，内测量爪通常用来测量内径，外测量爪通常用来测量长度和外径。

2. 测量方法

测量时，右手拿住主尺，大拇指移动游标，左手拿待测物体，使待测物位于外测量爪之间，当与量爪紧紧相贴时，旋转紧固螺钉固定游标，即可读数，如图7-5所示。

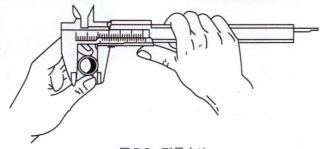

图7-5　测量方法

3. 读数方法

以分度值0.02mm的精密游标卡尺为例，读数方法可分三步。

1）根据游标零线以左的主尺上的最近刻度读出整毫米数。

2）根据游标零线以右与主尺上的刻度对准的刻线数乘上0.02读出小数。

3）将上面整数和小数两部分加起来，即为总尺寸。

下面举例说明。

如图7-6所示，游标0线左侧主尺上最近的刻度为64mm，游标0线后的第9条线与主尺的一条刻线对齐。游标0线后的第9条线表示：$0.02 \times 9 = 0.18$mm。所以被测工件的尺寸为：$64 + 0.18 = 64.18$mm。

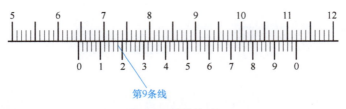

图7-6　读数方法

三、数显卡尺

1. 功能与结构

数显卡尺作为一种常用量具，整体结构游标卡尺结构相似，可用外测量爪测量工件宽度、外径，用内测量爪测量工件内径，用深度尺测量工件深度，最小分辨率为0.01mm，如图7-7所示。

2. 测量方法

使用数显卡尺测量长度、宽度、内径的方法同游标卡尺使用方法相同，只是数显卡尺不需要人工读数，测量数值直接显示在LCD显示屏上。当测量深度尺寸时，将深度尺伸进待测部位底部，轻轻下压主尺，使主尺末端紧贴待测物体顶端，即可得到读数，如图7-8所示。

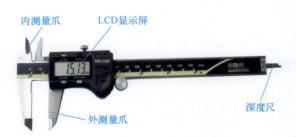

图7-7 数显卡尺

图7-8 测量深度尺寸方法

注意：测量深度时，深度尺必须紧贴待测部位。

四、三角间隙尺

1. 功能与结构

间隙尺一种测量间隙宽度及孔径的量具，一般以 mm 为单位。

工具结构如图7-9所示。

间隙尺最小分辨力为 0.1mm，量程为 0~15mm。

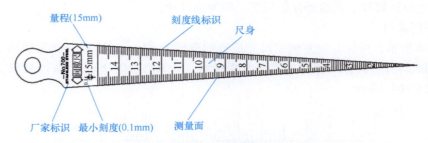

图7-9 工具结构

2. 测量方法

（1）测量间隙宽度 如图 7-10a 所示，把间隙尺尖的一头插入需要检测的间隙中，直到间隙尺无法放入为止，对应位置刻度数值即为测量值。

（2）测量孔径 如图 7-10b 所示，把间隙尺的小头插入需要检测的圆孔中，读取零件特征对应位置刻度数值即为测量值。

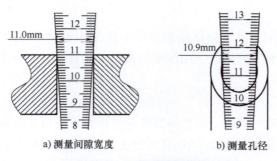

a) 测量间隙宽度   b) 测量孔径

图7-10 三角间隙尺测量方法

（3）读数 测定完成后，直接读取对应刻度数值，即为测量数据（单位：mm）。

（4）记录 每个测量点进行 3 次测量取平均值，将读得的数据认真并如实地填写在相关记录表单的相应栏目中即可（保留小数点后 1 位）。

3. 注意事项

1）测量前应把间隙尺擦干净，检查间隙尺的刻度标识是否清晰可见。间隙尺应无明显磨损与弯曲（尖端磨损≤1mm）。

2）测量时，间隙尺要尽量保持与被测特征端面垂直。

3）测量时，不可用力导致间隙尺弯曲。

4）测量零件时，零件上不能有异物，并在常温下测量。

5）使用时，必须轻拿轻放。

五、面差表

1. 功能与结构

面差表，别名平度规，用于模具制造、汽车生产过程中面差的检测，最小分辨力为 0.01mm。

汽车生产中的面差：指零件装配时，存在配合误差，面与面结合处不平滑，有刮手不顺的感觉。面差表的结构如图 7-11 所示。

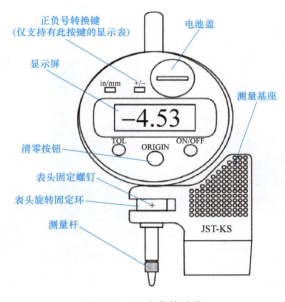

图 7-11 面差表的结构

2. 测量方法

（1）面差表零位校正

1）数显型面差表按开关键（ON/OFF）打开电源，按单位转换键（in/mm）选择所需单位制式。

2）把测量基面和测量杆放在同一平面对齐按 ORIGIN 或 ZERO 键清零即可完成零点校正。

（2）读数

1）当面差表零位校正后即可进行工件测量，表头显示数据即是工件的实际面差尺寸。

2）面差表表头可进行360°旋转，任意方向均可测量（如图7-12所示，4.86mm即为工件实际高度）。

3. 注意事项

1）本产品属精密量具，使用中应防止撞击、跌落，以免丧失精度。

2）应保持清洁，避免水等液态物质渗入表内影响正常使用。

3）任何部位不能施加电压，不要用电笔刻字，以免损伤电子电路。

4）长期不使用，应取出电池（仅限数显型）。

六、圆盘间隙尺

1. 功能与结构

圆盘间隙尺（又称八爪间隙尺或阶梯间隙尺），适用于整车带漆面，深度间隙测量，共有16种台阶，测量方便、快捷，不易划伤油漆。测量时将间隙尺置于被测间隙，即可评估结果，测量精度±0.5mm。圆盘间隙尺如图7-13所示。

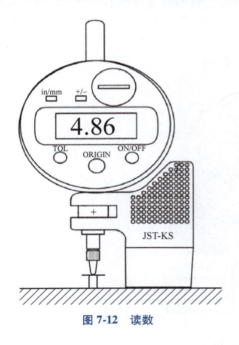

图7-12　读数

图7-13　圆盘间隙尺（单位：mm）

2. 测量方法

将圆盘依次按照从小刻度到大刻度放置于待测物体间隙处，测量时不要用力硬塞，自然状态下测量最佳。

3. 注意事项

1）将圆盘间隙尺测量片放入间隙内读数，第1个台阶对应读数为第1个数值。

2）防止间隙尺磨损或变形。

3）使用后及时擦拭表面异物。

七、力矩扳手

1. 表盘式力矩扳手

（1）功能与结构

表盘式力矩扳手是用于测量螺纹紧固件拧紧力矩的仪表，可在量程范围内进行检测，适用于要求高的场合。根据需要选择待测螺纹副对应的套筒与扳手连接，用检测扳手对已紧固的螺纹副进一步紧固，当产生微小的转角时，读出扳手记忆指针指向的刻度值即为测量值。表盘式力矩扳手如图 7-14 所示。

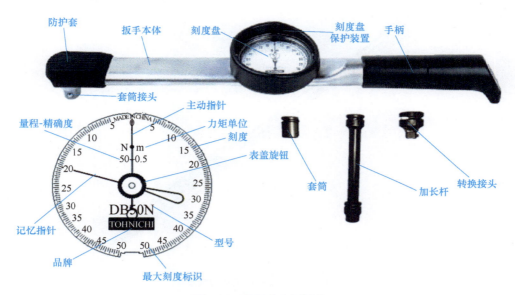

图 7-14　表盘式力矩扳手

（2）测量方法

1）表盘式力矩扳手使用前需调整零位：

① 右旋使用时：顺时针旋转表盖上的旋钮，使记忆指针与主动指针紧靠，共同指向刻度盘的零位刻线。

② 左旋使用时：逆时针旋转表盖上的旋钮，使记忆指针与主动指针靠紧，共同指向刻度盘的零位刻线。

2）将指针扳手的方榫与紧固件对接（根据需要可直接对接，也可通过转接套筒对接），然后缓慢平稳地对手柄施加力，直至记忆指针指向所需的力矩值。

3）表盘式力矩扳手停止施力后，主动指针在弹性元件和机芯扭簧的作用下自动回复零位，记忆指针仍停留在指示的刻度上，并准确读出力矩值。

4）表盘式力矩扳手使用结束后，旋转表盖上的旋钮，使记忆指针也回复到零位，可进行下一次使用。

2. 机械式定扭力扳手

这种定扭力扳手采用的是杠杆原理。在使用过程中，如果拧紧力矩达到设定的力矩，就会出现"咔嗒"的声音，从而防止出现过力现象。如图 7-15 所示。

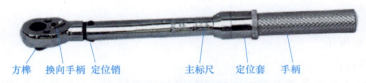

方榫　换向手柄　定位销　　　　主标尺　定位套　手柄

图 7-15　机械式定扭力扳手

3. 数显式定扭力扳手

这种扳手是在机械式定扭力扳手的基础上改进的，可将作用力矩可视化，如图 7-16 所示。

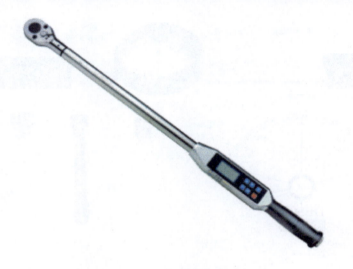

图 7-16　数显式定扭力扳手

4. 打滑式（自滑转式）定扭力扳手

这种定扭力扳手采用的是过载保护、自动卸力模式。在力矩到达设定值时会自动卸力（也会出现机械相碰的声音），但之后扳手会自动复位，如果再次用力仍然会打滑，从而避免过力现象，如图 7-17 所示。

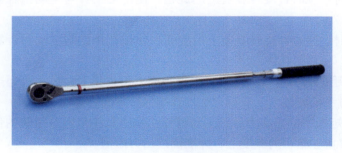

图 7-17　打滑式（自滑转式）定扭力扳手

5. 电流式定扭力扳手

是根据电动机拧紧过程中电流值的变化来判断拧紧力矩值的。一旦达到预定值，电动机就会停止工作，电流式定扭力扳手如图 7-18 所示。

该类扳手具有精度高、寿命长、故障率低等等优点，在很多领域得以发挥作用。

6. 液压脉冲式和离合器式定扭力扳手

这两种都是通过拧紧力矩达到设定值后自动断油或断气来避免力矩过大的。

7. 动态力矩传感器式定扭力扳手

当扳手上的传感器测得的力矩值达到扳手设定值后，控制器会切断动力，扳手停转，此时将无法再用力，从而避免力矩过大，如图 7-19 所示。

图 7-18　电流式定扭力扳手

图 7-19　动态力矩传感器式定扭力扳手

八、标准色板

1. 功能

标准色板是用来目视比对油漆车身、塑料件颜色是否匹配的一种工具，是控制颜色的基准，是颜色调试及控制色差的依据。

2. 色板封样

建立标准色板档案，背面需粘贴标签，明确有效期、明确各项参数要求，如图 7-20 所示。

图 7-20　色板封样

3. 使用方法

颜色检验员需拥有正常的彩色视觉，并经过培训、技能达标；比色时应将产品与色板置于同一平面，观察距离 400~500mm，使用色板时应佩戴手套，严禁裸手触摸标准色板正面。

图 7-21 所示为检验员利用标准色板依次对翼子板、后侧围等与保险杠搭接的位置进行目视检查。

图 7-21　标准色板使用方法

4. 注意事项

1）色板的回收，必须同一批次制作，不能多批次混用，下发新批次标准色板后，旧批次色板必须回收报废。

2）色板的保管需要注意以下几点：①色板存于清洁、干燥、遮光之处，防止沾污与擦伤；②由专人负责管理，未经管理员同意，其他人不得擅自取用；③每周自行校对标准色板；④每三个月进行一次校准，校准时使用标准零部件比对，并且使用色差仪测量比对数据。

九、菲林尺

1. 功能

菲林尺（又称检验规或菲林卡片）：用于检验不规则的颗粒、脏点、线性划伤等问题。菲林尺测量全面直观，尺寸精准，肉眼误差很小，具有极佳的透光度，温度造成的误差很小。菲林尺如图 7-22 所示。

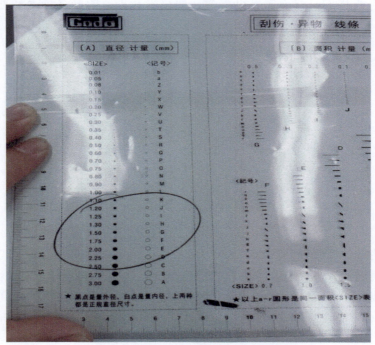

图 7-22　菲林尺

2. 测量方法

直接拿着菲林尺上面的刻度去覆盖车身上的颗粒、纤维等缺陷；根据缺陷大小读取对应的数值。

3. 注意事项

1）为延长使用寿命，一定要将菲林尺平展保存，避免磨损、折伤和划伤。

2）如发现菲林尺表面有脏污或异物时，可用棉布蘸浓度为98%的酒精轻轻擦拭，切不可用水擦拭。

十、膜厚仪

1. 功能

膜厚仪利用从测头经过非铁磁覆层而流入铁磁基体的磁通量的大小，来测定覆层厚度，也可以通过测定非铁磁覆层的磁阻大小，来测定覆层厚度。

2. 设备介绍

MP0是一款小型便携式涂层、镀层两用测厚仪，可以测量磁性钢铁基材上非磁性镀层和铝铜基材上非导电涂层的厚度。新一代手提式仪器和可更换的探头配合使用，可以进行无损且高精度的涂层、镀层厚度测量。无论是在生产过程中，还是在来料检验中，随机抽检和全检产品表面覆层的厚度，都十分便捷。

3. 测量方式

手持接触式测量。

4. 测量范围

现代的磁感应测厚仪量程达10mm。

5. 测量精度

分辨率达到0.1μm，允许误差为1%。

6. 测量环境

温度：0~40℃湿度：20%~70%（无冷凝）。

7. 测量原理

内置测头采用磁感应和电涡流的方法自动识别基材。当软芯上绕着线圈的测头放在被测样本上时，会自动输出测试电流，得到测试信号，仪器将该信号放大后得出覆层厚度，电路设计引入稳频、锁相、温度补偿等新技术，利用磁阻来调制测量信号。

膜厚仪如图7-23所示：

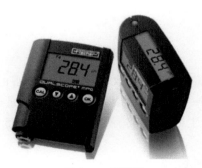

图7-23　膜厚仪

十一、光泽度仪

1. 功能

光泽度仪，也叫光泽仪，是利用光反射原理对被测样品表面的光泽度进行测量，来评测陶瓷、油漆、塑料、大理石、金属等材料表面光反射能力的仪器。即使用规定入射角和规定光强的光束照射样品，得到镜向反射角方向的反射光，通过光感元件测量反射光强度得到测试结果。设备如图 7-24 所示。

图 7-24　光泽度仪

2. 测量方式

手持接触式测量。

3. 测量范围

测量范围 0~20GU、10~100GU、100~2000GU，重复性±0.1GU、±0.2GU、±0.2%，重现性±0.2GU、±0.5GU、±0.5%。

4. 测量精度

测量示值误差<1.2 光泽单位（Gs）[①]。

5. 测量环境

使用中应避免强光，被测表面要保持清洁。

6. 测量原理

根据标准，以特定折光指数（通常为：1.567）的黑色玻璃标准板的反射值为 100 光泽单位。反射仪通常有多个不同入射角度的光源结构。标准的角度是 20°，60°，85°。根据被测物体光泽的水平，反射计以不同角度的直射光照射到被测产品表面，通过光电感应计（反射计）测量反射光强度。

十二、橘皮仪

1. 功能

橘皮仪 dual 是一款帮助解决问题，并取得理想表面外观的诊断工具，可在整个涂装过程中进行外观控制，能够对每一层涂料涂装后的表面外观质量进行客观地评估，无须再对究竟是哪一涂层对表面终外观产生影响进行猜测。设备如图 7-25 所示。

———————————

[①] Gs 为光泽度单位 Gloss 的简写形式。

2. 设备介绍

德国 BYK 公司 4840 橘皮仪用于测量高光泽至中光泽涂层表面的橘皮和鲜映性。该仪器客观而可靠，能够良好地反映高光泽表面的橘皮 DOI 和中光泽表面的轮廓结构。单手操作方便使用，可用于平坦或有曲率的表面。有体积小，重量轻，滚动操作、大屏幕显示，提供多种测量标尺及扫描长度等优点。

图 7-25　橘皮仪

3. 测量方式

手持接触式测量。

4. 测量范围

扫描范围：仪器滑动的矩离范围为 5/10/20cm，分辨率：375 点/cm。

5. 测量精度

高光泽至中光泽表面：$du^{\ominus} < 65$，线性范围。

6. 测量环境

温度范围：操作温度为 10~40℃，存储温度为 0~60℃；相对湿度：在 35℃ 时达到最高 85% Rh。

7. 测量原理

橘皮仪使用激光光源扫描高光泽表面的光学轮廓，并使用高能量的红外发光二极管测量中光泽表面相同波纹的结构谱线，该仪器使用尽可能新的 CCD 照相探测技术用于测量并记录"晦涩度"，从而提供在受到波长小于 0.1mm 的微细波纹影响的表面上的成像质量信息。

8. 测量能力及应用范围

① 电泳漆层的外观控制：用相同的电泳漆同时涂于粗糙和光滑钢材，可以看出粗糙钢材的 Wb 及 Wc 值都比光滑钢材较高；②中漆层的外观控制：在两块钢板上涂上底漆，可以看到，在粗糙钢材表面检测到 Wb 及 Wc 值均升高了，因此这种底漆并不能完全覆盖来自钢材的影响；③面漆层的外观控制：钢材表面终外观显示，粗糙钢材面板上的面漆短波值较高。因此，在光滑钢材面板上的面漆看上去更明亮。

———————

$\ominus$　du 值是用来衡量涂层表面的平整度或光滑度的参数，通常用于检测涂层表面的橘皮效应和鲜映性。

十三、多角度色差仪

1. 功能

多角度色差仪是模拟人眼观察色彩的特性，研究开发出来的色彩分析检测仪器。主要用于工业上的色彩调配、色差控制以及色彩品质的提升。如图7-26所示。

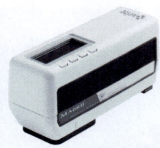

图 7-26　多角度色差仪

2. 设备介绍

色彩色差仪内部有一种标准照明发光体，可以将标准颜色照射到物体上，在物体表面发生折射、反射、漫射等一系列物理作用，最终被色彩色差仪内部的积分球全部捕捉，并以同样的角度发射给光电处理器，信号处理后以电信号形式发射给微处理器，最终微处理器将电信号转化成数字形式显示。

3. 测量方式

手持接触式测量。

4. 测量范围

光谱范围：$400 \sim 700 \mu m$。

5. 测量环境

操作温度范围 $0 \sim 40 \text{℃}$，存储温度范围 $-20 \sim 50 \text{℃}$。

6. 测量原理

（1）光源　多角度色差仪通常使用一种具有宽光谱特性的光源，例如 D65 光源。这种光源可以提供相对均匀的光照，使得测量结果更加准确可靠。

（2）视场　多角度色差仪通常配备多个观察视场，例如 0°、45°、110°等。这些视场对应不同的观察角度，可以观察到物体在不同角度下的颜色表现。

（3）几何条件　多角度色差仪的测量几何条件通常符合国际标准，例如 CIE 标准。其中包括观察角度、照明角度、视场大小等参数的定义和规定，以确保测量结果的可比性和准确性。

（4）平均化处理　多角度色差仪通常会对多个观察视场的测量结果进行平均化处理，以得到更准确的色差值。这是因为物体的颜色通常在不同角度下会发生一定的变化，通过对多个角度的观察结果进行平均化，可以得到更全面和客观的色差评估结果。

第二节　质量检验

质量检验的实质是事后把关，质量检验亦称"技术检验"，是采用一定检验测试手段和检查方法测定产品的质量特性，并把测定结果同规定的质量标准进行比较，从而对产品或一批产品得出合格或不合格判断的质量管理方法。质量检验的目的在于，保证不合格的原材料不投产，不合格的零件不转下工序，不合格的产品不出厂；并收集和积累反映质量状况的数据资料，为测定和分析工序能力，监督工艺过程，改进质量提供信息。

一、质量标识

产品质量标识是指由有关主管部门，按照规定的程序颁发给生产者，用以表明该企业生产的该产品的质量达到相应水平的证明标志。

在质量检验环节应当检查的质量标识有：中国强制性产品认证标识（3C 标志，如图 7-27 所示）、机动车整车出厂合格证（图 7-28）、车辆铭牌（图 7-29）、轮胎气压标签（图 7-30）、燃油加注标识（图 7-31）等。

图 7-27　中国强制性产品认证标识

图 7-28　机动车整车出厂合格证

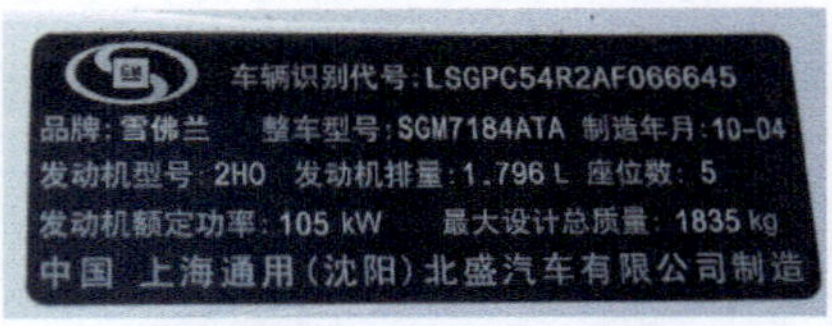

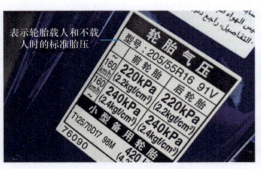

表示轮胎载人和不载人时的标准胎压

图 7-30　轮胎气压标签

图 7-29　车辆铭牌

图 7-31　燃油加注标识

二、车辆检测项目及评价

车辆检测行程顺序如图 7-32 所示，检测项目、评价方法和评价要点见表 7-1。

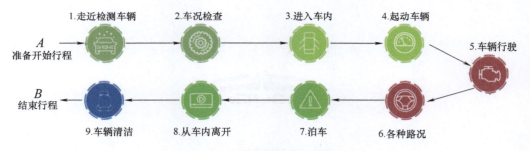

图 7-32　车辆检测行程顺序

表 7-1　车辆检测项目及评价

序号	行程	检测项目	评价方法	评价要点
1	走近检测车辆	遥控钥匙功能及外观	遥控钥匙遥控功能设置	功能性的多样化及使用方便性
			遥控钥匙遥控外观及质感	精致程度及手感等
			遥控钥匙遥控距离	从不同方位确认遥控的有效距离
		警示音声品/喇叭声品	警告系统声品质/喇叭声音效果、品质	倒车雷达、未系安全带、超速、车门未关闭、钥匙未拔出等是否有警告声，各警告声的品质、大小如何

（续）

序号	行程	检测项目	评价方法	评价要点
2	车况检查	目视所有轮胎气压及外观	轮胎外观检查	轮胎气压是否正常、轮毂有无缺陷
		目视车身周边	车身外观附件检查	车周边附件有无变形、划伤、车门前盖锁止
		开启左前门放副驾物品	门开启手感、品质、功能	左前门开关工作有效性、外开开启是否顺畅，其他门外开开启有效性
		座椅调整	座椅滑动	座椅滑动、翻折质感
		开启左后门放物品	空间、便利性	放置物品空间有效性
3	进入车内	开启左后车门	左后车门开关品质、玻璃升降品质	1) 开关门操作力、操作便利性 2) 玻璃升降开关及升降品质
		开启右前车门	右前车门开关品质、玻璃升降品质	
		开启右后车门	右后车门开关品质、玻璃升降品质	
		座椅	座椅调整易操作性、方便性、舒适性	从座椅结构、座椅的舒适性、操作方便性评价
4	起动车辆	起动开关	1) 起动开关的易操作性 2) 起动稳定性	1) 正常起动发动机，评价起动时间的长短，起动时间越短越好； 2) 起动后观察发动机及转速表的表现，发动机转速回落的平顺性以及指针是否有波动
		组合仪表造型及外观	组合仪表造型吸引力	从车内不同位置看组合仪表，考察其协调性及吸引力
		组合仪表易读性和易理解性	组合仪表做工质量、仪表显示字体清晰、显示内容简单易懂	组合仪表的外观、质感，从主驾不同位置看仪表均能清晰看清显示内容
		怠速稳定性	怠速噪声和怠速震动	评价发动机本体、轮系、发电机以及喷轨等发出的噪声
		电器开关的人机工程和便利性	前照灯、转向盘、刮水器、天窗、起动开关等开关操作方便性	可识别性、操作力、操作便利性、考虑晚上操作的安全性等

（续）

序号	行程	检测项目	评价方法	评价要点
5	车辆行驶	起步性能	1)（1档、R档）急速起步 2)1档、R档稍踩加速踏板起步（节气门开度15°）	1) 好的起步不需要额外的节气门输入就能获得平顺的加速，没有任何的发动机转速下降甚至熄火的趋势 2) 评价离合器半联动时车辆由静止到运动瞬间车辆的抖动水平，起步是否平稳有力 3) 评价平路、坡道起步时平顺性及抖动情况，包括踩加速踏板快速起步和不踩加速踏板起步
		直线行驶的稳定性	1) 平直路面，以40～120km/h的速度沿直线行驶 2) 普通路面，车速在40～80km/h，沿直线行驶，分别进行匀速、加速和制动行驶工况，观察车辆是否跑偏	1) 评价意外的偏移，如高速行驶时，经常小角度修正方向的程度 2) 观察车辆行驶轨迹是否发生变化，评价为保持车辆沿直线行驶所需的转向盘转角修正的大小和频率。车辆在不平路面上进行中低加速度的加减速和制动时，是否有跑偏的情况；评价车辆在不平路面上行驶时车辆的侧向晃动，行驶的稳定性，不规则路面引起的转向盘的转动
		高速稳定性	在高速、桥面、风速较大区域，车速在70～120km/h行驶	评价车辆在通过桥面、自然横风区、超越货车情况下的车辆方向变化及整体稳定性，车辆对侧向风有多大的反应，车辆有多大的侧倾，横摆反应，在没有转向修正的情况下，车辆偏离行驶方向有多大
		行驶平顺性	各转速、时速及档位，进行以下操作： 1) 在档位中松开加速踏板 2) 下坡工况，发动机制动	1) 严禁出现松开节气门还继续"自由滑行"的情况 2) 加速过程平顺无顿挫感，制动或发动机制动是否能平顺的减速并且没有滞后和突兀的感觉
		蠕动行车稳定性	挂入1档或R档，松开驻车制动和制动踏板，急速工况	评价车辆是否存在蠕动车速，蠕动车速的大小是否合适，是否过高或过低
		转向力	1) 驻车：发动机起动，缓慢均匀的转动转向盘至左右极限位置，分别踩制动踏板和不踩制动踏板两种情况进行评价 2) 低速：以一档最低稳定车速匀速行驶，均匀的转动转向盘至左右极限位置 3) 驻车、低速以及中高速时，感受转向力的变化	1) 驻车和低速评价转向力是否过重或者过轻；是否存在大转角时转向力明显增大的情况 2) 驻车时是否有转向力的波动；左右方向的力是否一致

（续）

序号	行程	检测项目	评价方法	评价要点
5	车辆行驶	转向回正	1）低速回正表现一档和二档最低稳定车速匀速行驶，将转向盘转至左右极限位置，然后松开转向盘，观察转向盘回到中间位置的速度、均匀性、残余角、左右回正的对称性（以二档评价结果为主） 2）中高速回正表现分别以车速 80km/h 和 100km/h 匀速直线行驶，给转向盘一个快速输入并立刻松手（转角 60°~90°）	1）低速回正主要评价车辆转向系统回正的速度快慢、均匀性、残余角和左右回正性能的对称性，希望回正速度尽量快、回正过程尽量平顺、残余角尽量小、左右性能尽量一致 2）高速回正主要评价车辆回到中间位置过程中转向盘转角、侧倾角和横摆角速度的超调量的大小，以及收敛的速度和振荡的次数。希望超调量尽量小，收敛的速度应该适中，振荡的次数应尽量少
		转向系统异响评价	1）各工况下，转动转向盘，评价转向机构的噪声表现 2）各工况下，转动转向盘（包括转至极限状态） 3）在受到冲击时产生的振动与异响	1）包括转向机、转向泵、管路、助力电动机噪声等 2）评价是否出现 HZZ[⊖] 噪声 3）评价不同路面行驶出现的转向盘抖动程度；驾驶员从转向盘上要能感知路面的变化，但转向盘的路感不能出现打手及麻手现象
		刮水器及清洗器的效果	1）行驶时刮水器的性能 2）刮水器灵敏度 3）清洗液喷洒效果 4）刮水器刮刷面积	1）高速行驶时用刮水器工作性能（主要评价刮水片是否抖动） 2）自动刮水器的灵敏度 3）清洗液喷射的位置及均匀性 4）考虑清洗后的盲区大小
		电器开关的人机便利性	1）前照灯开关操作方便性 2）背光开关操作方便性 3）转向盘快捷键实用性及操作方便性 4）玻璃升降开关操作方便性 5）危险警告闪光灯（双闪灯）开关操作方便性 6）刮水器开关操作方便性 7）定速巡航开关操作方便性 8）顶灯、天窗开关操作方便性 9）蓝牙电话接听方便性 10）其他开关操作方便性	可识别性、操作力、操作便利性、考虑夜间操作的安全性等
		车内可感知的杂音或异响	内饰件杂声异响、车身钣金异响：车辆在不同路面、不同车速、转速、档位、匀速、加减速行驶成在转弯行驶时进行评价	观察车内仪表台、中控台、ABC 柱和衣帽架等区域是否会产生叽叽喳喳声异响，同时应注意发动机舱、底盘零件、车身钣金部件挤压、摩擦、碰撞发出的不规律异响

⊖　HZZ 噪声是指由于转向油泵管路内混入空气，导致的转向盘噪声

（续）

序号	行程	检测项目	评价方法	评价要点
6	各种路况	城市道路工况	频繁停车起步平稳性稳定性、换档平顺性和油耗	1）通过总加油量/总行驶里程，估算出平均油耗 2）燃油表下降速度与实际行驶里程对应的感觉 3）评价高频振动吸收和隔振能力，车身、车架、悬架、动力总成和座椅等能被驾驶员或者乘员感知的谐波振荡，评估驾驶员和乘员通过地板和座椅感觉到得车身、车架悬架、轮胎和动力总成等的振动吸收能力
		柏油路工况	普通粗糙沥青公路和水泥路面（连续的中小幅度的振动输入）分别以40~80km/h的速度沿直线行驶	
		水泥路工况		
		减速带工况	减速带工况或坑洼路段，车辆以不同速度通过，对减振系统进行评价	观察车内仪表台、中控台、ABC柱是否会产生异响，同时应注意发动机舱、底盘零件、车身钣金部件挤压、摩擦、碰撞发出的不规律异响
		山路工况	山路或坡道工况，在坡道中间进行驻车起步，进行连续爬坡的能力	评价坡道起步操作难易程度，是否易熄火以及起步的平顺性，在低速档连续爬坡是否出现严动力下降
7	泊车	驻车便利性	左右侧方停车转弯半径及停车便利性	评价停车便利性
8	从车内离开	下车便利性	乘客上下车便利性、物品取出难易程度	评价乘客下车是否困难，重点关注后排下车便利性；物品从不同位置取出的方便程度
9	清洁车辆	清洁难易度	关注难易清洁位置	评价座椅下、乘客扶手基体、后储物箱等位置清洁方便性及难易程度

三、整车基本功能检测标准

本节主要探讨汽车整车基本功能质量检查。

整车功能缺陷描述见表7-2。

表7-2 整车功能缺陷描述

序号	缺陷名称	缺陷描述	备注
1	异响	区别于零部件工作时所发出的正常响声或声响系统出现的声音，易引起人的主观注意，初步判断可能导致质量问题发生的响声	
2	发动机异响	发动机在息速、中高速正常运转中伴随着其他声响（如间歇的金属敲击声、连续的金属敲击声、连续的金属摩擦声等），表明发动机运转不正常，所伴随着的声响为异常响声	
3	底盘类异响	指汽车悬架、传动系统、行驶系统、转向系统与制动系统在正常路试中功能变异，性能变劣（如悬架紧固力矩不足产生异响，变速器异响、动力转向异响、制动时制动器异响）存在着功能性隐患的异响	
4	车身类异响	路试时车身上下起伏过程中，车身钣金相互摩擦、相互干涉发出的"咯吱"声	
5	噪声	易引起人的主观注意，并让人产生心烦和担心的异常响声	

（续）

序号	缺陷名称	缺陷描述	备注
6	干涉	已接触的零件之间存在相互运动摩擦，或相邻件之间动态时会造成接触摩擦，它在功能方面已造成影响，或存在质量隐患	
7	难开、难关	多指开合件在开启或关闭时费力、卡滞等现象	
8	操作困难	对机构的操作出现费力、发涩、不方便等	
9	工作不良	某部件或系统的工作状态出现异常，或完全不能工作	
10	回位不良	操纵构件因弹力不足、发卡等原因造成回位受阻，不能回位等	

1. 一键起动检测标准

一键起动智能系统功能包括：车速大于 30km/h 时自动落锁、锁车自动关窗、钥匙自动防盗、一键起动、一键熄火、停车熄火时自动开锁等，检查方法如图 7-33 所示。

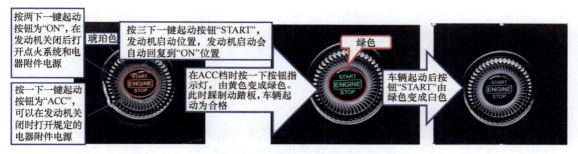

图 7-33　一键起动开关检查

1）当车辆为 OFF 档时，钥匙在车内情况下：①MT 车型，不踩离合，按下起动按钮，档位切换到 ACC 状态，起动按钮上指示灯为琥珀色，②AT 车型，换档机构在 P/N 档，不踩刹车，按下起动按钮，档位切换到 ACC 状态，起动按钮上指示灯为琥珀色。

2）无论车辆在 OFF\ACC\ON 档，钥匙在车内情况下：①MT 车型，踩下离合，起动按钮上指示灯为绿色，按下起动按钮，车辆起动，起动后指示灯熄灭。②AT 车型，踩下制动踏板，起动按钮上指示灯为绿色，按下起动按钮，车辆起动，起动后指示灯熄灭。

3）整车熄火且门开后，起动按钮背光 15s 后熄灭；整车设防后，起动按钮背光立即熄灭。

4）确认点火锁芯无错装，拔掉钥匙转动转向盘转向管柱有自锁功能为合格。

2. 组合仪表检测标准

仪表是人和汽车的交互界面，为驾驶员提供所需的汽车运行参数、故障、里程等信息，是每一辆汽车必不可少的部件。汽车上常用的车速里程表、发动机转速表、机油压力表、燃油表、冷却液温度（水温）表等，它们通常与各种信号灯一起安装在仪表板上，称为组合仪表，如图 7-34 所示。

1）目视仪表启动后各指示状态，待点火开关关闭状态时再确认仪表指示状态。

2）确认速度、转速表正确，无跳动或不工作等异常情况。

3）确认各故障警告指示灯无亮起为合格。

4）确认关闭点火开关至 ACC 位置后，仪表背光熄灭为合格。

5）确认关闭点火开关后，速度表、转速表指针分别指向零刻度为合格。

图 7-34　组合仪表盘检查

3. 空调系统检测标准

空调系统是使车内环境保持舒适温度和湿度的装置的总称。空调系统具有调节温度、调节湿度、调节空气循环以及净化空气的功能，通常包括制冷系统、供暖系统以及通风装置，按照操纵方式可将其分为手动空调和自动空调。手动空调在驾驶员需要时可以手动调节温度；而自动空调则根据驾驶员设定的温度自动运行，使车内保持恒温状态。现代汽车空调有四种功能，其中任何一种功能都是为了使乘客感到舒适。

（1）控温　空调器能控制车厢内的气温，既能加热空气，也能冷却空气，以便把车厢内温度控制到舒适的水平。

（2）除湿　空调器能够排出空气中的湿气。干燥空气吸收人体汗液，以营造更舒适的环境。

（3）换风　空调器可吸入新风，具有通风功能。

（4）净化空气　空调器可过滤空气，排除空气中的灰尘和花粉。

汽车空调系统如图 7-35 所示，车辆起动状态下的空调系统显示界面如图 7-36 所示。

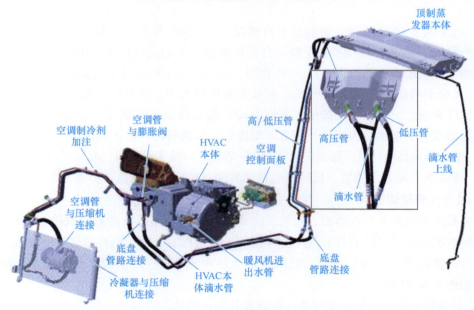

图 7-35　汽车空调系统

依次点击前、后排温控、座椅温控、内外循环、风量调节、OFF、AC、后风窗除霜按键，工作正常为合格。

1）按下前、后排温控按键，空调状态可切换为前后排工作状态，功能正常为合格。

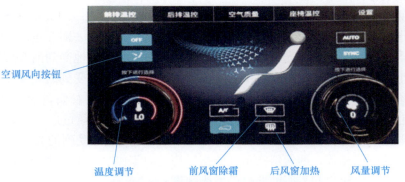

图 7-36　空调系统显示界面（车辆起动状态）

2）按下内外循环按键，模式调整为内循环模式，进行空调检测。

3）旋转风量调节旋钮，确认在 1~7 各档位风量工作正常且空调显示界面对应变化为合格。

4）旋转温度调节旋钮，温度调节最低时出风口出冷风无热风吹出，温度调节最高时出风口出热风无冷风吹出，且空调显示界面对应变化为合格。

5）按下前排座椅加热按键，加热工作为合格；按下座椅通风按键，座椅通风工作为合格。

6）按下 OFF 按键，空调所有功能关闭为合格；按下 AC 按键空调开启（默认上次关闭状态），听到空调压缩机吸合声为合格；触摸温度调节、风量调节界面可自由切换为合格。

7）按后风窗视镜除霜按键，工作几分钟后手触左右外后视镜、后风窗加热正常为合格。

8）开启空调泄漏检测功能，开启前机舱盖，手触空调低压管，明显感觉空调低压管凉为合格（禁止触摸高压管）。

4. 前照灯检测标准

（1）组成　前照灯由灯泡、反射镜、配光镜组成。

（2）发光强度　若一光源在给定方向上发出频率为 $540×10^{12}$ Hz 的单色辐射，且在该方向上的辐射强度为每球面度 1/683W 时，则该光源在所给方向上的发光强度为 1cd（坎德拉）。发光强度用 I(cd) 表示，照度用 E(lx) 表示，前照灯（光源）距被照物距离为 S(m)，则 $E=I/S^2$。由此可知照度与光源的发光强度成正比，与被照物体至光源距离的平方成反比。

（3）照射方向　若把前照灯光最亮的地方作为光束中心，则光束照射方向用该中心对水平、垂直坐标轴的偏移量表示。

可使用前照灯检测仪检测发光强度和光束照射位置。

采用把所吸收的光能转变为电流的光电池作为传感器，按照前照灯光束照在其上时所产生电流的大小和比例来检测前照灯的发光强度和光束偏移量。

（4）发光强度检测原理　检测电路由光度计、光电池和可变电阻构成。当前照灯在规定距离处照射光电池时，光电池产生与受光强弱成正比的电流；使光度计的指针偏转，经标调后，其指针偏转的大小便可反映前照灯的发光强度，电路中的可变电阻用于调整光度计指针零位，光电池的主要类型是硒光电池。

当受到光束照射时，金属薄膜与非结晶硒的左右两端产生电动势，左端带正电，右端带负电，因此若在金属膜和铁底板上布线，并将其用导线与电流表连接起来，电流就回流过电流表，使电流表指针摆动。

（5）光束中心偏移量　检测电路由两对光电池组成，左、右一对光电池 S 左、S 右上接有左右偏斜指示计，用于检测光束中心的左、右偏斜量，上、下一对光电池 S 上、S 下上接有上下偏斜指示计，用于检测光束中心的上、下偏斜量，当光电池受到前照灯照射时，各光电池分别产生电流，若前照灯的光束中心有偏斜，则四个光电池受到的光照度不等，从而产生的电流也不相等，光电池 S 左、S 右所产生电流的差值，使左右偏斜指示计的指针偏摆，S 上、S 下使上下偏摆，从而测出前照灯光束中心的偏斜量。若通过适当的调节机构，调整光线照射光电池的位置，使 S 上、S 下和 S 左、S 右每对光电池受到的光照度相同，此时每对光电池输出的电流相等，两偏斜指示计的指针均指向零位时，光电池受到的光照最强，四块光电池所输出的电流之和表明前照灯的发光强度。

（6）灯光检测要求　灯光检测要求见表 7-3。

表 7-3　灯光检测要求

操作方法	要点
1. 检测（左侧远光灯） （1）打开远光灯后，待灯光检测仪自动对准左侧远光灯中心点后进行左侧远光灯的检测 （2）检验员观察侧方的光轴显示屏，查看左光轴照射位置及灯光的偏移量是否在绿色光轴合格范围内 　①若合格，则设备自动进行下一项 　②若不合格，在随车卡上记录，并手动操作电脑，将设备进行下一项检测 2. 检测、调整（右侧远光灯） （1）待设备运行到右侧远光灯处对中后进行灯光检测 （2）检测/调整按照右侧远光灯的步骤进行	（1）远光光强　18000～50000cd （2）远光灯左、右偏移量 　1）左灯：向左偏移量<100mm，向右偏移量<130mm 　2）右灯：左、右偏移量均≤130mm （3）远光灯上、下偏移量 　1）上偏移量 $0.8H$～$0.95H$（H 为前照灯基准高度：920mm） 　2）下偏移量 $0.8H$～$0.95H$（H 为前照灯基准高度：920mm）

（7）光束照射位置要求　在检验前照灯近光光束照射位置时，使前照灯照射距离 10m 的屏幕，乘用车前照灯近光光束明暗截止线转角或中点的高度应为 $0.7H$～$0.9H$（H 为前照灯基准中心高度，下同），其他机动车（拖拉机运输机组除外）应为 $0.6H$～$0.8H$。机动车（装用一只前照灯的机动车除外）前照灯近光光束水平方向位置向左偏不允许超过 170mm，向右偏不允许超过 350mm。

在检验前照灯远光光束及远光单光束灯照射位置时，使前照灯照射距离 10m 的屏幕，要求乘用车在屏幕光束中心离地高度为 $0.9H$～$1.0H$，对其他机动车的要求为 $0.8H$～$0.95H$；机动车（装用一只前照灯的机动车除外）前照灯远光光束水平位置要求是：左灯向左偏不允许超过 170mm，向右偏不允许超过 350mm，右灯向左或向右偏均不允许超过 350mm。近光上下位置偏移量如图 7-37 所示。

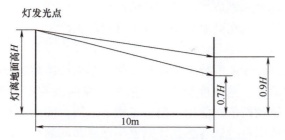

图 7-37　近光上下位置偏移量示意图

5. 转毂试验检测标准

（1）制动踏板力

1）满载检验时。

气压制动系：气压表的指示气压≤额定工作气压

液压制动系：乘用车≤500N

2）空载检验时。

气压制动系：气压表的指示气压≤600kPa

液压制动系：乘用车≤400N

（2）手制动操纵力　手制动操纵力不大于 400N。

（3）前轮制动力　前轮制动力≥前轴重的 60%，且左右轮制动力差与左右制动力大者之比≤20%（S11 前轴：543kg，后轴：337kg）。

$$前轮制动力≥543×9.8×60\%=3192.84N$$

$$（FL-FR）/FL≤20\%$$

（4）后轮制动力　后轮制动力≥后轴重的 60% 且左右轮制动力差与左右制动力大者之比≤24%，当后轴制动力小于后轴荷的 60% 时，在制动力增长全过程同时测得的左右轮制动力差的最大值不应大于该轴轴荷的 8%。

$$前轮制动力≥337×9.8×60\%=1981.56N$$

$$（FL-FR）/FL≤24\%$$

（5）喇叭声级检测　检测仪器应该距车前 2m、离地 1.2m 处测量，合格范围是 90～115dB。

（6）速度表校验要求　车速表指示为 40km/h，试验台读数范围为 32.8～40km/h。

（7）车轮阻滞力　车轮阻滞力不大于车轮所在轴轴荷的 5%。

前轮最大阻滞力：543×9.8×5%=266.07N

后轮最大阻滞力：337×9.8×5%=165.13N

（8）驻车制动力　驻车制动力≥整车轴重的 20%

车辆空载，在 20% 坡度（总质量为整车整备质量 1.2 倍以下的坡度为 15%）上，最小驻车制动力：880×9.8×20%=1724.8N

（9）尾气主要检测项目　一氧化碳、氮氧化合物、二氧化碳、碳氢化合物、发动机转速、空燃比（过量空气系数 λ）、发动机油温。

废气取样由取样头、滤清器、导管、水分离器和泵组成。

一氧化碳：燃烧不完全的产物，当发动机混合气中空气含量过低或燃烧质量不佳时产生。

碳氢化合物：由发动机未燃烧尽的燃油分解产生。

氮氧化合物：氮气和氧气在高温高压条件下反应产生。

6. 动态路试标准

用于检测车辆高速行驶性能的特殊路段是以保持车辆持续高速行驶为目的设计的直线型跑道，可模拟高速公路状态，总坡度很小，一般要求纵向坡度不大于 2°。试驾员通过直线加速行驶通过该路段，手动档依次使用一档、二档、三档、四档、五档进行加速测试，自动档由低速到高速加速。依据自身试驾感受评判整车性能和问题点，该路段主要评价内容包括发动机动力性能、变速器的配合稳定性、离合器和制动系统的安全可靠性、整车驾驶的操控性、仪表等电子元件的正常工作性，以及排气管、消声器和四门门缝风产生的噪声等。

7. ABS 防抱死制动功能检测标准

ABS 检测是每一辆汽车动态检测内容最重要的一部分，它直接关系到客户的安全保障。根据国家法规要求：七座以下乘用车必须具有 ABS 防抱死制动功能，否则禁止制造和销售。不具有 ABS 防抱死制动功能的七座以下乘用车在车管所也是不允许上牌照的，国家对于此项功能重视程度，可见一斑。ABS 检测测试区域设有大理石光滑检测路面，并可设定不同的测试环境，用于检测在各种恶劣自然环境下汽车的 ABS 性能是否可以最大化释放。

8. 倒车影像检测标准

车辆倒车时，中控屏会自动显示倒车影像，便于驾驶员识别车辆后方的障碍物，防止碰撞。路试阶段可以进行专项倒车检测。

9. 电子驻车检测标准

车辆带有手动或电子驻车制动功能，车辆停车后，需要拉驻车制动手柄或按电子驻车按钮，可以实现长时间可靠制动，以防人员离开时车辆发生溜车。此功能在路试阶段进行半坡制动检测。

10. 转向灯和危险报警闪光灯信号提示检测标准

点火钥匙在 ON 档时，当驾驶员拨动转向拨杆时，转向灯及仪表对应转向指示灯开始闪烁。危险报警闪光灯在钥匙所有档位均有效。

11. 驾驶员座椅及玻璃升降开关功能检测标准

驾驶员座椅调节开关、外后视镜调节开关功能正常，能发出夜光，按键无内陷、卡滞为合格。

自动上升功能：按下玻璃升降开关自动上升键，对应侧的车窗自动上升到顶。

自动下降功能：按下玻璃升降开关自动下降键，对应侧的车窗自动下降到软停位置（距离胶条下端位置 15~20mm）。

手动上升功能：按下玻璃升降开关手动上升键，对应侧的车窗上升，松开上升键则立即停止。

手动下降功能：按下玻璃升降开关手动下降键，对应侧的车窗下降，松开下降键则立即停止。

驾驶员侧可以控制其他三门的升降，乘客侧门上开关可以控制本侧门玻璃升降。按下"乘客禁止"开关，乘客侧操作车窗无效。驾驶员座椅及玻璃升降开关如图 7-38 所示。

12. 门锁功能检测标准

电源在任一档位时，通过中控开关都能控制五门解、闭锁。若任一车门未关闭，按下中控闭锁键后，五门锁将先闭锁后再解锁。

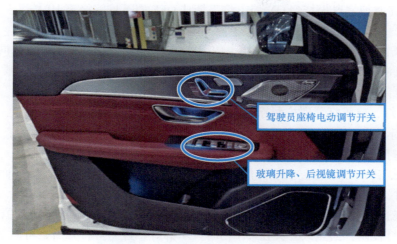

图 7-38　驾驶员座椅及玻璃升降开关

13. 遥控设防检测标准

在车门都关闭且点火开关在 OFF 档时，可以通过遥控钥匙闭锁键使汽车进入设防模式。设防成功时转向灯快闪一次，喇叭响一声。通过遥控钥匙解锁键使汽车进入解防（解除设防）模式，解防成功时转向灯闪烁两次。当点火开关在 OFF 时，长按遥控钥匙解锁键大于 2s，可以使四门玻璃下降（左前-右前-左后-右后），松开解锁键即停止。长按遥控器的上锁键大于 2s，车窗上升。以上功能正常时为合格。

14. 刮水器喷淋系统检测标准

前刮水器和前清洗功能如图 7-39 所示。

间隙档位间隔时间调节旋钮如果是 AUTO 档，此旋钮的功能为调节雨量传感器灵敏度

图 7-39　前刮水器和前清洗功能

（1）OFF 档　钥匙打到 ON 档，刮水器才能工作，刮水器处于 OFF 档时，刮水器不工作。若需要起动刮水器，需要上推或下压手柄选择档位，使刮水器工作。

（2）MIST 点动档　MIST 为点动刮水档。点火打到 ON 档，若将手柄从 OFF 档上推至 MIST 档，然后松开手，手柄自动弹回 OFF 档，刮水器只低速刮水一次。若长时间保持上推不动，刮水器一直工作，松开手后，手柄弹回 OFF 档，刮水器停止。

（3）AUTO 自动档（旗舰型配置）　点火打到 ON 档，将手柄从 OFF 档下推一级至 AUTO 档，车身控制器会根据雨量大小来控制刮水器的刮水速度。调节灵敏度旋钮 AUTO，可以更准确地控制刮水器感应灵敏度，向上拨动灵敏度降低，向下拨动灵敏度高。

（4）LO 低速档　点火打到 ON 档，将手柄从 OFF 档下推两级至 LO 档，刮水器以低速不间断循环刮水。

（5）HI 高速挡　点火打到 ON 挡，将手柄从 OFF 挡下推三级至 HI 挡，刮水器以高速不间断循环刮水。

（6）前风窗洗涤　点火打到 ON 挡，用手指将手柄向里扳动（转向盘方向）并保持住，洗涤液从前风窗玻璃下的喷嘴喷出，然后刮水器片开始工作，放开后即停止喷水，刮水器会工作 3+1 个周期（后一个工作周期时间间隔为 3s）。

15. 示廓灯、前照灯管理检测标准

1）打开示廓灯开关示廓灯立即点亮，同时组合仪表上显示相应的提示灯。

2）点火打到 ON 挡，打开近光灯开关，近光灯点亮。

3）点火打到 ON 挡，近光灯点亮（无近光灯符号）时，打开远光灯开关，远光灯点亮，于此同时，近光灯也同时点亮，此时组合仪表上显示远光灯符号。

4）行李舱门打开时，危险报警闪光灯点亮，同时组合仪表上闪烁相应的符号。

5）后雾灯控制：当点火开关在 ON 挡时，示廓灯、近光灯打开后，可激活后雾灯功能，后雾灯工作时组合仪表上显示相应的符号。

6）前顶灯控制：当前顶灯开关处于 DOOR 挡时，如果任意一个车门打开并保持打开状态（点火开关在任何挡位），顶灯点亮 3min。另一个门打开，顶灯计时重置，继续点亮 3min 后逐渐熄灭。当前顶灯开关处于 DOOR 挡时，顶灯工作的 3min 内，钥匙处于 ON 挡位且所有门关闭，顶灯立即熄灭；点火开关处于 OFF 或 ACC 挡位时将所有门关闭，顶灯将持续 15 秒后逐渐熄灭；如果在这 15 秒内，点火开关打至 IGNON，顶灯立即熄灭。当前顶灯开关处于 DOOR 挡时，遥控解防后前顶灯点亮 15 秒±10% 后逐渐熄灭，设防成功时顶灯会立即熄灭。

7）氛围灯控制：大屏开关位于背光挡时，示廓灯被点亮后，则氛围灯也跟随点亮（IP 和四门护板）。关闭示廓灯后，氛围灯直接熄灭。打开车门时，氛围灯点亮，延时 30s 熄灭。大屏开关位于强制挡时，开启车门后一直点亮，收到锁车信号时熄灭。

8）行李舱灯控制：无论什么的点火开关在什么挡位，行李舱门开启则行李舱灯点亮，关闭行李舱门行李舱灯即灭。行李舱门一直打开，则行李舱灯点亮 3min 后自动熄灭。

9）倒车灯控制：整车起动后，当倒车信号输入有效（倒车挡）时，倒车灯开启。

10）高位制动灯装饰灯控制：点火开关在任一挡位时，踩制动踏板，高位制动灯点亮；开启示廓灯及远近光灯挡位时，高位制动灯仅 LOGO 区域亮。

11）制动灯及尾灯位置灯控制：行李舱门关闭时踩制动踏板，制动灯及尾灯位置灯亮（制动灯共 3 个，位置灯共 2 个）。与点火开关挡位无关。行李舱门打开时踩制动踏板，只亮制动灯。

12）转向灯控制：点火开关打到 ON 挡，左、右转向灯开关激活，则相应的转向灯点亮；转向灯闪烁频率为每分钟 75±5 次，若对应转向灯泡损坏则闪烁频率增加一倍。

13）日间行车灯控制：车辆起动，示廓灯关闭，日间行车灯点亮，仪表显示相应符号点亮（绿色）。示廓灯开启，日间行车灯熄灭；车辆熄火，日间行车灯熄灭。

14）背光控制：一键起动开关在任何位置，组合开关打到示廓灯位置时，仪表、大屏、危险报警闪光灯开关、门上开关、转向盘按键等有背光。

16. 迎宾功能检测标准

1）车辆设防状态，且大屏内迎宾功能开关处于开启状态，手拿钥匙靠近车辆（3m

内），车辆自动解锁，后视镜迎宾灯点亮。

2）灯光开关处于 AUTO 档，当光线比较阴暗时，按遥控解锁或走近解锁后，转向灯闪烁 2 次，前大灯激活呼吸灯功能点亮 8s 后，大灯点亮 22s（转向灯常亮 30s），当光线比较明亮时，按遥控解锁或走近解锁后，转向灯闪烁 2 次（走近解锁时，在上述动作基础上，位置灯亮，按遥控解锁时无此动作）。

3）车门关闭，车辆处于熄火状态，此时持钥匙远离车辆，车辆将自动上锁，车窗自动关闭。

4）迎宾灯控制：无论使用什么钥匙，点火开关在什么档位，车门打开时相应车门迎宾灯（后视镜镭射灯）点亮，关闭此门迎宾灯延迟熄灭；车门一直打开，则对应迎宾灯点亮 3min 后自动熄灭。

四、质量问题记录

1. 质量记录的定义及作用

质量记录是体系文件的组成部分，是对产品达到所要求的质量和质量体系有效运行的证实。"记录"是记载过程状态和过程结果的文件。

质量记录是质量管理的一项重要基础工作，是质量体系中的一个关键要素，其主要作用包括以下几个方面。

1）质量记录是信息管理的重要内容。离开及时、真实的质量记录，信息管理就没有实际意义。

2）质量记录是记载过程状态和过程结果的文件。

3）质量记录是一种客观证据，是一个组织质量保证的证实文件。

4）质量记录为采取预防措施和纠正措施提供了依据。

5）质量记录有利于产品标识和可追溯性。

2. 记录填写原则

记录填写的原则是及时、准确、清晰、完整。

（1）及时 要在数据产生当时进行记录，尽量不要回忆性记录，以免数据可信度不高，对后期质量分析造成误导。

（2）准确 数据产生按实际情况记录，不得随意估量数据，数据位数、单位要明确，以免造成数据出现偏差，无法体现真实情况。

（3）清晰 数据记录时需字迹工整，清晰可认，不易擦拭，不易造成误读。

（4）完整 填写记录时信息应记录完整，不得简写、缩写、空白，应标明尽可能多的数据，避免造成差错。

3. 记录填写规范

1）数据记录应由数据产生人亲自填写。

2）数据记录应在数据产生后第一时间记录在案。

3）数据与数据之间应留有适当的空隙，小数点标识清晰，单位、符号等使用准确。

4）有具体读数的数据应记录实际数值并尽量保证最大精度，当小数点后尾数过多时，保留小数点后 2 位。

5）日期填写：填写标准统一为"年（4 位）. 月（2 位）. 日（2 位）"，如 2021.03.05。

6）时间填写：填写标准统一为"时（2 位）：分（2 位）"，如 09:20，时间为 24 小时制，下午 4 点需填写为 16：00，而不是 04：00。

7）书写时应注意按区域填写，不许错格填写或越出对应的区域。

8）文字类需字迹工整、清晰、他人可辨，不得使用草书、艺术字体。

9）统一使用中性笔、签字笔、记号笔填写，不得使用其他笔填写。

10）如遇相同内容时，需重复填写，不得填写为其他任意文字及符号。

11）笔误的处理：记录不得随便更改，填写记录时如遇填写错误，不准使用涂改液和修正纸等办法修改，应在原数据处用单横线"——"删除内容，保持原数据可辨认，在数据旁填写正确数据，并签名及注明更改日期。

12）签署要求：记录中会包含各种类型的签署，这些签署都是规则、权限和相互关系的体现，是记录运作中必不可少的组成部分，任何签署都应签署全名，同时保证清晰易辨，不允许有姓无名或有名无姓情况存在。

13）空白栏目的填写：若记录中有空格无需填写内容时，应使用斜线将空格划去，以证明不是填写者遗漏，空白处无斜线或无填写内容的情况，视同漏填。

过程问题清单实例说如图 7-40 所示。

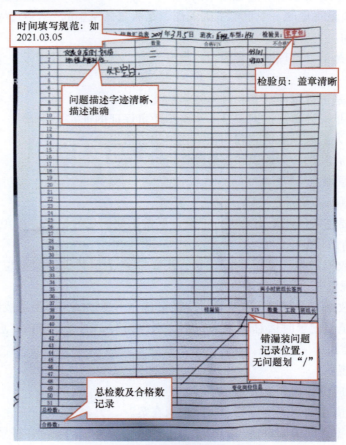

图 7-40　过程问题清单

在生产现场，除图 7-40 举例的记录表单外，还有很多相关记录表。这些记录都与产品质量息息相关。请相关人员在填写时，务必遵守记录填写的规范，保证记录的及时、准确、清晰、完整。

第三节　常见质量缺陷及处理流程

本节主要讲解汽车装配过程中较为常见的质量问题，如小件漏装、覆盖件间隙不均匀、内外饰破损等缺陷故障图示及浅析，对于整车检验识别具有一定的参考价值。质量缺陷处理流程是为了统一和规范产品质量问题反馈渠道及处理方式，保证产品质量问题得到闭环处理。

一、总装常见质量缺陷

汽车总装是将来自汽车零部件生产企业的数以万计的总成或零部件装配成完整整车的工艺过程，是整车制造四大工艺过程中最后的一个环节。汽车总装在机械化的流水生产线上完成，其内包括汽车总成部件的配送、装配、车身的输送及汽车整车下线的检测内容。本节系统收集汽车总装装配过程中较为常见的质量问题如小件漏装、覆盖件间隙不均匀、内外饰破损等缺陷故障图示及浅析，对于整车检验识别具有一定的参考价值。

表7-4主要讲述了总装模块表面类缺陷、外观类缺陷、制造类缺陷、密封类缺陷、功能类缺陷的名称描述以及各类缺陷的举例说明。

表 7-4　总装缺陷名称

类别	缺陷名称
表面类缺陷	粘贴件歪斜
	粘贴件脱落
	外观件变形
	外观护板类划伤
	外观件脏污
	外观护板类破损
	外观件掉漆
	外观粘贴件气泡
	钣金变形
	面漆橘皮
	PVC 气泡漆裂
外观类缺陷	配合件平度差
	配合件间隙小
	同一零部件状态不一致
	车身附件划伤
	面漆颗粒
	螺栓掉漆
	零部件变形
	面漆漏底
	粘贴件翘边
	装配类脱卡
	胶条打皱
	线束护套扭曲

（续）

类别	缺陷名称
制造类缺陷	错装类
	护板脱卡类
	固定卡子未卡类
	螺母漏装类
	覆盖件外漏类
	标识漏贴类
	螺栓漏紧类
	管路扭曲类
	标识贴反类
	线束漏卡类
	管路干涉类
	搭铁线束走向错误
	车架生锈、掉漆
	漏点漆类
密封类缺陷	零部件进水类
	五液漏液类
	车内漏水
功能类缺陷	灯光不亮类
	大屏功能异常
	仪表故障灯常亮类
	开关无夜光类
	按键内陷或不工作
	功能偶发性不工作类
	功能件脱卡类
	功能件破损类

以下对部分类缺陷举例说明。

1. 粘贴缺陷实例

该缺陷属于表面类缺陷，实例如图 7-41 所示。

（1）缺陷描述　不贴合（不服帖）。

（2）缺陷定义　一种零部件装配于另一种零部件表面，形状走向不吻合，重叠件、搭接件面与面之间间隙超过规定的要求

（3）判定标准　目视并手触标识无翘边，无褶皱。

（4）发生原因　员工操作不当、未使用辅具。

（5）预防及纠正措施　对员工进行辅具使用、粘贴件操作技能的培训。

2. 管路卡接类缺陷

该缺陷属于制造类缺陷，实例如图 7-42 所示。

（1）缺陷描述　管夹未装到位，发生脱卡现象。

图 7-41　表面类缺陷实例

图 7-42　制造类缺陷实例

（2）缺陷定义　零部件未装配到位或紧固件未固定到位，发生松动。

（3）判定标准　目视并手触零部件无松动，无脱卡。

（4）发生原因　人员操作不当，零部件尺寸不符合设计定义。

（5）预防及纠正措施　对员工进行装配要求，装配技能的培训；对零部件公差尺寸进行一致性控制。

3. 外观匹配类缺陷实例

该缺陷属于外观类缺陷，实例如图 7-43 所示。

图 7-43　外观类缺陷实例

（1）缺陷描述　轮眉与侧围间隙大。

（2）缺陷定义　两个相邻零部件的间隔缝隙大于规定要求。

（3）判定标准　轮眉与侧围间隙≤0.5mm。

（4）发生原因　员工操作不当，轮眉尺寸超差，配合不良。

（5）预防及纠正措施　对员工进行卡扣装配顺序、装配要领培训，优化轮眉尺寸。

4. 密封类缺陷实例

密封类缺陷实例如图 7-44 所示。

（1）缺陷描述　气弹簧进水。

（2）缺陷定义　（油、水、气）液体或气体通过结合面、开关接头、管路裂缝等处缓慢外泄，但未成流或滴状。

（3）判定标准　实物与设计一致，淋雨后无漏水。

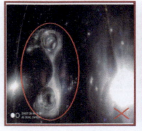

图 7-44　密封类缺陷实例

（4）发生原因　设计尺寸：气弹簧支架安装螺母在车身过孔极限位置时，气弹簧支架底座密封垫与流水槽钣金孔设计重叠量为 0mm，无法实现密封。

（5）预防及纠正措施

1）气弹簧安装定位孔孔径由 12mm 改为 11mm。

2）流水槽外板孔径由 14mm 改为 13mm，加大气弹簧螺母在极限位置时气弹簧支架底座密封垫与流水槽钣金的重叠量，由 0 增大为 1.5mm。

5. 功能类缺陷实例

功能类缺陷实例如图 7-45 所示。

图 7-45　功能类缺陷实例

（1）缺陷描述　灯不亮。

（2）缺陷定义　功能失效，使用功能完全丧失。

（3）判定标准　灯可正常开启、关闭，开启后可正常工作。

（4）发生原因　返工后发现是灯线束插接器漏插导致。

（5）预防及纠正措施　返工后灯线束插接器自检点培训、检验员灯功能确认盖章培训、纳入错漏装考核。

二、质量问题处置流程

1. 质量相关流程的讲述

讲述质量相关流程的目的是规范生产、检验、转运环节以及返工质量问题的反馈、处理和跟踪流程，使质量问题得到高效的处理，并使纠正和预防措施得到有效执行。

（1）适用范围　包括但不限于产品焊接、装配、调测、老化、检验、维修、储存、理货等过程。

（2）适用角色　质量工程师、研发工程师、采购质量工程师、生产工艺工程师、质量员。

（3）定义　生产质量问题：产品在焊接、装配、调测、老化、检验、维修、储存、理货、运输等生产的过程中，因操作、物料、工艺、设备、装备、设计、技术文件等原因，造成产品的质量不合格或存在质量隐患的现象。

质量问题分为以下级别。

1）轻微问题：属于轻微的零星问题，不需要做进一步的纠正或预防措施，只需要直接给出临时处理措施就完成了。

2）一般问题：一般设计、工艺、操作、物料等问题，有明确的责任人负责处理，不会对生产发货和客户使用造成影响；其他影响等同于上述情况的问题。

3）重要问题：产品存在质量隐患，并可能导致产品影响在客户使用，对公司品牌和声誉造成一定的负面影响。

2. 问题分类

（1）人员操作性问题　与产品设计和生产相关的人的原因。由于生产操作人员、检验员、工艺员等的身体状况、技术水平、工作责任心等原因造成的问题。

（2）机器、设备（工装）问题　在产品生产中设备可能出现的问题，如工具、设备磨损等。

（3）物料问题　由于加工用原材料的质量原因造成的问题。

（4）方法问题　由于制造产品所使用的方法，或生产过程中未遵循规章制度的原因造成的问题。规章制度包括：工艺指导书，图纸，技术更改文件，检验标准，各种操作规程、工作方式，流程程序等。

（5）环境问题　由于产品制造过程中所处工作环境原因造成的问题。

（6）其他问题　由于物流、运输等相关原因，或还没有定位的原因造成的问题。

3. 问题分流

问题处理人接收到问题反馈人反馈的质量问题单后，对问题进行确认处理，确认问题成立后对问题进行分析按以下方式进行分流：

（1）流程图　流程图以表单的形式梳理相关责任部门和责任人，见表7-5。

表7-5　流程图

问题类别	责任部门	问题处理责任人	跟踪责任人
人员问题	人员所在的部门	责任人或责任人直接领导	质量工程师
设备问题	生产部	设备责任人	工艺工程师
物料问题	采购部	对应的采购	质量工程师或质量经理
方法问题	对应文件拟制部门	对应文件的拟制人	质量工程师或质量经理
环境问题	对应的业务部门	对应的负责人	质量工程师
其他问题	对应的业务部门	对应的责任人	工程师或质量主管

（2）流程说明　流程说明见表 7-6。

表 7-6　流程说明

活动编号	活动名称	执行角色	执行内容
01	问题反馈	问题反馈人	1. 供应链上所有人员都可以作为问题反馈人向质量部对应的接口人反馈发现的产品质量问题 2. 按照质量问题处理单的格式反馈问题，可以使用电子文档或纸质文件（建议使用电子文档） 3. 反馈人可以是问题发现人或问题的委托人 4. 反馈人在填写质量问题处理单时，内容不能有缺失，有必要的话最好拍现场图片记录现象。若问题现象内容较多，可在需要时附加附件
02	问题确认人	质量工程师/质量问题受理对接人	问题确认。要对问题反馈人反馈的问题进行初步的核实确认，确保问题反馈的规范，客观，真实，以便于问题得到有效快速的处理
03	问题分流	质量对接人	根据问题的类别进分流。硬件或电性能问题直接转给维修员进行初步分析，其他问题根据问题分流的原则指定对应问题的处理对接人进行处理
04	初步原因分析	维修员	根据问题单的描述对不良品或问题进行初步分析，分析完成后把分析的结果反馈给质量对接人
05	根本原因分析并制定纠正或预防措施	采购、工艺、研发工程师/生产主管/仓库主管	1. 问题确认人必须在规定的时间内对质量问题给出临时处理措施，以保证生产正常有序进行。临时处理措施包括但不限于以下几种：让步接受、返修、筛选 2. 对影响发货的重要和重大质量问题，问题处理人在规定时间内不能给出临时处理措施的，必须知会计划、交付代表和市场相关部门。以便于计划部门在必要时可以启动风险评审，以权衡质量和发货的影响 3. 责任人对问题进行原因分析，拟定纠正或预防措施，并实施或跟踪具体整改 4. 责任人给出的原因分析、纠正或预防措施需要在回复中填写明确，且纠正或预防措施要具有可操作性 5. 给出的临时解决措施如果内容比较复杂，涉及技术性的内容过多，相关处理人必须转换成通俗语言形成员工便于操作的操作文档，有必要时要亲临现场指导首件作业 6. 对于短期内不能给出根本原因和纠正或预防改进措施的，责任人可给出"责任完成时间"，在一定时间后再给出对应的措施。对于重要质量问题，预计完成时间不能超过 2 周；对于重大质量问题，预计完成时间不能超过 1 周。超过预计完成时间没有处理的，需要相关的责任跟踪人每天上班后发邮件进行跟催 7. 对于原因定位是来料或外协加工的问题，需要采购将质量问题处理单转给供应商处理，并且要求供应商在规定时间内向我司提交 8D 报告，严重的问题还需要相关采购人员提供对供应商处罚的单据

（续）

活动编号	活动名称	执行角色	执行内容
06	问题处理结果审核	质量工程师/质量问题受理对接人	1. 质量工程师或质量问题受理接口人对处理人给出处理措施的可行性进行审核 2. 对于已通过其他技术文件如技术更改单等解决的问题则可直接关闭 3. 经验证无效的措施退回问题处理人重新处理
07	纠正预防措施实施	生产人员/维修人员	将问题的纠正或预防措施通知到问题反馈人，问题反馈人按照纠正预防措施实施
08	纠正预防措施实施的效果验证	生产人员/维修人员	纠正措施验证人把验证的结果告诉问题受理人，以方便对问题的后续处理
09	问题关闭	质量工程师/质量问题受理对接人	1. 纠正或预防措施经过有效验证后，问题可以关闭 2. 如有必要，质量问题受理人可以将部分重要的质量问题和重大质量问题整理成质量调查报告并发给公司中高层

（3）文件更新记录　文件更新记录见表7-7。

表 7-7　文件更新记录

版本号	拟制/修改日期	拟制人/修改人	批准者	文件更新内容
A0				
A1				

拟制：　　　　　　　　审核：　　　　　　　　批准：

4. 现场、现物原则

质量问题发生后，我们要现场、现物进行实地分析，切忌凭空瞎猜想，瞎指挥。

（1）现场　首先要对不良品进行标识隔离，以防止混同。标识应写明什么原因、不良状态（不合格品、待判产品、待返工产品、报废品等）、日期、检查人。

（2）现物　分析什么原因引起的不良，不良的部分，性质是否严重，是否有返工的可能性，初步返工方案如何，不良率是多少（统计出数据）。

5. 原因分析：带着两个问题去思考

（1）为什么产生？要去追究其发生的过程，要搞清楚过程中的控制问题。

（2）为什么流出？要反思、分析检验把关不力的问题。

6. 原因分析的方法

从人、机、料、法、环、测6方面进行分析存在的问题。在质量管理中，6要素分别表示：

（1）人　操作者对质量的认识、技术熟练程度、身体状况等。

（2）机　机器设备、测量仪器的精度和维护保养状况等。

（3）料　材料的成分、物理性能和化学性能等。

（4）法　包括生产工艺、设备选择、操作规程等。

（5）环　工作地的温度、湿度、照明和清洁条件等。

（6）测　主要指测量时采取的方法是否标准、正确。

由于这 6 个因素的英文名称的第一个字母是 5 个 M 和 1 个 E，所以常简称为 5M1E。

工序是产品形成的基本环节，工序质量是保障产品质量的基础，工序质量对产品质量、生产成本、生产效率有着重要影响。

工序标准化作业对工序质量的保证起着关键作用，工序标准化在工序质量改进中具有突出地位。工序质量受 5M1E 即人、机、料、法、环、测 6 方面因素的影响，工序标准化就是要寻求 5M1E 的标准化。

7. 制订纠正措施的方法

要针对原因一条一条提出措施，切忌原因措施乱提，措施要有完成时间和担当人。

措施要懂得举一反三，措施要尽可能从修订、编写文件制度的高度来达到长效管理，要尽量从根治和长期规范的角度去考虑，少提临时或不可行之策。

8. 措施的验证

验证措施是否有效的方法如下。

1）问题产生的范围是否界定准确。

2）问题的描述是否清晰。

3）问题的性质评价是否准确。

4）问题的影响和风险评估是否全面。

5）临时补救措施是否实施。

6）问题是否进行了调查研究，有无明确的调研目标。

7）调研方法和程序是否科学，职责是否清楚，资源是否充足。

8）是否进行了数据收集，并分析出了可能的原因。

9）调查数据和结果都指向哪些层面。

10）原因分析和验证。

对验证不合格的措施，由质量科长牵头重新进行制订措施，直至质量问题解决为止。

流程图如图 7-46 所示，质量问题报告单如图 7-47 所示。

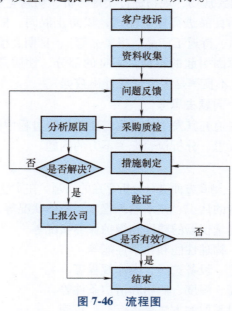

图 7-46　流程图

质量问题报告单

No:

日期:

提出部门/提出人		提出时间	
涉及人员		受理部门/受理人	
质量问题陈述:(产品型号: 　　　　图号: 　　　不合格数: 　　　　　　　)			
请受理部门(单位)就以下事项作出答复: 于　　年　　月　　日前填妥本单,返回质保部。			
原因分析:			
责任认定:			
临时采取措施:			
实施部门: 　　　　　实施人: 　　　　　　　　　完成日期:			
根本解决措施:			
实施部门: 　　　　　实施人: 　　　　　　　　　完成日期:			
效果验证情况: 　　　　　　　　　　　　　　　　验证人: 　　　　　日期:			
备注: 奖惩由人力资源部按分公司《质量奖惩制度》《质量考核细则》执行。			

报告部门/报告者: 　　　　　　　　　　　　　　日期:

批准: 　　　　　　　联系电话: 　　　　　　　　联系人:

图 7-47　质量问题报告单

三、质量问题严重度划分

质量是一组固有特性满足要求的程度。在质量管理体系的范畴内,组织的相关方对组织的产品、过程、体系都可以提出要求。产品、过程、体系都具有固有特性,因此质量的主要特征不仅指产品的质量,也指过程和体系的质量。

(1)A、B、C类问题定义

1)A类缺陷:违反法规的缺陷,让人不能容忍的或过分担心的缺陷,车辆会在"计划外"送到维修站维修类的缺陷。

2)B类缺陷:肯定会引起顾客抱怨,通常会要求返工的缺陷,顾客将在下一次按计划把车送到维修站维修的缺陷。

3)C类缺陷:通常顾客会发现,可能会要求返工的缺陷。

返工的缺陷见表7-8。

表7-8 返工的缺陷

等级	判定准则	举例说明
A	安全、法规、抛锚或AUDIT扣分≥100分	1. 安全性缺陷（例如底盘件开裂、车辆自燃、车身腐蚀） 2. 抛锚类缺陷（例如指示灯或指示表示灯缺陷，严重的气、液体泄漏） 3. 三包明示的包退或包换的部件缺陷（例如制动或转向系统失效、燃油泄漏、车身开裂等） 4. 不满足法律、法规要求（例如VIN、配置表与实车不符）
B	肯定引起顾客抱怨和投诉或AUDIT扣60分	1. 导致整车主要性能显著下降的缺陷（例如怠速不稳、漏水、漏油（非燃油）、起动困难、水温高、车身漏焊点导致异响） 2. 对公司质量声誉造成严重影响的缺陷（如主要功能部件错、漏装或装配不到位），机械或车身产生令人心烦或近乎周期性的噪声
C	顾客会发现且可能引起顾客抱怨或AUDIT扣30分	虽未造成停驶，但已影响正常使用，需调整或修复的缺陷（例如玻璃升降困难/USB接口工作不良/目视车身色差明显/座椅难调节/喇叭颤音/车身运动部件干涉掉漆）

（2）过程监控问题排查 过程监控是为了保证质量问题受控。三类缺陷的监控方法如下。

1）A类缺陷，要求追溯至上一个班次生产的车辆。如发现有故障车辆，需继续向前追溯一个班次，直到当班次生产的车辆全部合格为止。

2）B类、C类缺陷，要求向前和向后各追踪10台车辆。如发现故障车辆，需继续向前和向后追溯10台，至全部车辆合格为止。

（3）过程检验问题排查 检验点发生以下缺陷类型应按此方法排查：

1）A类缺陷，要求向前追溯20台车辆。如发现故障车辆，需继续追溯20台，直到全部车辆合格为止。

2）B类、C类缺陷，要求向前追踪10台车辆，如发现故障车辆，需继续追溯10台，直到全部车辆合格为止。

（4）其他排查原则

1）若发生人员变更则追溯至人员变更后的全部车辆。

2）若发生设备、工装、工具变化则追溯至设备变化后的全部车辆。

3）若发生零件变更则追溯至零件变更后的全部车辆。

4）若发生作业方法变更则追溯至作业方法变更后的全部车辆。

5）若发生作业环境变化则追溯至环境变化后的全部车辆。

6）若发生测量变化则追溯至测量值变化后的全部车辆。

第四节 返工规范及风险管控

一、返工质量规范

（1）基本求要 根据生产需要，各点返工区返工人员在申请返工资质的同时，应注明其返工属性，例如内饰返工、底盘返工、电器返工等。禁止各点返工区域人员串岗，例如不得出现内饰返工人员返工非内饰问题。如需跨属性返工需第一时间向返工专项上报。

（2）内、外饰返工　返工人员在对车辆内、外饰件返工时，严禁用刀削、打磨、火烤等破坏零件原始状态的返工方法对零部件进行返工。对拆卸的零件应注意防护，并对返工工具进行防护，避免因工具使用不当造成的内外饰件划伤、破损等连带质量问题。

（3）电器、电路返工　当涉及线束插接件端子退位返工时，必须用挑针将端子回位至卡节处，并用手向外拔一下保证端子牢固稳定及插接件内端子定位完好。当涉及线束断线情况时必须重新更换新线束，严禁私自接线，对于线束走向必须和工艺文件保持一致，不得私自改变走向，线束扎带必须扎牢保证线束不窜动，更换线束与原厂家必须保证一致。当涉及搭铁线返工时，搭铁线的搭铁点必须放在原来设计位置，不准任意更改搭铁位置点，严禁将搭铁线随意缠绕在车身或其他金属件上，固定搭铁线的紧固件必须达到工艺规定紧固力矩。

（4）底盘返工　底盘返工过程中，出现螺栓滑扣的问题，必须更换螺栓。装配工艺要求涂螺纹锁固胶的螺栓，拆卸后重新装配时必须将螺栓表面残胶清理干净，重新涂螺纹锁固胶后再进行紧固。后轴、前驱轴锁紧螺母拆卸后必须更换，严禁重复使用。底盘返工结束后，必须按照工艺规定力矩对螺栓进行紧固和复紧，并点漆确认。

（5）液体返工　所有涉及五液返工项目，需附五液返工作业指导书，按照作业文件步骤进行查漏点返工，禁止在未找到漏点的情况下直接强加返工。所有涉及五液返工项目，需在随车卡上记录问题后备注原因及返工方法。涉及防冻液的返工，返工后应进行动态路试，且大循环及电子水泵处于打开状态。涉及制动液的返工，需经过正常动态路试后确认制动效果。涉及空调制冷剂的返工，需静止一段时间后（使空调制冷剂残液挥发）使用检漏仪进行检测，检测合格后再确认空调制冷效果。

（6）油漆返工　涉及油漆的返工应按照返工作业指导书操作。

（7）淋雨返工　根据车内的水痕判断漏水部位，主要包括四类返工要求，即零部件缺陷（更换零部件）、装配缺陷（重新安装）、钣金变形缺陷（按照油漆返工方法进行返工）、密封缺陷（PVC胶对钣金漏水点进行覆盖和遮蔽，要求使用PVC进行表面处理时不要将PVC涂抹到可以看到的区域，对于外表面必须进行PVC涂抹的位置，要保持PVC表面的平整，等PVC完全干透后，要求在CP8进行色漆的喷涂，消除明显的PVC胶的痕迹）。

（8）疑难问题返工规范　返工过程中不能立即确定返工措施的质量问题，应通知区域质量专项人员进行问题判定及返工措施制定，严禁私自使用非正常手法返工。

（9）返工遗留件控制规范　返工人员在返工结束后须自检返工质量，并仔细检查车内，是否有返工造成的遗留零部件或返工遗留垃圾等。

（10）车辆动焊返工　涉及动焊返工项目必须在"随车卡"上做返工记录，确保问题可追溯性，且所有返工动焊项目返工完成后需经过制造质量部检验点相关检验员确认合格后方可下线。涉及一般螺柱、螺母脱焊或漏焊，焊装车间按照一般动焊进行返工，可视位置须保证表面无返工痕迹，返工后须进行表面防锈及油漆处理，相关表面质量标准按CP8要求。非外观可视位置的螺柱、螺母返工，返工后须进行焊接面的打磨及表面油漆处理，保证紧固的可靠性及返工表面与周边对比无明显痕迹。一旦返工采取塞焊等措施，改变原有产品状态，必须有相关的输入或通知才能返工，同时区域内做好防护。每天由班组长对返工区域人员进行核查，禁止各点返工区域人员串岗，如需跨属性返工需第一时间向返工专项上报。

二、风险识别和控制

风险识别和控制是风险管理的重要组成部分，也是保证安全生产的关键，更是提高产品质量和减少客户抱怨的关键。只有有效开展风险识别与控制，才能提高生产安全管理工作水平，实现安全生产的规范化管理和科学化管理。

做好风险识别和控制要做到四方面：

1）坚持安全和质量第一。

2）预防为主和防治结合。

3）应持续改进；完善应急机制。

4）提高全员安全意识和产品质量意识。

车间返工流程管理表见表 7-9。

表 7-9　车间返工流程管理表

第五节　检验员技能要求

随着科技的不断进步和产品质量要求的日益提高，检验技能在各行各业中扮演着越来越重要的角色。无论是制造业、服务业还是科研领域，都需要具备专业、精准的检验技能的检验员来确保产品或服务的质量。

一、培训流程

图 7-48 所示为检验员培训流程。

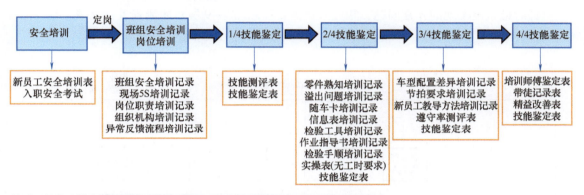

注:人员换岗后须要在新的岗位重新按照新员工技能提升流程进行培养并进行技能鉴定。

图 7-48　检验员培训流程

二、技能鉴定标准

检验检测级技能鉴定标准见表 7-10。

表 7-10　检验检测级技能鉴定标准

序号	名称	鉴定标准
1	1/4 技能	【概述】接受公司级培训 1. 参加过公司级培训实训角（轮岗除外）及班组培训 2. 知晓异常问题反馈流程，熟知现场 5S 并会运用 【鉴定权限】培训员
2	2/4 技能	【概述】具备独立操作的能力，但不能满足节拍 1. 能按作业指导书、工艺文件、作业顺序进行独立操作 2. 能独立处理生产过程中的一般异常问题，知晓呼叫、响应、升级的反馈流程 【鉴定权限】班组长主控
3	3/4 技能	【概述】能按节拍要求独立操作，能指导他人操作 1. 从事本岗位 15 天内具有独立操作的能力，且从事本岗位 1 个月内具备指导他人能力 2. 能详细讲解本岗位操作作业要领和质量要点 3. 熟练运用问题反馈 【鉴定权限】工段长、工艺员、质量员

（续）

序号	名称	鉴定标准
4	4/4 技能	【概述】能指导他人操作，具备改善的能力 1. 从事本工位 2 个月内，且从事本岗位 1 个月内具备指导他人能力 2. 熟悉使用的工具/设备等基本原理，可以排除一般故障 3. 能对本岗位的作业提出改善意见，提出一条合理化建议 【鉴定权限】工段长、工艺员、质量员

三、异常问题反馈流程

针对检验员发现的异常问题，相关人员需要按照图 7-49 所示的流程进行反馈。

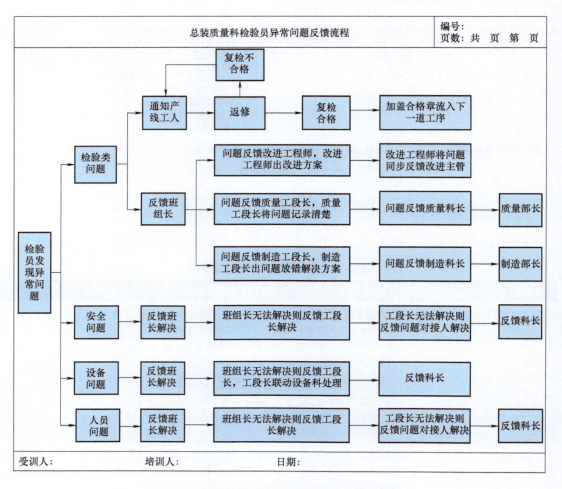

图 7-49　检验检测异常问题反馈流程培训

第六节　质量数据分析

质量数据分析是指用适当的统计分析方法对收集来的大量数据进行分析，将它们加以汇总和理解并消化，以求最大化地开发数据的功能，发挥数据的作用。数据分析是为了提取有用信息和形成结论，而对数据加以详细研究和概括总结的过程。

一、质量数据的采集

1. 质量数据定义

质量数据是指某质量指标的质量特性值。狭义的质量数据主要是产品质量相关的数据，如不良品数、合格率、直通率、返修率等。广义的质量数据指能反映各项工作质量的数据，如质量成本损失、生产批量、库存积压、无效作业时间等。在质量数据统计分析中，应特别关注三项指标，一是数据的集中位置，二是数据的分散程度，三是数据的分布规律。

在质量管理中，对统计总体而言，数据的分布规律为正态分布，该分布规律是理论和实践证明的统计规律。质量数据统计分析的重点就是在总体正态分布这个已知背景下研究该正态分布的平均值和标准差。质量数据定量化分析对企业质量管理以及经营管理具有重要意义，其是精益质量管理的基础。

2. 质量数据特性

（1）波动性　在相同的生产技术条件下生产出来的一批产品，其质量特性数据由于受到操作者、设备、材料、方法、环境等多种因素的影响而总存在着一定的差异。

（2）规律性　当生产过程处于正常状态时，其质量数据的波动是有一定规律的。

3. 质量数据分类

质量数据是指由个体产品质量特性值组成的样本（总体）的质量数据集，在统计上称为变量。个体产品质量特性值称变量值。根据质量数据的特点，可以将其分为计量值数据和计数值数据。

（1）计量值数据　计量值数据是可以连续取值的数据，属于连续型变量。其特点是在任意两个数值之间都可以取精度较高一级的数值。它通常由测量得到，如质量、强度、几何尺寸、标高、位移等。

（2）计数值数据　计数值数据是只能按0，1，2，……数列取值计数的数据，属于离散型变量。它一般由计数得到。计数值数据又可分为计件值数据和计点值数据。

1）计件值数据，表示符合某一质量标准的产品个数。如总体中合格品数、一级品数。

2）计点值数据，表示个体（单件产品、单位长度、单位面积、单位体积等）上的缺陷数、质量问题点数等。如检验钢结构构件涂料涂装质量时，构件表面的焊渣、焊疤、油污、毛刺数量等。

4. 质量数据收集方法

（1）全数检验　全数检验是对总体中的全部个体逐一观察、测量、计数、登记，从而获得对总体质量水平评价结论的方法。

（2）随机抽样检验　抽样检验是按照随机抽样的原则，从总体中抽取部分个体组成样本，根据对样品进行检测的结果，推断总体质量水平的方法。每一个体被抽中的概率都相同，从而保证了样本在总体中的分布比较均匀，有充分的代表性；同时它还具有节省人力、物力、财力、时间和准确性高的优点；它又可用于破坏性检验和生产过程的质量监控，完成全数检测无法进行的检测项目。抽样的具体方法有以下几种。

1）简单随机抽样。简单随机抽样又称纯随机抽样或完全随机抽样，是对总体产品不进行任何处理，直接进行随机抽样，获取样本的方法。

2）分层抽样。分层抽样又称分类或分组抽样，是将总体产品按与研究目的有关的某一特性分为若干组，然后在每组内随机抽取样品组成样本的方法。

3）等距抽样。等距抽样又称机械抽样或系统抽样，是将个体按某一特性排队编号后均分为 n 组，这时每组有 $K=N/n$ 个个体，然后在第一组内随机抽取第一件样品，以后每隔一定距离（K 个）抽选出其余样品组成样本的方法。如在流水作业线上每生产 100 件产品抽出一件产品做样品，直到抽出 n 件产品组成样本。

二、常用质量数据分析工具

在质量管理中，经常要用到一些方法和工具。目前较常用的有 7 种工具，即分层法、排列图法、因果分析图法、调查表法、直方图法、散布图法、控制图法。

1. 分层法

（1）概念　所谓分层法，就是把收集来的原始质量数据，按照一定的目的和要求加以分类整理，以便分析质量问题及其影响因素的一种方法。分层法又称分类法，是质量管理中常用来分析影响质量因素的重要方法。

（2）分层　根据分层的目的，按照一定的标志加以区分，把性质相同、在同一条件下收集的数据归在一起。分层时，应使同一层的数据波动幅度尽可能小，而层间的差别尽可能大。常用的方法有以下几种。

1）按不同的操作者分。如按新、老工人，男、女性别，不同工龄，操作技术水平高、低进行分层。

2）按机器设备分。如按机器不同型号、新旧程度进行分层。

3）按原材料分。如按不同的供料单位、不同的进料时间、不同的生产环境等进行分层。

4）按操作方法分。如按不同的切屑用量、温度、压力等工作条件进行分层。

5）按不同的时间分。如按不同的班次、不同的日期进行分层。

6）按不同的检验手段分。如按不同的测量仪器、测量者进行分层。

7）按生产废品的缺陷项目分。如按铸件的裂纹、气孔等缺陷分层。

2. 排列图法

（1）概念　排列图又称主次因素分析图或帕累托图（Pareto）。它是用来找出影响产品质量主要因素的一种有效工具。

排列图由两个纵坐标、一个横坐标、几个直方块和一条折线构成（图 7-50）。排列图的横坐标表示影响产品质量的因素或项目，按其影响程度大小，从左到右依次排列。排列图的左纵坐标表示频数（如件数、金额、工时、吨位等），右纵坐标表示累积比率（以百分比表示），直方块的高度表示某个因素影响大小，从高到低，从左到右，顺序排列。折线表示个影响因素大小的累积比率，是由左到右逐渐上升的，这条折线就称为帕累托曲线。

一般，把因素分成 A、B、C 三类：A 类，累计比率在 80% 以下的诸因素；B 类，累计比率在 80%~90% 的诸因素；C 类，累计比率在 90%~100% 的诸因素。

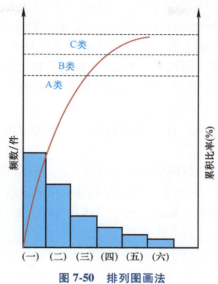

图 7-50　排列图画法

（2）制作步骤　制作步骤如图 7-51 所示。

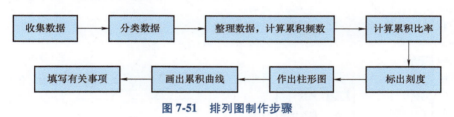

图 7-51　排列图制作步骤

第一步，确定所要调查的问题和收集数据。

第二步，设计一张数据记录表，将数据填入其中，并计算"合计"栏。

第三步，制作排列图用数据表，表中列有各项不合格数，累计不合格数，各项不合格所占比率以及累计比率，见表 7-11。

表 7-11　排列图数据表

不合格类型	不合格数	累计不合格	比率（%）	累计比率（%）
断裂	104	104	52	52
擦伤	42	146	21	73
污染	20	166	10	83
弯曲	10	176	5	88
裂纹	6	182	3	91
砂眼	4	186	2	93
其他	14	200	7	100
合计	200	—	100	—

第四步，画两根纵轴和一跟横轴，左边纵轴，标上频数（件）的刻度，最大刻度为总频数（总件数）；右边纵轴，标上比率（%）的刻度，最大刻度为100%。左边总频数的刻度与右边总比率的刻度（100%）高度相等。横轴上将频数从大到小依次列出各项。

第五步，在横轴上按频数大小画出矩形，矩形的高度代表各不合各项频数大小。

第六步，在每个直方柱右侧上方，标上累计值（累计频数和累计比率），描点，用实线连接，画累计比率折线（帕累托曲线）。根据以上数据制作出排列图（图7-52）。

（3）适用范围　排列图法适用于各行各业以及各个方面的工作改进活动。

3. 因果分析图法

（1）概念　也叫特性因素图、鱼刺图或石川图，是整理和分析影响质量（结果）的各因素之间关系的一种工具。

因果分析图形象地表示了探讨问题的思维过程，通过有条理地逐层分析，可以清楚地看出"原因-结果""手段-目标"的关系，使问题的脉络完全显示出来。

因果图的基本格式为由特性，原因，枝干三部分构成。如图7-53所示。

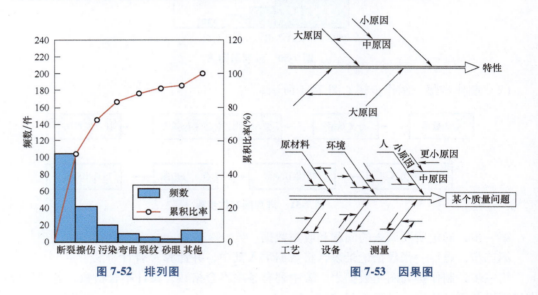

图7-52　排列图　　　　　　　　　图7-53　因果图

（2）制作步骤

1）确定分析对象。把要分析的质量特性问题，填入主干线箭头指向的方块中。

2）记录分析意见。把大家针对质量特性问题所提出的各种原因，用长短不等的箭头线排列在主干线的两侧。属于大原因的，用较长的箭头线指向主干线；属于某大原因内次一级的中原因，用略短的箭头线指向该大原因的箭头线；属于小原因的箭头线指向与它关联的中原因的箭头线。

3）检查有无遗漏。即对分析得出的种种原因检查一下，看有无遗漏，若有遗漏可及时补上。

4）记上必要事项。注明绘图者、参加讨论分析人员、时间等可供参考事项。

4. 调查表法

（1）概念　调查表法是利用统计表来进行数据整理和粗略原因分析的一种方法，也叫检查表法或统计分析表法。

（2）常用类型

1）缺陷位置调查表。若要对产品各个部位的缺陷情况进行调查，可将产品的草图或展开图画在调查表上，当某种缺陷发生时，可采用不同的符号或颜色在发生缺陷的部位上标出。若在草图上划分缺陷分布情况区域，可进行分层研究。分区域时要尽可能等分。缺陷位置调查表可参照表 7-12 绘制。

表 7-12　缺陷位置调查表

名称		调查项目	尘粒	日期
代号			流漆	检查者
工序名称	喷漆		色斑	制表者

（简图位置）

△ 尘粒
× 流漆
· 色斑

2）不良项目调查表。不良项目调查表用于调查产品质量发生了哪些不良情况及其各种不良情况的比率。以内燃机车修理厂柴油机总装工段一次组装不合格的返修情况为例，不良项目调查表见表 7-13。

表 7-13　不良项目调查表

名称	柴油机	项目数	7	日期	×××年 1~12 月
代号		不良件数	208 台	检查人	
工段名称	总装工段	检查数	310 台	制表人	
返修项目名称		频数/件	小计/件	占返修项目比率（%）	
气缸内径圆度超差			72	34.6	
进水管漏水			46	22.1	
凸轮轴超差			30	14.5	
检爆阀座漏水			24	11.5	
出水管漏水			12	5.8	
内螺纹漏水			10	3.8	
其他			14	7.7	
总计			208	100	

3）不良原因调查表。要弄清楚各种不良品发生的原因，就需要按设备、操作者、时间等标志进行分层调查，填写不良原因调查表，见表 7-14。

表 7-14   不良原因调查表

年 月 日			
品名		工厂名	
工序	最终检验	部门	制造部
不合格种类		检验员	
检查总数	2530	批号	02-8-6
备注	全数检验	合同号	02-5-3
不合格种类	检查结果		小计
表面缺陷	正正正正正正正一		36
砂眼	正正正正		20
加工不合格	正正正正正正正正一		46
形状不合格	正		5
其他	正正		10
	总计		107

5. 直方图法

（1）概念　直方图（histogram）法是从总体产品中随机抽取样本，将从样本中获得的数据进行整理，从而找出数据变化的规律，以便判断工序质量的好坏。直方图是常用的质量分析工具。

（2）作图步骤

1）收集数据。数据个数一般为 50 个以上，最少为 30 个。

2）求极差 R。在原始数据中找出最大值和最小值，二者的差就是极差，即 $R = X_{max} - X_{min}$。

3）确定分组的组数和组距。一批数据究竟分多少组，通常根据数据个数的多少确定。可参考表 7-15。

表 7-15   直方图分组数表

数据个数	分组数K
50~100	6~10
100~250	7~12
250 以上	10~20

4）确定各组界限。先取测量值单位的 1/2。分组界应该能够包括最大值和最小值。第一组的上下限值为最小值+/−(h/2)。第一组的上界限值就是第二组的下界限值，第二组的下界限值加上组距就是第二组的上界限值，也就是第三组的下界限值，依此类推，可定出各组的界限。为了计算的需要，往往要决定各组的中心值。每组的上下界限相加除以 2，所得数据即为组中心值。组中心值为各组数据的代表值。

5）制作频数分布表。将测得的原始数据分别归入到相应的组中，统计各组的数据个数，即频数 f_i，各组频数填好以后检查一下总数是否与数据总数相符，避免重复或遗漏。

6）画直方图。以横坐标表示质量特性（如上表中的中心值），纵坐标为频数，在横轴上标明各组组界，以组距为底，频数为高，画出一系列的直方柱，形成直方图。

7）在直方图的空白区域，记上有关的数据的资料。如样本数，平均值，标准差等。

（3）常见类型

1）标准型（对称型）。数据的平均值与最大和最小值的中间值相同或接近，平均值附近的数据频数最多，频数在中间值向两边缓慢下降，并且以平均值左右对称。这种形状是最常见的。

2）锯齿型。做频数分布表时，如分组过多，会出现此种形状。另外，当测量方法有问题或读错测量数据时，也会出现这种形状。

3）偏态型。数据的平均值位于中间值的左侧（或右侧），从左至右（或从右至左），数据分布的频数增加后突然减少，形状不对称。

4）在一个或多个类别或区间上，矩形的顶部呈现出相对平坦或水平的状态。这通常意味着在这些类别或区间内，数据的频数或频率大致相等或接近，形成了一种相对均匀的分布状态。

5）双峰型。特点是分布中心附近频数较少，左右各出现一个山峰形状。造成这种结果的原因可能是：观测值来自两个总体，进而产生了两个分布，说明数据分类存在问题；或者是两个产品混在了一起，这时应当先加以分层，然后再画直方图。

6）孤岛型。在标准型的直方图的一侧有一个"小岛"。出现这种情况是夹杂了其他分布的少量数据，如工序异常、测量错误或混有另一分布的少量数据。

图 7-54 所示为各种类型的直方图形状。

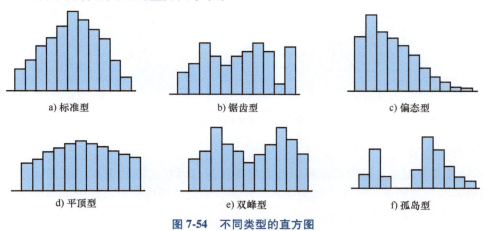

图 7-54 不同类型的直方图

6. 散布图法

（1）概念 散布图（相关图）是通过分析研究两种因素的数据的关系，来控制影响产品质量的相关因素的一种有效方法。

两个要素之间可能具有非常强烈的正相关性，或者较弱的正相关性。这些都体现了这两个要素之间不同的因果关系。一般情况下，两个变量之间的相关类型主要有六种：强正相关、弱正相关、不相关、强负相关、弱负相关以及非线性相关，如图 7-55 所示。

1）强正相关。即 X 增大，Y 也显著增大。对此，一般控制了 X，Y 也能得到相应的控制，如图 7-55a 所示。

2）弱正相关。即 X 增大，Y 也增大，但增大不明显。对此，除考虑 X 因素外，还要分析是否有其他因素的影响。可进行分层处理，寻找工序以外的其他影响因素，如图 7-55b 所示。

3）强负相关。即 X 增大，Y 显著减小。对此，一般控制了 X，Y 也能得到相应的控制，如图 7-55c 所示。

4）弱负相关。即 X 增大，Y 减小，但不明显。对此的处理与弱正相关相同，如图 7-55d 所示。

5）不相关。即 X 与 Y 两个因素不存在相关关系，如图 7-55e 所示。

6）非线性相关。即 X 增大，Y 也增大（或减小），但当 X 增大到一定程度时，X 再增大，Y 反而减小（或增大）。对此，在某一数值前，按正（负）相关处理；超过该数值后，按负（正）相关处理，如图 7-55f 所示。

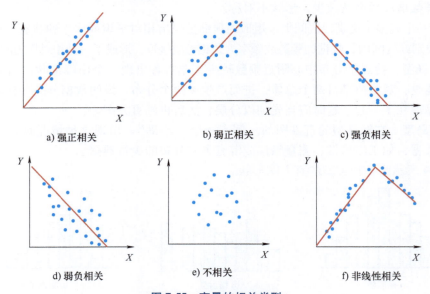

a) 强正相关　　　　　　b) 弱正相关　　　　　　c) 强负相关

d) 弱负相关　　　　　　e) 不相关　　　　　　f) 非线性相关

图 7-55　变量的相关类型

（2）作图步骤

1）确定研究对象。研究对象可以是质量特性值与因素之间的关系，也可以是质量特性值之间的关系，或因素与因素之间的关系。这里，通过分析研究合成纤维的强度 y 与拉伸倍数 x 的关系来研究散布图的画法。

2）收集数据。一般需要收集 30 组以上成对的数据，同时要记录收集数据的日期、取样方法、测定方法等有关事项。

3）画出横坐标 x 与纵坐标 y，添上特性值标度。一般横坐标表示原因特性，纵坐标表示结果特性。进行坐标轴的标度时，应先求出数据 x 与 y 的各自最大值与最小值。划分间距的原则是：应使 x 最小值至最大值的距离，大致等于 y 最小值至最大值的距离。其目的是为了避免因散布图作法不合适而导致判断的错误。

4）根据数据画出坐标点。按 x 与 y 的数据分别在横、纵坐标上取对应值，然后分别引出平行于 Y 轴与 X 轴的平行线，其交点即为所求的坐标点。

7. 控制图法

控制图用最简单的方式显示测量值在一个特定时期内的变化趋势。

控制图使用起来非常简单，只需要按照数据出现的顺序在图上描绘出代表相应数据的点即可。通常可用来描绘设备停顿时间、产量、产出废料及生产能力等随时间变化的结果，如图 7-56 所示。

控制图的一个很有价值的应用就是识别对结果的变化和趋势影响较大的因素。例如，当监测一个工序过程时，我们期望在平均值上、下的数值数量大致相等。然而，当有连续 9 个或 9 个以上的数值都在均值线的一边时，就说明出现了异常现象，平均值也会随之改变。可以对产生该结果的原因进行研究，如果这样的变化是有利的，应当持续保持下去；如果是不利的，则应当设法消除。

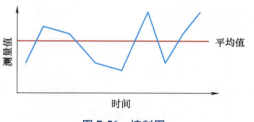

图 7-56　控制图

另一种趋势图类型是连续 6 点或更多的点稳定增长或降低，并且变化趋势不出现翻转；同时，这种增长或降低是可以预期且不会出现随机变化的。如此就表明工序过程中有重大的变化，需要进行仔细研究，如图 7-57 和图 7-58 所示。

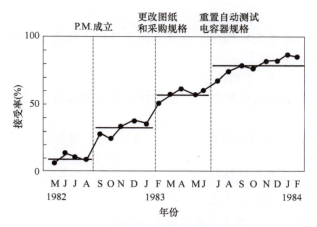

图 7-57　管理运行图

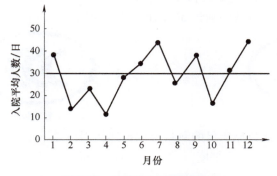

图 7-58　急诊室入院人数统计

控制图理解/绘制要点：

1）图上的垂直轴为 Y 轴。

2）水平轴为 X 轴。

3）一个标记点表示某个时间点上的测量值、观察数值等。

4）每个数值点应当用直线连接起来，以便图形容易使用和说明。

5）时间期限和测量单位应当清晰标出。

6）数据点的顺序非常关键，应当按照数据实际产生的先后顺序绘图。

复习题

一、填空题

1. 常用的检测工具包含：_____、数显卡尺、_____、_____、平度规（面差表）、标准色板、菲林尺、表盘式力矩扳手等。

2. 密封缺陷主要包含零部件进水类、_____、车内漏水。

3. 做好风险识别和控制要做到四方面：_____、_____、持续改进和完善应急机制、提高全员安全意识和产品质量意识等。

4. 抽样的具体方法有_____、_____、等距抽样。

5. _____、_____、_____、散布图法、控制图法。

二、单选题

1. 新员工公司级技能鉴定标准中，若员工能指导他人操作且具备改善的能力，具备鉴定权限的人员不包括（　　　）。

A. 工段长　　　　　　B. 工艺员　　　　　　C. 质量员　　　　　　D. 班组长

2. 返工过程中，若必须更换螺栓，且该螺栓装配时要求涂螺纹锁固胶，拆卸后重新装配时正确操作是（　　　）。

A. 拆卸后螺栓清理胶后重复使用　　　　　B. 拆卸后螺栓涂螺纹锁固胶后重复使用

C. 直接更换新螺栓　　　　　　　　　　　D. 新螺栓涂螺纹锁固胶后使用

3. 下列对 C 类缺陷描述正确的是（　　　）。

A. 通常顾客会发现，可能会要求返工的缺陷

B. 肯定会引起顾客抱怨，通常会要求返工的缺陷

C. 顾客将在下一次按计划把车送到维修站维修的缺陷

D. 车辆会在"计划外"送到维修站维修类的缺陷

4. 下面列举的产品质量认证标识 3C 标识图案正确的是（　　　）。

A.　国家3C认证

B.　国家3C认证

5. 下面对游标卡尺或数显卡尺的测量范围描述错误的是（　　　）。

A. 长度　　　　　　B. 不平度　　　　　　C. 深度　　　　　　D. 内/外径

三、简答题

1. 表面类缺陷主要包括那些？

2. 简述过程检验问题排查时，检验点发生 A 类缺陷应如何排查？

第七章复习题
参考答案